Gloria Mussi

Punto e a capo

GIUNTI

www.giunti.it

Via Bolognese 165 – 50139 Firenze – Italia
Via G. B. Pirelli 30 – 20124 Milano – Italia

Prima edizione: maggio 2023

Ai nonni.
Alla nostalgia.

… Poi un giorno in un libro o in un bar si farà tutto chiaro,
capirai che altra gente si è fatta le stesse domande,
che non c'è solo il dolce ad attenderti, ma molto d'amaro
e non è senza un prezzo salato diventare grande…

E un giorno… – Francesco Guccini

Prologo

La luce è perfetta. Il fotografo non dovrà perdere ore per ritoccarla. Oggi è magica.

Il sole entra con discrezione dalle finestre senza tende e, timido, illumina le pareti, i tappeti e le poltrone.

La fiorista ha fatto un ottimo lavoro. Il profumo di queste rose bianche invade la stanza e non ci sono dubbi: fiori migliori non si potevano scegliere.

Il silenzio ovattato della mattina viene interrotto dal clacson della vecchia Fiat 500 che si avvicina alla villa. È arrivato.

Ho quasi finito il mio primo calice di Prosecco.

Un biglietto appoggiato sul comò, accanto alla cravatta, dice: *Vedere la sposa prima della cerimonia porta sfortuna, non fare scherzi.*

Eccola. La scaramanzia che nessuno mai sfida, come se questo fosse già un primo gradino per arrivare là in alto, al *per sempre.*

La porta si spalanca con un cigolio.

«Sei bellissimo vestito da sposo, lo sai?»

«Tu. Tu… Oggi sei bellissima.»

È vero, lo sono.

Mi accarezzo il fianco del vestito. Come le rose, abito migliore non si poteva scegliere.

La strada della principessa

Non ho detto nulla a nessuno e sono partita dopo pranzo.

Sto guidando piano, senza fretta, col finestrino abbassato, cercando di non superare la velocità che manteneva mio padre ogni domenica mattina della mia infanzia. Sto andando in collina, alla casa dei miei nonni.

Sono costretta a seguire il navigatore perché ho dei vuoti di memoria. Non ci vado da vent'anni e, calcolando che oggi ne ho una trentina, non dovrei sentirmi in colpa per aver dimenticato la strada. Quale bambina guarda i cartelli quando viaggia sul sedile posteriore?

Le colline… quelle me le ricordo.

Oggi so perfettamente cosa sono, ma non è sempre stato così. Un tempo credevo che le colline fossero solo una copertura, un mantello, un enigma che pochi eletti avrebbero risolto.

Era il 1994 quando mio padre riuscì a farmi guardare le colline.

* * *

«Gloria, guarda fuori dal finestrino. Potresti vedere tanti castelli!»

Probabilmente, anzi sicuramente, mio padre aveva inventato

quella scusa solo per farmi staccare gli occhi dal mio nuovissimo *My magic diary*, la futuristica agenda elettronica che, come la maggior parte delle mie coetanee, anche io riuscii ad avere, e una volta conquistata non volevo più lasciare.

«Io non vedo nessun castello» risposi ovviamente senza guardare.

«Perché devi cercarli. Se fosse così facile, tutti riuscirebbero a vederli...»

La nuova agenda era in grado di calcolare l'affinità di cuore tra me e il bambino di cui ero innamorata. Bastava inserire il nome e la data di nascita di entrambi e il gioco era fatto.

Obiettivo: cinque cuori su cinque e così mi sarei convinta a chiedergli di mettersi insieme a me. Se il cupido digitale avesse confermato il suo amore, avrei trovato il coraggio di farlo, consegnandogli la letterina che era pronta nella mia cartella da giorni.

«Papà, sto facendo una cosa importante.»

«E sarebbe?»

Cercare castelli non era di certo più importante dell'avere la conferma che l'amore esiste, che l'avevo incontrato e che la benedizione finale per questa unione era tra le mie mani.

«Sto calcolando l'affinità di cuore tra me e Michael!»

«Michael? Il domatore di elefanti che frequenta la tua scuola?»

«Sì, lui!»

Mio padre alzò gli occhi al cielo e sospirò rassegnato.

Quell'anno, il circo Errani era in città per alcuni mesi. Michael, il figlio dei proprietari, aveva dieci anni e stava temporaneamente frequentando la mia scuola elementare. Il giorno in cui la maestra lo presentò alla classe, ebbi una sensazione allo stomaco che ancora oggi ricordo e che non temo di definire come "il mio primo minuscolo colpo di fulmine".

Durante l'intervallo lo guardavo da lontano, da un angolo del cortile della scuola, senza mai trovare il coraggio di andare a parlargli. Ma quei pochi minuti non mi bastavano. Allora cominciai a raccattare in giro per la scuola, nei bar, nei supermercati e ovunque fossero, tutti i biglietti omaggio per gli spettacoli del circo e costrinsi mio padre a portarmici i lunedì e i mercoledì del mese, quando l'entrata era gratuita.

«E ora, signore e signori, Michael Errani, il più piccolo e più grande domatore di elefanti al mondo!»

Mio padre, seduto sugli spalti accanto a me, sentiva questa frase due volte alla settimana. Per lui era un incubo, per me era un sogno. Il mondo scompariva e lui, illuminato dal cono di luce, con il suo elefante accanto, si esibiva solo per me.

Povero papà, pur odiando tutto ciò che il circo rappresentava, non riusciva a dirmi di no e, tornato a casa dal lavoro, mi caricava sulla sua bici e mi portava da lui.

«Non mi chiederai di portarti di nuovo a vederlo?»

Ignorai la domanda, concentrandomi solo sull'agenda, ma l'elaborazione dei nostri dati non fu all'altezza delle mie aspettative.

«Due cuori su cinque? Accidenti.»

Riprovai.

«Gloria, potresti mettere giù quel coso e guardarti intorno? Viaggiare è anche questo. Dài, cerca i castelli insieme a me!»

«Due cuori su cinque. Ancora? No, no. Impossibile...»

Riprovai. L'agenda elettronica non cambiava idea, nemmeno barando e inserendo i dati al contrario. Sempre due cuori su cinque.

Non eravamo destinati a stare insieme? L'agenda elettronica deve essere rotta!?

«Perdindirindina!»

Spegnerla e lanciarla sotto il sedile era l'unica cosa da fare prima di sbuffare e incrociare le braccia in segno di disappunto.

Mio padre, osservando tutto dallo specchietto retrovisore, avrebbe potuto assecondarmi o consolarmi e invece, con un sorriso, disse solo: «Oh, bene, dimentichiamoci del domatore di elefanti e cerchiamo un bel castello!».

Mi voltai verso il finestrino, ma vidi solo il mio riflesso. Il paesaggio era uno sfondo sfocato attorno alla nitida delusione impressa sul mio viso.

«Stiamo passando nelle terre di Matilde!» continuava mio padre.

«E chi è Matilde?»

«Era una bellissima principessa!»

La parola *principessa* a una bambina di otto anni fa lo stesso effetto della parola *scoiattolo* al cagnolino del cartone animato *Up*: qualsiasi cosa stia facendo, non è più importante.

Aveva finalmente ottenuto la mia attenzione.

«Ti piacerebbe essere una principessa?»

«Ma certo, papà!»

«Puoi esserlo se vuoi! Lo sai come ha fatto Matilde a diventare una principessa?»

«No!»

«A lei piaceva tanto guardarsi intorno. Passava ore a osservare la sua terra. Un giorno vide qualcosa spuntare sulla cima della collina e si avvicinò per capire cosa fosse. Era la torre di un bellissimo castello che il tempo aveva sotterrato. Matilde incominciò quindi a scavare e riuscì a riportare alla luce l'intera fortezza. La ripulì e se ne prese cura, e una volta rimessa a nuovo, diventò la sua casa. Incominciò a chiedersi quanti castelli avrebbero potuto ancora essere sotto terra e decise di trovarli uno a uno. Guarda quante colline! Potrebbero tutte essere castelli che stanno per bucare la terra e rivedere la luce. E uno di quelli potrebbe essere tuo…»

«Se faccio come Matilde… posso essere la principessa di un castello tutto mio?»

«Certo! Basta che urli: *È mio!* non appena lo vedi. Ma dubito che questo possa accadere se rimani a testa bassa su quell'inutile aggeggio…»

Sfida molto interessante.

Il paesaggio diventò nitido e il mio riflesso perse definizione, sempre più sfocato finché, tirando giù il finestrino, non lo vidi più.

Da quella domenica, su quella strada, il mio finestrino rimase sempre aperto. Ecco perché non ricordo i cartelli, ma ricordo l'odore del vento.

* * *

Oggi, chiarito che le colline non nascondono nessun castello sotterrato, mentre guido su questa strada, so che c'è una parte di me che non ha mai smesso di cercarli. Ed è la stessa che ha tanta voglia di tornare nella casa dei nonni, a Mozzano.

Quando sono in macchina da sola penso e parlo con me stessa. A volte mi ascolto, a volte m'ignoro totalmente. Entro in una dimensione di ricordi e pensieri. Mi psicanalizzo e spesso mi do consigli che tanto non seguirò. Se mi fossi pagata per tutte le volte che mi sono fatta un'analisi, a quest'ora sarei ricca da far schifo.

A volte mi serve una canzone, a volte solo il rumore del motore. Adesso che sto per arrivare a Mozzano, ho bisogno di silenzio, così spengo lo stereo lasciando a metà *Bambole* dei Negrita.

Lo so, Pau, sono una maleducata. Stavi parlando di me e con me. Lo so che «mi capisci quando dico che rivorrei le mie bambole». Tu mi capisci sempre. Ma adesso stai zitto e lasciami pensare.

Pensa, Gloria, pensa. Per esempio… Una volta arrivata a Mozzano cosa cazzo fai che non hai le chiavi di casa?

Scavalcare

Tutto è rimasto com'era. Il tempo sembra essersi fermato, me ne accorgo appena la mia auto supera il cartello del paese. Un orologio senza lancette.

Oggi il sole splende e mi regala gli stessi colori che facevano da sfondo alle calde domeniche di luglio di quando ero bambina.

Dietro la curva in salita, ecco spuntare il viale alberato che mi dà il bentornata. Le foglie ondeggiano e sembra che mi stiano salutando.

Nessuno mi mette fretta, sono sola su questa strada, decelero e proseguo a passo d'uomo. Voglio osservare ogni dettaglio: ecco la "tana delle bisce" dove da piccola, insieme alla mia amica Martina, coetanea e vicina di casa, andavo a passeggiare. Camminavo sempre lontana dalla muraglia perché avevo paura che da quei piccoli buchi in mezzo alle pietre, da un momento all'altro potesse uscire una biscia e saltarmi addosso.

Il fienile, che già consideravo decadente negli anni Novanta, la casa immersa nel verde con le statue di Biancaneve e dei sette nani. E poi il punto X: la strada che porta al paese, la piazza, il parco giochi e la via della mia casa.

Tutto sembra più piccolo, più corto, più stretto. Qualcuno deve dare un libretto d'istruzioni per i lavaggi a questo paese.

Cammino in salita e sono agitata perché so che dopo la curva la vedrò. E infatti... Eccola qua. La casa dei miei nonni. Il contenitore dei ricordi perduti.

Mi chiedo se sia questo il castello che stavo cercando, se il tempo, come le colline, abbia tentato di seppellirlo nella mia memoria. Respiro, lo guardo e anche se nessuno mi sente, dico: «È mio».

Gli abeti del giardino sono diventati enormi, ormai sovrastano la costruzione. La siepe di alloro tenta di nasconderla, ma le sue facciate di un bel colore mattone spuntano tra le foglie, e il comignolo in pietra, fiero come una bandiera, domina la proprietà. Sulla strada c'è solo un piccolissimo cancello in ferro bianco e un campanello senza nome. Il muro è lo stesso di sempre, non ha crepe né intonaco scrostato.

Cosa si fa quando si vuole entrare senza chiavi? Si scavalca, ovviamente!

Il cancello è basso e la sua struttura permette al mio piano A di essere messo in azione. Meno male, perché non ci sarebbe stato il piano B, o meglio il piano B sarebbe stato "fallire e tornare a casa".

Mi guardo istintivamente intorno per essere sicura che nessuno mi veda. *Ma chi può vedermi? Sono sola nel raggio di chilometri.*

Come una novella Eva Kant, mi attacco al cancello e compio una scavalcata da manuale. Perfetta rotazione del corpo senza che nessun indumento sia rimasto impigliato nelle punte di ferro. *Primo obiettivo, raggiunto.*

Sono agitata, agitatissima.

Le scale sono sporche e i gradini sono più malconci di quanto mi ricordassi. Sbatto i piedi a ogni passo, perché la paura dei serpenti non mi abbandona mai. Siamo in collina, dopotutto è il loro territorio.

Questo primo tratto di scale strette porta sul tetto del garage, che mio nonno trasformò in un bellissimo terrazzo. Aveva solo un unico difetto: non era piastrellato e la copertura in catrame nero si trasformava in lava incandescente durante l'estate, quindi non veniva mai usato.

Eccole le mie *stairway to heaven* che, circondate da piante e da alberelli, salgono fino al porticato di casa. Mi fermo a metà, e con un sospiro mi volto verso sinistra a guardare la rete che divide la nostra proprietà da quella dei vicini. Nella mente rivedo la mia amica Martina aggrappata a quella recinzione che mi aspetta per passare l'ennesima giornata insieme.

Quando potevamo uscire, quello era il nostro punto di ritrovo. Quando non potevamo uscire, io restavo seduta sui gradini e lei sul muretto al di là della rete e facevamo delle chiacchierate infinite.

Il nodo in gola si fa sentire di nuovo... proseguo, se no mi metto a piangere.

«Ciao, casetta!» dico a voce alta. «Pensavi mi fossi scordata di te, eh? Be' effettivamente per un po' l'ho fatto, ma non è questo il punto. Adesso io e te dobbiamo fare un discorsetto!»

Mi accendo una sigaretta. Rido e piango. Sono emozionata, a tratti impaurita, ma felice. Lascio alle mie spalle il porticato dell'entrata principale e comincio a girarle intorno.

Costeggio il primo lato che si affaccia sul grande giardino e con le dita sfioro il muro. La chiamavo la "casa corteccia". Le sue pareti esterne hanno ancora lo stesso aspetto rugoso e poroso. Probabilmente quello era il tipico intonaco che andava di moda negli anni Settanta. Gli scuri sono un po' vecchiotti ma integri, avrebbero bisogno di una rinfrescata.

Devo ammettere che si è mantenuta alla grande. Ora che ci penso, come è possibile? Mio padre non viene qui da una vita. Non sento nominare questo posto da anni.

Nel ripido giardino niente fiori, niente cespugli, niente piante. Solo abeti. Che meraviglia... Che silenzio.

Arrivo al piccolo terrazzino in pietra davanti alla porta della cucina, quello dei nostri pranzi e delle nostre cene estive. Sotto una tovaglia di plastica sporchissima ci sono ancora le sedie in ferro. Arrugginite, ma ancora splendide.

Un immenso cespuglio di rosmarino costeggia le scale. Bella come la ricordavo, spadroneggia sul giardino la nostra piccola casetta di legno. Negli anni Settanta era una vera e propria *dépendance* arredata in stile nordico, con tanto di pavimento in legno, tavolo e sedie, finestre e *dehor* con staccionata. Il momento magico di questa casetta finì negli anni Novanta, quando mio padre la trasformò in un deposito per attrezzi e oggetti inutili. Il tagliaerba che puzzava di benzina prese il posto del tavolo che profumava di abete e il mio sogno di abitarci si trasformò nella paura di entrarci. Passai dall'esserne totalmente affascinata all'averne timore.

Oggi non ho più paura di lei e delle sue ragnatele. *Se tutto va secondo i miei piani, diventerai la dépendance più bella che sia mai esistita!*

Oh cazzo!

La casetta degli attrezzi è aperta.

Connesse

Panico. Classica scena da film horror.

Nella mia testa parte la proiezione: donna, casa abbandonata, nessuno sa che è lì, assassino, buca, e chi si è visto, si è visto. Se qualcuno lo stesse guardando al cinema mangiando pop corn, direbbe: «Eccolo lì, il morto nella prima scena!».

Improvvisamente nella mia testa comincia a suonare la canzone dei Brother Dege *Too Old to Die Young.* Mi accompagna in questa camminata lenta e teatrale verso la porta che dovrebbe essere chiusa.

È una struttura degli anni Settanta, nessuno la tocca da vent'anni… la serratura sarà rotta e un colpo di vento l'avrà aperta. Semplice, no? Non spunterà nessun assassino.

«Heylaaa!» è la prima cosa stupida che mi viene in mente, la stessa che dico quando entro in casa la sera e c'è una luce che ho dimenticato accesa.

«Oddiooo!» sento urlare da dentro la casetta.

«Cazzooo!» urlo io da fuori facendo dieci passi indietro e appoggiandomi al muro della casa padronale.

Ecco, lo sapevo. Muoio oggi.

Dall'interno della casetta sbuca una donna. È chiaramente turbata dalla mia irruzione e mi guarda con gli occhi spalancati. È in posizione di attacco ma ha la mano destra appoggiata al petto, il gesto classico del "mi sta venendo un infarto".

Indossa pantaloni della tuta sporchi di terra, una t-shirt di almeno quattro taglie più grandi della sua, i guanti e un orribile cappello di paglia. O sta facendo giardinaggio o si sta nascondendo dal buon gusto.

Interrompe il silenzio per prima: «Ma tu chi diavolo sei? Mi hai spaventata!».

«Io? Tu chi sei e cosa ci fai in casa mia? Che storia è questa?»

«Io ci abito qui. Cioè, ci trascorro la maggior parte della settimana. Tu piuttosto... come sei entrata? Suonare il campanello non si usa più?»

Qualcuno a mia insaputa trascorre la maggior parte della settimana qui? Ma stiamo scherzando?

«Io ho scavalcato. Cosa intendi con "Abito qui"?»

«Hai scavalcato? E lo dici come se fosse normale?!»

«È normale quando devi entrare in casa tua e non hai le chiavi!»

«È normale averle le chiavi, non credi? E questo potrebbe bastare per capire che una delle due non dovrebbe essere qui a fare domande.»

Lei è spaventata e io di più, ma non sembra un'assassina. Quindi... accontentiamoci delle belle notizie.

«Okay, senti, mi dispiace averti spaventata ma non mi aspettavo di trovare nessuno! Questa è la casa dei miei nonni e io mi chiamo Gloria. Sono la figlia di Otello. Sono venuta a vedere la casa perché... avevo voglia di... be' non è questo il punto...»

Il suo volto si rilassa. *Perché questa sconosciuta mi sta sorridendo?*

«Dicevo... sono venuta qui e non l'ho detto a nessuno. Non ho le chiavi. Volevo solo scavalcare, passeggiare in giardino, fumare una sigaretta, farmi un piantino nostalgico e tornare in città… ma evidentemente devo essermi persa qualche passaggio.»

«Tu sei Gloria… tuo padre mi ha parlato tanto di te.»

Oh no!

«Okay, non giriamoci intorno… sei l'amante di mio padre? Ti prego non mi dire che sei l'amante di mio padre. È impazzito e senza dire niente a nessuno ti ha regalato la casa? Ti prego dimmi di no.»

Scoppia a ridere.

«Ma che fantasia hai? Certo che no. Io qui ci abito perché ho il permesso di farlo.»

Si toglie i guanti sporchi di terra e l'inguardabile cappello, poi allunga la mano verso di me: «Partiamo dalle basi. Ciao, Gloria, mi chiamo Anna, mi hai spaventata a morte quindi dire che è un piacere sarebbe una bugia. Prima che tu irrompessi nel mio giardino…».

«Nel *mio* giardino» non posso fare a meno di puntualizzare.

«… Nel giardino… stavo per portare i sacchi di terra sulle scale dell'entrata per riempire i vasi, ma a questo punto direi che una pausa è d'obbligo. Lo vuoi un caffè?»

«Sì, grazie.»

«Bene. Così entriamo in casa… *nostra*, a quanto pare!»

Fa la spiritosa. Non so se la odio o la amo. Ma sicuramente devo ancora capire qual è il suo ruolo in questa vicenda e soprattutto quali sono le sue intenzioni.

La seguo mentre scende le scale che costeggiano il lato della casa che si affaccia sul giardino. Mi fermo all'ultimo gradino prima della porta della cucina. Lei prosegue, poi si gira e mi guarda.

«Macchiato?»

«Macchiato di spiegazioni, grazie.»

Non riesco a frenare le mie risposte-frecciatine. Sono da sempre la mia arma di difesa, un'arma che non ferisce ma mantiene le distanze di sicurezza.

Si avvicina alla porta. Gli scuri sono tutti chiusi, per questo avevo escluso l'idea che ci potesse essere qualcuno. Prende la chiave dalla tasca dei pantaloni e li apre, io la guardo e mi rendo conto di essere infastidita dalla sua presenza e dalla naturalezza con cui si muove in casa mia.

Sono gelosa? Sì, vera e pura gelosia nei confronti di un luogo. Come se sentissi minacciato il mio diritto di essere lì, come se stessi realizzando che *I'm not the only one.*

«Perché tutti gli scuri sono chiusi?»

«Quante domande… Zucchero?»

«No, grazie, amaro. E comunque se gli scuri fossero stati aperti, non ti avrei spaventata.»

«Perché capendo che la casa era abitata saresti andata via?»

«No, probabilmente mi sarei nascosta e ti avrei spiata.»

«Ah, molto confortante…»

«Non mi avresti mai vista. Conosco questo giardino come le mie tasche, ero campionessa di nascondino e questo era il mio territorio.»

«*Era*. Brava, hai detto giusto.»

La fulmino con lo sguardo e lei aggiunge «Sto scherzando, ovviamente!» con il sorrisetto di chi ha capito il tuo punto debole in un istante.

Vuole avere l'ultima parola. Ci prova sempre.

Anna entra in casa e io mi fermo sull'uscio. Non era programmato che entrassi. Sono più agitata di prima e l'adrenalina mi fa battere il cuore a mille. Mi sento come un'invitata alla mia festa e non mi piace per niente. Sono mesi che sogno di rimettere piede qui, ma non così. Dovevo essere io, da sola, con i miei tempi e le mie sensazioni. Non volevo spettatori né tantomeno qualcuno che mi desse il permesso di entrare. Non voglio farlo così, ma muoio dalla voglia. *Che faccio?*

Anna spunta dalla porta. «Be', che fai? Non vieni? Preferisci che ti apra la finestra così puoi scavalcare ed entrare col tuo metodo?»

Ha la risposta pronta come me. Forse mi piace.

La cucina, questa strana cucina, è sempre stata la mia stanza preferita. La ricordo luminosa, calda e sempre viva. Una finestra sulle colline, una porta sul giardino, l'arredo che è un mix di tre differenti stili. *Incredibile, è tutto uguale.*

Fisso ogni dettaglio dimenticato. *Ciao, tazza del Mulino Bianco, ciao, calendario della Cassa di Risparmio del 1994. Ehi, cestino per il pane con il fiocchettino Vichy…*

L'odore è incredibile. La cucina di Mozzano profuma… di cucina di Mozzano. Punto. Non esiste altro modo per descriverlo. È un odore unico. Tutto ciò che ricordo di questa cucina è unico.

L'aroma della moka interrompe i miei pensieri. Anna versa il caffè e mi fa segno di accomodarmi. Ci sediamo al tavolo e mentre io mi guardo intorno, l'unico rumore è quello del suo cucchiaino che mescola lo zucchero nella tazzina.

«Allora Gloria, dicevo… Io sono Anna e in accordo con tuo padre, pago un ridicolo affitto per stare qui. In cambio faccio tutto quello che c'è da fare per riportare questa casa allo splendore iniziale.»

«Sei qui in affitto? Ma perché mio padre non me lo ha detto?»

«Ah, questo non mi riguarda… Però da quello che mi ha raccontato lui, tu vivi all'Isola d'Elba, giusto? Forse non ha ritenuto urgente dirtelo perché non pensava certo che tu manifestassi la voglia di venire qui, immagino…»

«*Vivevo* all'Isola d'Elba, sono tornata da poco.»

«E come mai?»

«Perché ci sono stati dei cambiamenti radicali nel… ma possiamo andare in ordine? Da quanto tempo sei qui? Sei sola? Hai famiglia?»

«Alla faccia dell'andiamo con ordine…» Sorride quasi timidamente e continua: «Sono qui da poche settimane. Arrivo quasi sempre il giovedì sera e torno in città la domenica. Ho quarant'anni, sono sposata ma, se devo proprio essere sincera, vengo qui da sola».

«Perché?»

«Perché voglio ritagliarmi uno spazio tutto mio!»

«Perché?»

«Perché se hai la necessità di stare un po' da sola e la fortuna di conoscere Otello che ti offre una soluzione come questa, non la condividi certo con qualcuno, non credi?»

La sua risposta è accompagnata da una risatina nervosa.

«Ma… a lui sta bene questa tua scelta?»

Sembra che sotto quintali di frasi costruite nasconda un velo di tristezza. Forse le mie domande sono un po' troppo dirette.

«Scusami, non volevo essere inopportuna. Non ci conosciamo. Ho il difetto di fare sempre mille domande…»

Bevo un sorso di caffè.

Beve un sorso di caffè.

«Quindi tu vieni qui tutti i weekend… e cosa intendevi con "Riportarla al suo splendore iniziale"? Stai facendo… tipo… manutenzione?»

«Sì, faccio quello che posso e faccio un po' di tutto. Da quando sono arrivata ho già sistemato parecchie cose. La casa era disabitata da tanto tempo e i segni dell'abbandono erano alquanto evidenti.» Prende un altro sorso. «Scusa ma, quando sei arrivata nel giardino non hai visto il tavolo fuori, la canna dell'acqua arrotolata, lo zerbino? Sono tutti segnali che indicano che la casa è abitata… Non ti sei chiesta perché non c'era una foresta al posto del prato?»

«*Mmm* no, cioè ora che me lo fai notare effettivamente… ma ero concentrata più su quanto era bello rivederla che non sul come!»

«Io amo questa casa…»

«Anche io. E la amo talmente tanto da esserne gelosa» dico abbassando lo sguardo sulla tazzina.

«Mi sembri infastidita, Gloria.»

«Sì, un po'.»

«Ma perché? Mi guardi come se fossi una minaccia…»

Forse perché sento che lo è.

Bevo l'ultimo sorso di caffè.

«Vuoi averla tutta per te? È per questo? E la seconda domanda che ti faccio è… se tu potessi averla, ora, riusciresti a gestirla nello stato in cui è? Con le pareti piene di muffa e gli scuri che si stanno disintegrando? Saresti in grado di fare qualcosa per questa casa?»

«Ma questo è irrilevante…»

«No, non lo è. Dovresti essere felice di lasciarla nelle mani di qualcuno che la ama come la ami tu.»

«Con tutto il rispetto, Anna, ma…»

«Sì, lo so… tu la ami di più. Ti piace puntualizzare, eh?»

«Mi piace un po' meno quando mi rubano la puntualizzazione… figurati la casa dei miei sogni.»

«Ma io non ti sto rubando niente… anzi, la sto tenendo viva, sto lavorando per fartela trovare come la ricordi. Da quanto tempo non venivi qui?»

«Oddio, una vita… Una volta venni nel 2013, credo… Arrivai con la macchina davanti al cancello, fui sopraffatta dalla nostalgia e la salutai da lontano.»

Quanto mi sento in colpa ogni volta che lo ammetto. Di aver abbandonato e dimenticato il mio posto felice, di avergli voltato le spalle, di averlo totalmente sostituito con altro. Oggi, le decisioni che ho preso per la mia nuova attività lavorativa mi hanno portata a sentire l'esigenza di riconnettermi a tutto questo.

Sono combattuta. Questa donna sta facendo quello che vorrei fare io, nella casa in cui vorrei stare io, con l'entusiasmo che ho io e tutto questo mi spacca in due. C'è una parte di me che la odia perché mi fa sentire un'ospite e l'altra che la ama per come sta trattando questo posto.

«Scusa se insisto, ma non capisco una cosa…»

E quando non capisco, io voglio capire.

«Dimmi, tanto ormai è arrivato il tuo turno di fare domande!»

«Sei in una fase di rivoluzione?»

«In che senso, rivoluzione della vita? Del rapporto con mio marito?»

Classica ripetizione della domanda per prendere tempo.

«Questo devi dirmelo tu! Mi stai dicendo che sei sposata ma che vieni qui sola, che hai bisogno di un posto da non condividere… o sei in fase di rivoluzione o sei in fase di riflessione… che poi, parliamoci chiaro, la fase di riflessione è una cazzata. È la *fluffer* della rottura. Stai già facendo quello che farai… capito? Mi sono spiegata?»

Scoppia a ridere. «La *fluffer* della rottura, ma come ti è venuta?!»

«Ho forse torto? Rende l'idea, no?» Rido anch'io perché mi

rendo conto di aver fatto un'associazione fuori dagli schemi, talmente fuori luogo da essere geniale.

«Mai sentito un paragone del genere!» Continua a sghignazzare e aggiunge: «Sai una cosa? Mi piace!».

«Bene, se diventeremo amiche, ci faremo le magliette con la scritta "È tutto un fluffer"!»

«Amiche? Ma se fino a mezz'ora fa mi fulminavi con lo sguardo?»

«Infatti... Ho detto "se".»

Sorride. Sorrido. Connesse.

Guardo l'orologio per la prima volta da quando sono arrivata.

«Oddio, ma è tardissimo! Devo andare, ho un'oretta di strada e poi devo portare fuori il mio cane!»

«Oh, che bello! Hai un cane?»

«Sì, un Bovaro del bernese. Si chiama Uma!»

«Ah, Piuma, carino!»

«Non Piuma, Uma... come Uma Thurman, l'attrice!» ho detto accarezzando di nuovo il muro della casa.

«La prossima volta puoi portare anche lei!»

Sentivo che lo avrebbe detto.

«La prossima volta? Mi stai dicendo che posso tornare?»

«Sì, certo! Sei tu che sei partita col piede di guerra, non io!»

«Nessun piede di guerra... Anche se faccio fatica ad accettare l'idea che ci debba essere un invito, se mi dici così...»

«Gloria, ti sto dicendo che ho capito che il motivo per cui sei voluta venire qui oggi va oltre la curiosità e va oltre il capriccio di rivedere questo posto... Io non faccio tante domande come hai potuto vedere, ma mi piacerebbe sapere perché ami questa casa e perché ti viene da piangere all'idea che qualcuno ci stia vivendo al tuo posto.»

Anna mi parla con una dolcezza incredibile, sembra quasi che sia lei ad avere bisogno di rivedermi. È sincera e il suo invito è sentito.

«Questa settimana ho tante cose da fare, venerdì però potrei riuscire a ritagliarmi una mezza giornata...»

«Bene, allora ti aspetto. Ora metto la terra nei vasi delle scale, così quando torni troverai anche i primi fiori...»

«Anna, posso dire una cosa sui fiori?»

«Non ce n'è bisogno. La so già: solo gerani o tulipani.»

Cosa? Come diavolo fa a...

«... Me lo ha detto tuo padre» ha aggiunto facendo l'occhiolino. Poi si è rimessa l'inguardabile cappello di paglia ed è sparita dietro l'angolo della casa.

Ho scavalcato di nuovo il cancello. Anna non ha aperto e io non le ho chiesto di farlo, entrambe abbiamo dato per scontato che quella sarebbe stata la mia uscita di scena.

Cammino per la strada in discesa e arrivo alla mia auto. Apro la portiera solo per prendere la felpona sul sedile posteriore. Ora che il sole sta scendendo e l'aria sta diventando più fresca, ho una gran voglia di fumarmi una sigaretta prima di tornare a casa.

Vado così a sedermi sull'altalena del parco giochi. C'è chi fa yoga, c'è chi si fa fare un massaggio, c'è chi va a correre. A me basta un'altalena per sincronizzare pensieri, respiro, corpo e cuore.

Sono cresciuta su quella che avevo in giardino nella casa dei miei genitori, ho fumato le prime sigarette su quella di piazzale Salsi a Parma, ho baciato il mio primo fidanzato sull'altalena di Saintes-Maries-de-la-Mer in Francia, ho pianto su quella del parco della spiaggia delle Ghiaie a Portoferraio.

Bisogno di scollegarmi dal mondo? Altalena.

Nessuno passa, entra ed esce in questo momento. Non esiste nessun via vai. C'è il solito silenzio assordante. Mi siedo e comincio a darmi la spinta, entro in un'altra dimensione fatta di immagini, pensieri, fantasmi ed emozioni. Vado avanti e indietro, avanti e indietro. Mentre l'aria mi accarezza il volto. Chiudo gli occhi e sento il cuore cambiare ritmo.

Sono partita con una sensazione, credevo di trovarne un'altra e mi scopro con più di dieci emozioni da gestire. Ero pronta a tornare a casa e dire a mio padre: "Papà, voglio prendermi cura della casa di Mozzano, dammi le chiavi!" invece verso metà pomeriggio ho pensato di urlargli: "Ma sei impazzito? Affitti la casa di Mozzano senza chiedermi cosa ne penso? Caccia quella straniera da casa mia e fatti ridare le chiavi".

Ora, accarezzata dal vento e cullata dall'altalena, penso che gli dirò solo: "Papà, oggi sono andata a Mozzano. Ho conosciuto Anna. Non avevo le chiavi e... ho suonato il campanello".

Questo incontro inaspettato ha dato inizio a tutta una serie di riflessioni. Ho giusto un'oretta di macchina per farmi due o tre domande. Scendo da una altalena fisica, ma ho come la sensazione di essere salita su quella emotiva.

Che effetto mi ha fatto rivedere la casa? Chi è Anna? Davvero non è una minaccia? Quanto è bello quel giardino!

Apro la portiera, mi tolgo il felpone e lo lancio sul sedile posteriore. Accendo il motore e prima di partire chiamo mia madre.

«Mamma, ciao! Sto tornando a Parma da un giro in collina, ti dispiace se passo a prendere Uma e vengo a cena da voi stasera?»

Leonardo

Tra un pensiero e l'altro sto cantando *She's Got Her Ticket* di Tracy Chapman, quando arriva un messaggio. È di Leonardo.

> Ciao Glo...
> ti ho pensata tanto oggi. Che fai?
> Riesci a passare per un drink stasera?
> Rimango in studio fino alle 21!

Leonardo! Il pacco che arriva quando non stai aspettando nessun corriere. Suonano il campanello e pensi *avranno sbagliato!* e invece è proprio per te, impacchettato e infiocchettato, con un cono di luce che lo illumina, un sorriso da togliere il fiato, due occhi così profondi da vedere il centro della Terra e un biglietto in mano:

> *Ciao Gloria,*
> *adesso che hai trovato il tuo obiettivo, ti stai dedicando a te stessa, sei concentrata sul lavoro e sulla famiglia e soprattutto sei in pace con il passato, ho pensato di omaggiarti con questo regalo. Buon divertimento!*
>
> *Baci baci,*
> *La Vita*

Leonardo è un fisioterapista e ha un piccolo studio nel centro di Parma. L'ho conosciuto poco più di un mese fa, il giorno in cui ho accompagnato mia sorella a una seduta.

L'unica mano sinistra che ho guardato sperando di non vedere la fede.

L'unica presentazione in cui ho ascoltato il suo nome e non ho pensato a come avevo detto il mio.

In questa scena del film, la battuta originale era «Lo voglio» ma hanno sbagliato il doppiaggio ed è uscito uno strozzato: «Ciao, piacere Gloria!».

Ci stiamo conoscendo lentamente e ci stiamo avvicinando con cautela. Rimarrà ancora per un po' un rebus, un'incognita che non ho intenzione di scoprire. Non farò l'errore di leggere la soluzione nell'ultima pagina.

Dosiamo i nostri racconti durante brevissimi incontri, la maggior parte dei quali avvengono nel fine settimana, quando siamo entrambi più liberi. Non abbiamo ancora fatto sesso, a dire la verità non ci siamo nemmeno baciati. Ma il nostro sfiorarci non è mai accidentale. Rimaniamo sospesi in quel "sabato del villaggio" che non riusciamo ad abbandonare.

Accosto l'auto in una piazzola e gli rispondo subito.

Ehi Leo, stasera sono a cena dai miei,
purtroppo dobbiamo rimandare.
Domani in pausa pranzo sono libera
se vuoi ci mangiamo un panino al prosciutto e un tortello dolce :)

Spero accetti. Le pause pranzo nel bar accanto al suo studio sono ossigeno per me. Dopo aver trascorso dieci anni all'Isola d'Elba, il mio rientro a Parma è stato alquanto difficile. Persone, amicizie, relazioni, è tutto completamente diverso da come le lasciai nel 2010.

Io lo capisco, lo accetto e questo non mi ferisce affatto, anzi. Mi sprona a reinventare me stessa in una realtà che conosco ma che è come se scoprissi per la prima volta.

Leonardo fa parte di quella ventata di aria fresca "in casa mia". Abbiamo tantissime amicizie in comune, abbiamo frequentato gli stessi posti negli stessi periodi ma non ci eravamo ancora mai incontrati. Forse perché non era il momento giusto.

Gli incontri non avvengo per caso, mai.

Abbiamo la nostra routine e un lavoro che ci tiene impegnati in ambiti completamente diversi. Durante i nostri brevi appuntamenti ci raccontiamo, ci sproniamo, ci confrontiamo, ci consigliamo. È bellissimo, è come se il tempo rallentasse per darci il modo di conoscerci.

Un panino al prosciutto crudo, un tortello alla marmellata e l'anima gemella? A posto così, grazie. Il conto.

Leonardo è stato il primo, escludendo la mia famiglia e la mia migliore amica Bea, a sapere quali fossero i miei piani una volta rientrata definitivamente in città. Ricordo di avergliene parlato cinque minuti dopo esserci conosciuti.

Ricordo tutto di quell'incontro. Con pop corn e Coca-Cola, mi basta sedermi sul divano, chiudere gli occhi e schiacciare Rewind/Play.

* * *

«Gloria, mi aspetti qui?» urla mia sorella mentre apre la porta.

La sala d'attesa dello studio di fisioterapia è piena di luce. Sulle pareti bianche spiccano i mobili di design Lago color verde acqua. Sul pavimento in rovere chiaro, l'ombra delle veneziane sembra disegnare i righi e gli spazi di uno spartito, forse proprio quello di *Adventure* di Ehrling che esce dalle casse Bose agli angoli della stanza.

«No, scendo e vado al bar per un caffè e una sigaretta, tanto tu ne avrai almeno per mezz'ora, giusto?»

«Sì, minimo...»

Sono le 14.30. Io a quest'ora, ovunque sia, qualunque cosa stia facendo, ho bisogno di fare un pisolino.

«Se rimango qui mi addormento su questo fantastico divano...» dico, accarezzando una nuvola color antracite che mi richiama a gran voce.

«Leggiti una rivista, guarda quante ce ne sono!» replica lei, sapendo che tanto non lo farò.

Le ho già notate. Quando entro nelle sale d'attesa di un qualsiasi studio, la prima cosa che guardo sono le riviste. Queste sono tutte di almeno due, tre mesi fa. Se non posso leggere l'oroscopo, non mi interessano.

«Mi serve un caffè, questa stanza è troppo rilassante. Chiamami quando hai finito!»

«Okay» dice entrando e chiudendosi la porta alle spalle.

Ancora seduta sulla morbida nuvola, cerco l'accendino che non vuole farsi trovare. Dentro la mia borsa c'è di tutto: monetine, fazzoletti, caricabatterie, scontrini, burro di cacao, agenda... ma dell'accendino nessuna traccia. *L'avrò lasciato in auto.*

«Che nervoso... Perché non ti trovo? Dove cavolo sei?» parlo con l'accendino, ovviamente.

«Eccomi!» risponde una voce alle mie spalle.

O il mio accendino ha salito tre piani oppure qualcuno mi ha sentito parlare da sola!

«Sei Gloria? La sorella dell'Anto?»

Oh. Mio. Dio. E questo chi è?

Non ha la forma di un accendino ma qualcosa mi dice che se si avvicina di un solo passo potrei prendere fuoco. Indosso i Ray-Ban eppure è come non averli e guardare il sole. Alto, bello, spalle larghe, occhi verdi, moro. Felpa sportiva girocollo nera e pantalone morbido della Nike, grigio. Sul mio personale dizionario questa è la definizione di "perfezione".

«Ciao piacere... sì, sono Gloria!» allungo la mano per presentarmi o forse per avere la certezza che non sia una visione.

Mi sono forse addormentata sulla nuvola e sto sognando?

«Ciao... Io sono Leonardo!» Mi stringe la mano e la guarda sorridendo.

In confronto al suo, il sorriso dello Stregatto di *Alice nel paese delle meraviglie* sembra quello della pubblicità antifumo sui pacchetti delle sigarette.

«No, grazie, io non fumo...» aggiunge continuando a sorridere.

«Cosa?» Non capisco. *Non ci sto più capendo nulla a essere sincera.*

«Hai un accendino nella mano...»

Ops, effettivamente il mio accendino giallo è qui sul mio palmo. Lo devo aver afferrato nel momento in cui Leonardo è entrato nella stanza e non me ne sono nemmeno resa conto.

Questo fa il colpo di fulmine. Annulla qualsiasi elemento di disturbo, scontorna perfettamente la persona che hai davanti e la trascina su uno sfondo bianco. Taglia e incolla meglio di Photoshop. Annulla i rumori, la gravità, il tempo. Aumenta la luce e sottolinea i contrasti.

«Che scema... ecco dov'era» dico imbarazzata, sperando di sembrare ironica e non completamente pazza.

«Tua sorella ha una seduta con Paolo, vero?»

«Sì, è in seduta, l'ho accompagnata perché la sua macchina è dal meccanico.»

Eccoci, le informazioni inutili che escono dalla mia bocca quando sono agitata. Cosa gliene frega se la macchina di mia sorella è dal meccanico, Gloriaaa!

«Ho sentito tanto parlare di te, sai? La sorellina che abita all'Isola d'Elba!»

«Abitava... Ormai sono tornata a Parma in pianta stabile.»

Specifichiamo. Non vado da nessuna parte. Nes-su-na.

«Come mai? Ti mancava la nebbia?» continua a sorridere, senza mai abbassare lo sguardo.

«Sì, anche. Ma sono tornata perché da anni ho in testa un progetto e qualcosa mi dice che è arrivato il momento di scoprire se ci ho visto giusto...»

«*Wow*, tu sì che sai incuriosire... Mi piace.»

Accende la macchina del caffè, appoggiata su un mobiletto accanto alla finestra, e guardandomi aggiunge: «Sì, ce la farai! Ci scommetto!».

«Come, ce la farai? Non sai nemmeno di cosa si tratta!»

«Non importa. Mi hai già fatto capire che ce la farai. È questione di energia... e di sguardo. Anche se, ora che ci penso, i tuoi occhi non li ho ancora visti... Belli, però, gli occhiali!»

Geniale, mi sta facendo sentire una maleducata senza dirmelo, travestendo questa puntualizzazione da complimento. Se qualcuno vuole attirare la mia attenzione, basta che cominci a parlare di energia e, non so come sia possibile, lui sembrava saperlo.

«Questa stanza è troppo luminosa...» dico togliendo i Ray-Ban e sperando di non avere lo sguardo assonnato delle 14.30.

«Oh eccoci, molto meglio... Ricominciamo. Ciao, io sono Leonardo! Tu sei la sorella dell'Anto?»

Sorridiamo entrambi e i cinque secondi che seguono sono lenti, silenziosi e ipnotici.

«Posso offrirti un caffè?»

«Sì, grazie...»

Guardo il pavimento e sembra che gli spazi di quello spartito proiettato a terra stiano prendendo vita. Vedo i primi accordi di una canzone che due sconosciuti stanno componendo davanti a un caffè. Ci sediamo sulla nuvola color antracite e la sinfonia ha inizio.

«Allora, dài raccontami, sono troppo curioso... Su cosa ho scommesso?»

Mi sforzo di togliermi dal viso il sorriso ebete che mi si è stampato addosso per cominciare a raccontargli qualcosa di me.

«La mia famiglia ha una merceria nel quartiere San Leonardo. Mio nonno Attilio la fondò nel 1946.»

«La Merceria Mussi... Come no? La conosco. Oh scusa, non volevo interromperti, continua...» Beve un sorso di caffè e mi fa cenno di proseguire.

«Sì, quella... Be', stringo, se no diventa lunga...»

«No, no. Ti prego... nessun riassunto.»

Non so perché ma credo alle sue parole e al tono che usa. Vuole davvero sapere quale sia il mio progetto e non è solo cortesia tra estranei.

«Okay, come vuoi...»

Il suo sorriso m'incanta e, anche se non ci conosciamo, ogni parte di me vuole raccontargli chi sono e cosa ho deciso di fare.

«C'era una volta... scherzo! Da dove inizio, vediamo...»

«Da dove sei... da oggi.»

Prendo un bel respiro e parto col mio monologo.

«Sono la nipote di Attilio Mussi, grandissimo merciaio, nato e cresciuto a Parma. Mio nonno partì da zero. Con solo una licenza in mano e una donna al suo fianco, decise di intraprendere la vita del commerciante come suo padre. Nel 1946 aprì un piccolo negozio di minuteria in via Trento, dove oggi c'è il panificio, non so se hai presente...»

Leonardo mi guarda e scuote la testa ma decido di non perdermi in dettagli inutili e continuo: «Negli anni Sessanta il suo nome si affermò nel quartiere, il lavoro aumentò e si trasferì dall'altra parte della strada, in quella che è la sede attuale dell'attività, all'angolo con via Marmolada».

Non avevo mai raccontato la storia per intero a nessuno. Alla domanda: «Che lavoro fai ora che sei tornata?» di solito rispondo: «Sto iniziando a occuparmi di vintage» ma con Leonardo è diverso... Ho bisogno di dire a voce alta quello che finora mi sono tenuta dentro.

«Un fondo commerciale molto più grande gli permise di aumentare il volume delle vendite e di dedicarsi a categorie merceologiche più ampie. Diventò negozio di abbigliamento uomo, donna, neonato, bambino e ragazzo, si allargò nel settore intimo e intimo notte e arrivò a essere anche teleria e negozio di biancheria per la casa. Una mega-bottega o un minicentro commerciale, praticamente... chiamalo come vuoi...»

Sorridiamo entrambi.

Io mi conosco, se il mio interlocutore non mi interrompe, vado avanti a parlare per ore. Sono una sveglia che suona finché non la prendi e non la lanci per terra. Leonardo, però, non solo sembra non volermi interrompere, ma assomiglia a un bambino che ascolta la favola della buonanotte senza alcun segno di cedimento.

«Mio nonno morì negli anni Novanta e i miei genitori, che lavoravano con lui da sempre, portarono avanti l'attività senza cambiare nulla. Mio padre Otello ha sempre provato stima e venerazione nei confronti del nonno Attilio. Lo rispettava sia dal punto di vista gestionale che da quello emotivo. Ed è per questo che mio padre, da sempre il braccio destro di mio nonno, non cambiò una virgola dell'eredità che gli arrivò tra le mani. Decise di portarne avanti le idee, il modo di fare, la gestione e tutto ciò che era dentro quelle quattro mura esattamente come avrebbe fatto Attilio.

«Oggi la merceria ha più di settant'anni ed è una di quelle realtà di quartiere che cercano di saltar fuori da questo periodo maledetto che sembra non finire mai. Le imprese familiari sono in ginocchio e arrancano. Risentono della crisi e del cambiamento socio-economico... Sono una categoria già molto colpita, ma sto divagando, scusami...»

La Gloria che si riflette nel mobile lucido color verde acqua mi guarda e ticchetta l'indice della mano destra sul polso sinistro e mi dice: *Sì, però ciccia... stringi.*

Continuo, lasciando perdere crisi, tasse e difficoltà.

«Sta di fatto che negli anni Novanta mio padre prende le redini di tutto e continua a navigare a vele spiegate, ma c'è un piccolissimo dettaglio, che è il motivo per cui voglio subentrare in questa attività...»

«E quale sarebbe? Dimmelo, lo vedo che non stai più nella pelle!» dice sorridendo curioso, mentre si protrae in avanti con le sue bellissime spalle.

«Mio nonno Attilio non si è mai, e dico mai, liberato dell'invenduto. Ha sempre tenuto e archiviato tutto. Se durante la stagione rimanevano in giacenza migliaia di capi, lui teneva migliaia di capi. Era noto per cacciare gli stockisti e per essere assolutamente contrario alle svendite di fine stagione. Quindi non svuotava mai gli spazi cedendo ai saldi o dando via gli ultimi articoli per poche lire. Svenderli o liberarsene non era contemplato.»

Leonardo mi interrompe: «Ma poi è arrivato tuo padre che...».

Non riesco a trattenermi e scoppio a ridere: «Che ha fatto la stessa identica cosa!».

Mi guarda con quegli enormi occhi verdi, scoppia a ridere e ancora un po' incredulo dice: «Quindi, tutti gli articoli invenduti da... quanti anni? Sessanta? Dove li tenevano?».

«Perché usi il passato? Dove li tiene, vorrai dire!»

«Cosa? Non se n'è mai liberato? Mai?»

«Mai. Fare spazio e dare via l'invenduto del nonno Attilio sarebbe stato un affronto. Mandare a puttane un'idea per semplificare il magazzino, gli inventari, il catalogo? Fuori discussione. E iniziare a darli via a pochi euro? Non esiste. "Non lo ha fatto il nonno, non sarò certo io a dare via la sua roba!" così dice mio padre. Piuttosto che svendere la merce rimasta, compra una nuova cantina da riempire.»

«Te lo chiedo io, anche se stai per dirmelo tu. Oggi siamo a quota cantine...?»

«Tante. E tutte piene.»

«Qualcosa mi dice che stai per fare una rivoluzione, vero?»

«Sbagliato. Non ho intenzione di rivoluzionare o mancare di rispetto a chi mi ha preceduta ma di prendere in mano una situazione di cui tutti si sono dimenticati. Lo voglio fare e lo farò... a modo mio.»

Leonardo mi guarda incantato e mi incanta a sua volta. Non dice niente, ma mi sta già dicendo tutto. Mi sento libera di parlargli come se lo conoscessi da sempre.

«Voglio riportare alla luce i magazzini pieni di questi capi splendidi, originali, Made in Italy, intoccati e voglio venderli. Voglio tentare la strada dell'online. Voglio che piano piano si svuotino… ma con onore. Voglio far vedere al mondo che c'è chi ha creduto talmente tanto in quella qualità da tenersela stretta e rinunciare a facili entrate che non avrebbero fatto la differenza. Voglio fare la differenza.»

Mi accorgo di quello che sto dicendo e di come lo sto dicendo. Sento tutta la forza delle mie parole e so che se in questa stanza ci fossero i fantasmi di famiglia mi darebbero una pacca sulla spalla.

«Dicono che la prima generazione fa, la seconda mantiene e la terza distrugge. Non ho intenzione di confermare questa statistica che mi spaventa da sempre. Mio nonno era un visionario e prese delle decisioni, mio padre è un conservatore e onora le radici. Io voglio imparare dalle vittorie e dagli errori di entrambi e fonderli in una sola e unica entità imprenditoriale.»

Gloria, piano. Non hai nemmeno iniziato… piano. "Entità imprenditoriale" suona alquanto azzardato.

«Ora devo solo capire come farlo, e soprattutto da dove cominciare.»

«Fantastica.»

«Cosa? È solo un'idea…»

«No. Sei fantastica tu.»

«Ah… quindi l'idea fa schifo?»

Scoppia a ridere.

«L'idea? Vuoi riassumere tutto questo nella parola "idea"? Ti sbagli, è molto di più. È famiglia, storia, amore, passione, visione, adattamento, innovazione, coraggio. E tu… tu me l'hai raccontata come se fosse una storiella come tante.»

«Forse lo è. Cioè, per me no, ma per gli altri potrebbe esserlo.»

«No, non è così. Io sono un estraneo che ti ha offerto un caffè e mi sto commuovendo come un deficiente. Se è capitato a me, capiterà a tutti coloro che avranno la fortuna di ascoltarti.»

«Ti ringrazio, sono all'inizio di questa avventura e devo ancora muovere i primi passi.»

«Vorrei assistere...»

«A cosa?»

«A tutto.»

Si alza e va verso il mobiletto, prende carta e penna e comincia a scrivere qualcosa.

«Questo è il mio numero. Usalo. Per consigli, sfoghi, racconti. Tienimi aggiornato, insomma!»

«Okay, lo farò...»

«Posso farti una domanda, Gloria?»

Sì. Sì. Sì. Qualunque cosa mi chieda è sì.

«Certo, Leonardo, dimmi...»

«Se ti dicessi che sono felice che la macchina di tua sorella sia dal meccanico, ti sembrerei uno stronzo?»

«Sì. Cioè no... Cioè a dire il vero... sì, ma lo sono anch'io, perciò... sarà il nostro piccolo segreto.»

Mentre stiamo facendo l'amore con gli occhi e sappiamo che la macchina è dal meccanico perché il destino ha deciso per noi che doveva essere così, la porta si apre e mia sorella improvvisamente ci interrompe.

«Non ci sono segreti per una che fa il mio mestiere...» entra a gamba tesa Antonella. «Ciao, Leonardo! Di cosa stavate parlando?»

«Ciao, Anto! Di... meccanici.»

«Ah, zitto, una sfiga... Ma ti pare che da un giorno all'altro la macchina decida di non partire più, così, senza motivo? Roba da matti! Andiamo, Glo?»

«Sì, andiamo... Ciao Leonardo.»

«Ciao, imprenditrice!»

* * *

Leonardo sta scrivendo...

Impossibile non accettare se ti giochi la carta tortello dolce!
13.30 al bar. Ti bacio

Sorrido. Lancio il telefono sul sedile del passeggero e riparto.

Non credo che gli dirò dell'incontro di oggi. Non gli dirò nemmeno che sono arrivata fino a Mozzano. Questo capitolo è talmente importante per me che lo terrò per ultimo.

Custodisco la casa e la storia che l'accompagna come un tesoro. Entrarci è un onore, viverla un privilegio.

Non so come spiegarlo, ma c'è una parte di me che considera quel luogo, quelle mura, quel giardino come la cosa più intima da mostrare a un eventuale compagno.

Nemmeno il mio ex fidanzato, con cui sono stata per nove anni, ci è mai entrato. Non mi sono mai immaginata con lui a sistemare quel giardino o pitturare quel cancello o innaffiare quei tulipani.

Perché?

Perché non era il lui con la L maiuscola e la casa lo sapeva. Altrimenti avrebbe sprigionato quell'energia che attira come una calamita e ti fa viaggiare con la mente. L'amore riconosce l'amore. Proprio come l'energia riconosce l'energia. Lo scambio avviene solo quando tutti gli elementi trovano un equilibrio.

Ho talmente tanta voglia di parlargli di questo luogo e di quello che significa per me che non lo farò.

Sento che lì dentro avrò il mio lieto fine. E questo mi basta per sapere che la prossima volta che porterò qualcuno davanti a quel campanello senza nome e a quel cancellino bianco… sarà per chiederle la benedizione.

Se chiudo gli occhi vedo Leonardo oltre il cancello? Ancora non lo so.

Ho deciso di intraprendere un lavoro che alla base ha molto di più di un obiettivo monetario. Ho deciso che voglio ripercorrere la storia dell'uomo che ha dato il via a tutto questo. Quando ho scelto di farlo ho sentito una connessione molto più forte di quanto immaginassi.

La casa di Mozzano è stata la prima e unica in cui ho vissuto insieme ai miei nonni, ma ero troppo piccola per ricordarmelo. E adesso io voglio ricordare. Voglio che sia lei a farmi tornare alla mente i momenti dimenticati. So che ci sono, che sono lì dentro. Che mi aspettano e presto mi troveranno.

Nessuna macchina si ferma da un giorno all'altro senza motivo.

Nessuna.

Uova strapazzate

Dall'ascensore, che sta per aprirsi al sesto piano, sento Uma che gratta la porta. Riconosce il mio arrivo fin dal piano terra. L'ho lasciata da sola tutto il pomeriggio e ora mi dedicherò solo a lei.

Uma, il Bovaro del bernese più anomalo della terra. La presi un sabato sera di quattro anni fa a seguito di una conversazione con il mio ex fidanzato, che si concluse con «Okay, prendiamo un cane!».

La mattina seguente, appena alzata, guardai il cellulare e trovai un messaggio: era di un allevamento di cani che avevo contattato anni prima e che aveva un cucciolo di Bovaro disponibile, una femmina.

Le coincidenze non esistono, sono solo un'invenzione degli insensibili. Tutto accade per un motivo e ogni connessione avviene per una ragione.

Ricordo che cominciai a urlare: «Tommaso, svegliati! Non ci credo, non ci credo! Guarda qua!». Lui mi odiò per quell'inizio di giornata così irruento, ma poco importava. L'universo aveva deciso che a distanza di anni, a distanza di chilometri da dove abitavo, ma solo poche ore dopo aver dichiarato la mia ufficiale volontà di avere un cane, era nata la mia cagnolona.

Un giorno tornando a Capoliveri da Rio Marina discutemmo del nome:

«Cacchio, ai nomi da femmina non ci ho pensato. Ho in testa solo nomi maschili: Quentin, Woody, Dylan, Leo, Boris, Zack, Walsh, Ted, Jack...». Praticamente elencai tutti i miei amori televisivi e cinematografici, reali o interpretati.

«È femmina, Glo!»

«Sì, lo so... ma vorrei che avesse qualcosa a che fare con questi nomi. Un po' come abbiamo fatto con Broomhilda!»

Broomhilda è la mia gatta. Quando l'abbiamo trovata era troppo piccola per capire di che sesso fosse, allora io dissi: «Se è un maschio lo chiamiamo Django, se è femmina Broomhilda!».

Entrambi amanti di Quentin Tarantino ci trovammo subito d'accordo.

«Allora... Uma!» disse lui con una incredibile nonchalance.

«Uma. Cazzo, sì!»

Perfetto! Se non è Quentin, allora sarà la sua musa nonché una delle attrici più belle di sempre!

Uma è pigra e non abbaia mai. Ha le zampe talmente storte da richiamare l'attenzione di chiunque incontriamo per strada. «Ma poverina, com'è storta!» Tutte le volte io, da sana portatrice di gambe a X, la tranquillizzo: «Lascia stare, Uma, non è detto che si stiano riferendo a te...».

È dolcissima, è buffa, è ruffiana. È una bovarona di cinquanta chili. È la mia ombra e la mia migliore amica, ha vissuto tutto insieme a me: è arrivata durante quella che credevo fosse un'idilliaca storia d'amore e poco dopo assistette alla sua fine.

Quando Tommaso andò via di casa, non discutemmo nemmeno su chi dei due avrebbe tenuto Uma e Broomhilda. Io mi sarei fatta tagliare un braccio piuttosto che lasciarle e lui lo sapeva e infatti non si azzardò nemmeno a chiederlo. Durante il crollo emotivo che ho avuto al termine della nostra relazione, Uma era lì ed è stata l'unico motivo per cui mi alzavo al mattino. La sua presenza riempiva le mie giornate e occuparmi di lei mi teneva impegnata e viva.

È stata spettatrice anche di quello che è successo subito dopo. Il momento dei "chiodi che sei convinta che scacceranno il chiodone". Si è beccata tutta la sfilata primavera-estate 2018 senza mai giudicare. Ed è stata una perfetta compagna di viaggio anche durante il trasloco.

Prendere la decisione di lasciare l'Isola d'Elba per ritornare in città ha significato anche diminuire la qualità delle sue giornate. Tre passeggiate al giorno in centro a Parma e un terrazzo non potranno mai sostituire un giardino e la spiaggia di Naregno.

Ma non avevo scelta, e questo Uma lo sa, sembra che lo abbia accettato e si sia ben adattata. Insomma, in questi frenetici ultimi anni, lei è la mia grande e pelosa costante. Spettatrice, complice, amica, famiglia. Uma è tutto ciò che di bello si può essere.

«Ciao amore miooo!» dico lanciando le chiavi e la borsa e buttandomi su di lei per stritolarla di baci e carezze. I primi cinque minuti è impossibile abbracciarla perché quando è felice salta come un canguro.

Dopo il centesimo "Ciao amore mio!", il centesimo salto e un livello minore di oxitocina nell'aria, prendo il guinzaglio e usciamo insieme per andare a fare la passeggiata che ci porterà a casa dei miei genitori.

Ho tanta voglia di parlare con mio padre di Anna e di Mozzano, dei miei progetti e dei miei timori. So che una cena non basterà, ma sicuramente potrò introdurre l'argomento tra un bicchiere di Tavernello e un formaggino Tigre.

«Ehi, sono qui!» dico entrando dalla porta della cucina.

Mamma è davanti ai fornelli pieni di pentole, si gira e mi saluta con il suo bel sorriso.

«Ciao! Allora? Hai fatto una passeggiata con Uma? Dov'eri quando mi hai chiamata? Vanno bene le uova strapazzate?»

Minimo tre domande in contemporanea, come sempre.

Le uova strapazzate: il piatto che fa più imbestialire mio padre. Per anni mia mamma ha comprato libri di cucina a cadenza regolare e mio padre ovviamente se ne accorgeva: «Luciana, basta comprare libri di cucina! Abbiamo pagato la casa al mare della giornalaia con tutti i soldi che le hai dato!». Per questo, nei giorni in cui mia madre propone le uova strapazzate aggiunge sempre: «Con tutti i libri di cucina che hai, possibile che l'unica cosa che mi prepari siano le maledette uova strapazzate?».

Otello 1 - Mamma 0

Palla al centro.

«Otello… mangia e taci.»

Otello 1 - Mamma 1

Il match finisce sempre in pareggio.

«*Mmm*… le uova strapazzate! Papà sarà contentissimo!» dico con un'ironia che lei non coglie.

Uma si siede sul suo tappeto in sala e fissa la porta d'ingresso. Manca un componente del branco e prima di potersi rilassare non può fare a meno di attenderlo.

Io ne approfitto per parlare un po' con mia madre.

«Sai mamma, oggi sono andata a Mozzano!»

«A Mozzano? A fare cosa? Non c'è niente!»

«Sì, me ne sono accorta…» dico a bassa voce come se non volessi farmi sentire. «Sono andata a casa nostra!»

«Ma non puoi andarci. La casa è abitata!»

«E quando pensavate di dirmelo?» Il mio tono di voce è già cambiato, anche se mi ero ripromessa di trattenere la parte di me che reagisce bruscamente ai "fuori programma".

«Il papà non te l'ha detto?» chiede sorpresa e per niente turbata da quella informazione.

«No, non me lo ha detto. Ma mia sorella lo sa?»

«Non lo so, Gloria, devi chiederlo a lui… però non credo. Quindi hai conosciuto Anna?» chiede mentre comincia a lavare i pomodori.

«Sì, l'ho spaventata perché sono entrata scavalcando il cancello e…»

«Ma come scavalcando il cancello? Gloria, dài! Che figura!» e si volta verso di me con un pomodoro in mano che sgocciola sul pavimento.

«Allora… Punto uno, non avevo le chiavi per aprire il cancello. Punto due, anche se le avessi avute l'avrei spaventata ugualmente. Punto tre…»

Il campanello suona e m'interrompe al momento giusto. Il punto tre riguarda la presenza di Anna e va intavolato con chi ne è il responsabile. Io e Uma andiamo ad aprire il portone.

«Ciao, Uma!» Mio padre, giustamente, saluta lei per prima.

«Ciao, Glory!» aggiunge mentre si toglie il berretto e la giacca di jeans.

«Ciao papà! Com'è andata la giornata? Si è lavorato oggi?»

Mi sento la mamma che chiede al figlio "come è andata la scuola" e questo scambio di ruoli, per un attimo, mi diverte.

«Insomma, non si lavora più come una volta… però il pane ce lo siamo portati a casa anche oggi!»

Sorrido pensando che quel pane verrà usato da accompagnamento per le sue amate uova strapazzate e vado in cucina.

Papà appoggia il suo mazzo composto da cento chiavi sul

mobile della sala. Per qualche secondo rimane appoggiato al tavolo con le braccia tese e la schiena curva e stanca.

Lo osservo da dietro e vengo percorsa da un brivido.

Si rimette dritto e lentamente sparisce nel corridoio buio per andare a mettersi le sue fidate pantofole in pelle e il maglione blu a righe rosse e verdi che indossa durante i pasti da quando ne ho memoria.

Io e mia madre ci sediamo a tavola. Uma si corica in mezzo ai miei piedi e mentre lo aspettiamo per mangiare, il volume altissimo del telegiornale diminuisce sempre più e sparisce dentro ai miei pensieri, che arrivano e mi strappano dalla realtà.

* * *

«Gloria, svegliati...»

«Mamma... ma che ore sono?»

«È notte fonda... vai a dare un bacio al papà. È in sala.»

«Cosa? Ma... adesso?»

«Sì, adesso... il nonno Attilio è morto.»

Era l'alba del 16 luglio 1994. Io avevo sette anni e ricordo quel risveglio come se fosse appena accaduto.

Percorsi in silenzio il lungo corridoio e fermandomi sulla porta di vetro che lo divide dalla sala, vidi mio padre in piedi appoggiato al tavolo. Curvo, ipnotizzato e assente, guardava quel tavolo pieno di carte e documenti, chiavi e fotografie. Tutto il peso del corpo era sulle braccia rigide, sembrava che le sue gambe stessero per cedere.

Mi avvicinai e lo abbracciai da dietro. Lui non si voltò ma allungò il braccio schiacciandomi alla sua gamba. Piansi non appena mi resi conto di cosa era successo.

Il mio papà aveva perso il suo papà.

Io non avrei potuto fare a meno di quel braccio che mi schiacciava a lui e piangevo per osmosi, stringendo il mio papà e pensando che lui non avrebbe più potuto stringere il suo.

Non ricordo di aver provato dolore per la scomparsa del nonno. O forse sì, non lo so. Forse ero troppo piccola per capire cosa significasse e quindi per soffrire o, più semplicemente, vedere mio padre a pezzi potrebbe aver eclissato tutto il resto.

Mi diede un bacio e poi sparì nel corridoio per andare a vestirsi e raggiungere l'ospedale.

Oggi, aver dimenticato se provai o meno dolore in quel momento è una sensazione che non so spiegare del tutto. Da un lato, c'è il senso di colpa del non ricordare, dall'altro la leggera sensazione di non averlo mai perso.

* * *

«Glory… stai bene?» mio padre, arrivando alle mie spalle, subito mi riporta al presente.

«Certo, ripensavo a… non importa! Allora, papà…»

Aspetto che si incazzi per le uova strapazzate o gli sparo in faccia l'argomento "Anna e Mozzano"? Va bene, inizio io.

«Oggi sono…»

«Cos'è questo odore? Luciana, non avrai mica fatto di nuovo le uova strapazzate?»

Niente, troppo tardi.

«Otello, su, non rompere le balle! Gloria chiedigli di Mozzano!»

Eccola in azione, mamma Luciana e l'arte del deviare il discorso.

«Mozzano cosa?» dice con tono sorpreso addentando un formaggino Tigre.

«Oggi sono stata a fare un giro a Mozzano e sono andata a casa.»

«Ah, sì? Allora hai conosciuto Anna!»

«Sì, l'ho conosciuta. A proposito... come mai non mi hai detto che avevi affittato la casa?» Sapendo che la conversazione potrebbe prevedibilmente raggiungere toni accesi, parto pacata. «Non pensi che sarebbe stato il caso di chiedermi cosa ne pensavo?»

«E perché mai? Non te ne sei mai interessata e fino a due mesi fa abitavi all'Isola D'Elba...»

«Okay, ammetto di non aver mai espresso la voglia di tornare in quella casa di recente ma... pensavo che chiedessi la nostra opinione prima di prendere decisioni così!»

«Nemmeno tua sorella lo sa e credo che poco le importi... Anna è una donna molto affidabile, a me fa piacere pensare di lasciarla a lei!»

"Lasciarla a lei." Brivido.

«Lasciarla? Temporaneamente, cioè... per poco, vero?»

Mio padre mi lancia uno sguardo che è il solito mix tra: non capisco, non voglio dare spiegazioni, non è un problema tuo. Questo sguardo può essere combattuto solo da un tono soft e un approccio diretto.

Sono più di trent'anni che ci provo e ancora non ci sono mai riuscita. Purtroppo abbiamo lo stesso carattere e gli stessi difetti. Durante i nostri dibattiti alziamo la voce, rispondiamo male, siamo testardi e non ci muoviamo dalla posizione iniziale, vogliamo mantenere il controllo e non diamo spazio all'interlocutore. Ma abbiamo anche un pregio in comune: dopo la guerra, ci calmiamo e troviamo sempre una soluzione, una via di mezzo.

«Gloria, qual è il problema?»

«Se ti dicessi che... la voglio io?»

«Cosa?» Mi guarda con gli occhi sgranati e continua: «Gloria, tu non sai gestirla una casa così. Ci sono tante cose da sistemare, il tempo l'ha distrutta!».

«Sì, lo so, ma... perché non le sistemiamo insieme? Noi però...»

«Senti, Gloria, io non ho il tempo di dedicarmi a quella casa. Lo sai, e poi la mamma non passerebbe mai le sue domeniche lì...»

«Ehi, ehi, ehi...»

Tre "ehi" di mamma Lucy con il cucchiaio di legno in mano puntato al soffitto significano solo tre cose: sta per contraddire mio padre, sta per contraddire mio padre, sta per contraddire mio padre.

«Otello, non darmi responsabilità che non ho. Furbo lui, quando è in difficoltà usa la carta "la mamma non". Eh no, bello mio! Io non c'entro con l'affitto e non c'entro nemmeno con la decisione di non andare più lì.»

Io e mio padre la guardiamo e poi entrambi, per un attimo di nuovo complici, alziamo gli occhi al cielo, io pensando che ora avrà inizio un inutile battibecco che non cambierà la situazione attuale, e lui sapendo che quando donna Luciana si sente chiamata in causa, tira fuori le unghie e tutti i sassolini nelle scarpe che si sarebbe voluta togliere nel tempo.

E infatti puntuale arriva il primo: «Come quando ci hanno invitato fuori a cena e tu hai usato me come scusa, dicendo che mi facevano male le gambe e...».

«Okay mamma. Va bene, afferrato.»

Bloccarla è difficile ma non impossibile.

«Almeno raccontami di Anna e come siete rimasti d'accordo con... i tempi...»

«I tempi? Non ci sono tempi e non c'è contratto. Anna mi

paga una cifra ridicola al mese e in cambio mantiene la casa viva. So che è sposata, tra l'altro con un brav'uomo...»

«Anna va a Mozzano da sola, lui non ci va mai.»

«Ma va là, ci andrà sì... Te che ne sai?» Fa una pausa e poi riprende subito: «In effetti... ora che mi dici così... ricordo che mi ha chiesto se fosse una casa facile da gestire da sola, ma sembrava serena... e poi si sono sposati da poco. Insomma, mi è sembrata una persona molto cortese e volenterosa. Ha avuto il mio contatto da un affezionato cliente, quindi mi fido ciecamente».

«No, scusa, fammi capire... A lei hai detto che è una casa facile da gestire e a me stai dicendo che non sarei in grado di farlo?»

«Sì, esatto. Ti conosco e so che non hai idea di come si facciano certe manutenzioni. Non devi offenderti... Lo sai anche tu che è vero!»

Sì, purtroppo è vero, però sono in una fase della mia vita in cui sento che avrei la forza di dedicarmici. Non mollo e faccio l'ennesima domanda: «Perché proprio Mozzano?».

«Ma scusa, Gloria, mi viene chiesta una casa, affitto basso, vicino a Parma. C'era quella, nessuno di noi la stava sfruttando... cosa dovevo fare? Dire no?»

Oh no... sento la gelosia prendere il sopravvento e non riesco più a trattenermi.

«Esatto. Dovevi dire no. Non sei sempre stato tu a essere contrario agli affitti? Perché hai fatto entrare un'estranea in quella casa? La nostra. La prima...»

Ecco, il mio tono ormai non è più pacato. «Perché? Come hai potuto? È la casa di tuo papà!»

Il silenzio invade la cucina e rimaniamo tutti e tre bloccati. La TV sembra spegnersi e l'aria diventa compatta.

«Presto detto, Gloria: perché voglio vederla risplendere.»

Non serve nemmeno che prosegua. Lui ha dato ad Anna la casa, per lo stesso motivo per cui io lo sto aggredendo per averlo fatto. Perché è quella che ama di più.

«Voglio saperla viva e piena di tulipani e gerani. Io non ho più la forza di farlo e mi sembrava un peso troppo grosso da affidare a te e a tua sorella. Avete entrambe una vita frenetica e piena. Lei ha una famiglia da gestire e un lavoro impegnativo, e tu stai facendo già una cosa splendida dando vita a una parte della nostra storia che credevo fosse arrivata al capolinea. Anna lo sa, le ho parlato di voi...»

Piango perché finalmente ho capito tutto.

«Gloria, non avevo idea che tu pensassi a quella casa, e soprattutto che ci pensassi in questi termini...»

«Papà, ora che mi sto riavvicinando alla nostra storia e sto rispolverando, nel vero senso della parola, il lavoro del nonno... Non so come spiegarlo ma ho bisogno di recuperare tutti i momenti che non ricordo più.»

Mi guarda con aria perplessa e non può fare a meno di aggiungere: «Scusa ma non ho capito».

Sorrido e cerco di spiegarlo senza sembrare una pazza: «Io il nonno non l'ho vissuto, o meglio, ero troppo piccola per ricordare i momenti in cui era ancora tra di noi. Mi hai sempre detto che a Mozzano passavamo tanto tempo insieme... Ecco, a mio modo, voglio recuperarlo. È come se la casa mi richiamasse a gran voce».

Gli lascio il tempo di realizzare quello che ho detto. Lui annuisce con lo sguardo perso nel nulla.

«Non ti bastano i miei racconti, ho capito. Speri che rivivendo quel luogo possano venirti in mente immagini concrete, giusto?»

«Giusto, papà, allora hai capito davvero!»

Continua ad annuire e guardare nel vuoto. Sta per dire una frase dolce, me lo sento. Eccola…

«Anna rimane.»

Tipico di Otello. La frase dolce arriva solo se non te l'aspetti. E dopo il mio discorso… io me l'aspettavo. Errore mio.

«Oggi non c'è motivo per mandarla via, ma ci sono svariati motivi per lasciare che resti.»

Pausa Otelliana che anticipa suspense e gran finale…

«Non volevo scavalcare nessuno prendendo questa decisione da solo. L'ho vista come un'occasione per riavvolgere il tempo e darle una nuova vita.»

«Ho capito… e so che hai capito anche tu.»

Mamma Lucy mette in tavola le uova strapazzate approfittando del fatto che siamo entrambi concentrati sulle nostre emozioni.

«Dài, mangiamo 'sta cacata di cena che poi vado a riposarmi!»

Et voilà, eccolo l'atteso gran finale.

Cerniera bianca

La sveglia suona sempre nel momento sbagliato. Mi sembra di essermi addormentata cinque minuti fa. Ieri notte, troppi pensieri mi hanno tenuta inchiodata alle proiezioni dello schermo immaginario che c'è sul mio soffitto.

Uma si gira e rigira nel letto e Broomhilda, acciambellata accanto a lei, la guarda con aria indispettita.

Mi tiro su controvoglia ma non appena mi ricordo cosa devo fare oggi, vengo afferrata da una spinta emotiva che mi fa saltare in piedi.

Saltare è un parolone, accontentiamoci di essere in piedi.

Caffè e sigaretta. Caffè, sigaretta e sigaretta, dopodiché posso cominciare ad avere un contatto col mondo. Prima di questa sequenza, poco sana ma per me irrinunciabile, non apro nemmeno WhatsApp. Aprire significa visualizzare, visualizzare significa rispondere e quindi conversare. No, non voglio comunicare prima del secondo caffè e della terza sigaretta, né digitalmente, né realmente.

Guardo la lista delle cose da fare. È un foglio A4 pieno di buone intenzioni e buoni propositi che vengono depennati in tempi molto più lunghi del previsto. Devo organizzarmi da sola e il "lo faccio domani" è sempre in agguato. È uno Hugh Grant dietro l'angolo con in mano il bicchiere di aranciata. Lo incontro mentre sono di corsa, è inaspettato, fa danni ma è invitante e cambierà sicuramente i miei piani.

Uno dei miei più grandi difetti? La distrazione. Do la colpa al mio segno zodiacale ma so perfettamente che non c'entra niente. Da sempre il mio problema è iniziare cento cose che richiedono tempo e concentrazione e non portarne a termine nemmeno una.

Non potrei mai scrivere un libro, per esempio.

Negli ultimi tempi però ho notato un miglioramento. Forse perché mi sto occupando di un progetto che mi entusiasma, forse perché non vedo l'ora di iniziare e di capire se ci ho visto giusto o forse, più semplicemente, perché per la prima volta ho un obiettivo importante che richiede tutta la mia attenzione.

Hugh Grant dovrà tornarsene nella libreria da solo. Io non ho tempo.

Sto cercando di azionare una macchina ferma da troppi anni ma so che ce la farò. Una volta lessi la frase: *Trova il lavoro che ti piace e non lavorerai mai*. Ecco, questa è la sensazione che provo a ogni passo che mi avvicina al compimento di quello che ho nella testa e nel cuore. E di passi ne ho fatti già tanti.

Sono tornata nella mia città dopo un'assenza di dieci anni. So che doveva andare così, tutto quello che mi sta succedendo me lo dimostra. Ogni pedina si è mossa nel momento e nel posto giusto. Anche quelle che possono essere sembrate insignificanti, non lo erano.

Fino a pochi mesi fa, gestivo un piccolo negozio di abbigliamento all'Isola d'Elba. Una filiale di quella che è l'attuale merceria di famiglia a Parma, che ho aperto nel 2014 a Porto Azzurro.

Decisi di trasferirmi sull'isola durante una storia d'amore iniziata un po' alla *Sliding Doors*.

Nel 2008, una mia amica aveva traslocato a Londra da poco tempo e io decisi di andare a trovarla. Ogni stagione mi ritagliavo un weekend per perdermi nella mia città preferita, e quella avrebbe dovuto essere la quarta volta.

Il giorno prima della partenza mi chiamò mia madre. All'epoca lavoravo nella merceria; in quella settimana, tra febbre e raffreddori vari, mancava personale e avrebbero avuto bisogno di me. Ma io non volli sentire ragioni, presi la valigia e passai a salutarli prima di andare in aeroporto.

Quando entrai nel negozio, mia madre mi guardò seria, aveva gli occhi lucidi e reprimeva la rabbia solo perché sapeva che avrei preso un aereo, e questo la terrorizza da sempre.

«Davvero non hai cambiato idea, Gloria?»

«No, mamma. Mi dispiace. Io devo partire, ho bisogno di staccare la spina.»

«Va bene. Scrivimi quando arrivi.»

«Okay. Salutami papà.»

Con il cuore ancora più pesante salii in taxi e arrivai al minuscolo aeroporto di Parma. C'è un volo al giorno, la fila al check-in è rapida e non c'è modo di confondere i gate.

Appena mi misi in coda, di colpo sentii una fitta al petto. Non era il freddo, non era l'ansia di volare. Era il senso di colpa. Mi stavo comportando da egoista quando i miei genitori avevano bisogno di me.

Corsi immediatamente fuori, con il passaporto che sventolava in mano. Il taxi che mi aveva accompagnata era ancora lì parcheggiato.

«Ehi! Scusi! Mi scusi!» urlai correndogli incontro con il trolley vuoto (a Londra non si va mai con la valigia piena), che si incagliava sul pavimento sconnesso del marciapiede.

«Dica, dimenticato qualcosa?»

«Sì. L'onore. Mi può riportare in via Trento?»

Perplesso e con il ghigno di uno che non capisce ma ne ha viste troppe per commentare, mi fece cenno di salire, azzerò il contachilometri e disse solo: «Tranquilla. Anche io mi cago sotto quando devo prendere un aereo».

Non risposi. Preferivo che pensasse che ero una fifona piuttosto che un'egoista.

Entrai di fretta in negozio; mia mamma, che stava servendo un'anziana signora, alzò lo sguardo per dire «Buongiorno». Ma non disse nulla. Le brillavano gli occhi e il suo sorriso illuminò la stanza.

«Scusa mamma, lascio la mia roba nel retro e arrivo.»

Sapevo di aver fatto la cosa giusta, ma ero anche un po' triste per quella rinuncia. In negozio non c'erano molti clienti, e io, un po' annoiata, pensando che avrei dovuto essere in volo, presi il portatile e decisi di fare una partita a Tetris su Facebook.

Dlin. Una notifica. Un nuovo messaggio in chat dal karma.

Ciao... Piacere! Tommaso!

Da quel momento in poi, le chiacchiere in chat cominciarono a prendere piede, e la curiosità di conoscerci davanti a un caffè e non a uno schermo diventò sempre più forte.

Andai all'Isola d'Elba poco tempo dopo e finalmente ci incontrammo. La nostra storia iniziò in un tiepido giorno di gennaio del 2009 e finì in un freddo giorno del gennaio 2018.

Per lui era impossibile spostare la sua realtà lavorativa in un'altra città, quindi decisi che sarei stata io a trasferirmi lì in pianta stabile.

Dopo anni da vacanziera cominciai a lavorare in un negozio di beachwear e a sentire che quella ormai era casa mia. Feci nuove amicizie, diventai parte di quella piccola grande realtà. Pian piano smettevo di essere la ragazza di Tommaso e mi trasformavo in Gloria.

Quando la storica merceria del paese chiuse, capii che quella era la mia occasione: conoscevo il prodotto, dovevo solo trovare il fondo per aprire una piccola copia della merceria di Parma. Così pochi mesi dopo inaugurai il mio negozio. La mattina dell'apertura c'era anche mia madre.

«Mamma, dài facciamo un gioco... il primo prodotto che venderemo ci farà capire come sarà il mio futuro.»

«Dài, Gloria, smettila, che se poi non va come vuoi tu, ti demoralizzi subito...»

Nemmeno il tempo di risponderle che entrò una signora anziana.

«Buongiorno, signora!»

«Buongiorno, siete una merceria vero?»

«Sì, signora, abbiamo aperto oggi, come posso aiutarla?»

«Vorrei...» disse cercando qualcosa che non trovava nella borsetta.

Che ansia. Cosa? Cosa? Quello che vuole sarà il mio futuro.

«Eccola! Vorrei una cerniera bianca. Ce l'avete?»

L'oggetto più piccolo e meno costoso della storia degli oggetti. L'ultima cosa che avrei pensato di vendere.

Mia mamma mi guardò sapendo cosa stavo pensando.

«Certo, signora, eccola... Sono ottanta centesimi» dissi con il sorriso e la gentilezza che mi vennero spontanei.

«Grazie mille, signorina e... benvenuta!»

«Grazie a lei. Alla prossima!»

L'anziana signora uscì dal negozio e si chiuse la porta alle spalle. Io guardai mia mamma come per dire "siamo fottute!".

«Gloria, hai capito cosa ti ha dato questa signora?»

«Sì, ottanta centesimi.»

«No, ti ha dato il benvenuto. Hai vinto il miglior futuro che avresti potuto desiderare.»

«Se lo dici tu…»

«Il papà ti ha mai raccontato cosa iniziarono a vendere i tuoi nonni, appena aperta la merceria negli anni Quaranta?»

«No!»

«Allora te lo dico io. Il nonno Attilio andava in bicicletta fino a Bologna solo per acquistare cerniere bianche. Partiva la mattina e tornava la sera. Durante la notte, la nonna Dina le tingeva di tutti i colori e le lasciava asciugare. Hanno iniziato così, con la minuteria. Non credi che questa prima vendita valga molto di più di ottanta centesimi?»

Saggia mamma Lucy.

E ci aveva preso.

Quegli anni rimarranno una delle parentesi più belle della mia vita. Porto Azzurro è un paesino di tremila abitanti e mi sembrava di essere entrata a far parte di una mega famiglia. Avevo un lavoro che mi ero creata, una casa di proprietà, un gatto, un cane, tanti amici, un paese che mi aveva accolta, la salute e la relazione perfetta.

Ero convinta di essere arrivata a quel famoso traguardo che ti permette di sederti, bere una Coca Zero, fumarti una sigaretta, scegliere una serie TV su Netflix e rilassarti.

Sul podio: lavoro, salute e amore.

Ho sempre detto, e tutti quelli che mi conoscono ne sono testimoni, che pur amando quell'isola, l'avrei lasciata non appena uno di questi tre elementi, per me fondamentali, fosse venuto a mancare.

Poco dopo, in perfetta salute e con un lavoro che funzionava alla grande, il primo segno di cedimento avvenne tra le quattro mura di quella casa che consideravo indistruttibile. Ero il porcellino con la casa di paglia e ancora non lo sapevo. Fuori, il lupo stava solo aspettando.

Tommaso passò un momento difficile e, nell'aggrapparsi a me, mi trascinò con sé. Fece tutto quello che un uomo può fare per essere lasciato ma io non volevo mollare la presa. Cercai il dialogo, cercai di aiutarlo ma non me lo permise. Diventai trasparente. Un fantasma. Non avevo forma, non avevo voce e non avevo valore.

Passai sei lunghissimi mesi a cercare di capire quale mostro avremmo dovuto combattere e solo alla fine mi resi conto che quel mostro eravamo noi: sfigurati, stanchi, deboli e ormai rassegnati a una imminente separazione.

Il lupo, che si stava già leccando i baffi, cominciò a soffiare.

Una sera lo aspettai a casa, sapendo cosa avrei dovuto fare. Con tutto il coraggio che avevo accumulato in quei sei lunghissimi mesi, feci la domanda che non si dovrebbe mai fare, almeno finché non si ha la certezza di reggere la risposta.

Ero convinta che avesse una relazione con un'altra donna e dissi solo: «È finita, e questo è chiaro. Ho un puzzle davanti ma mi manca l'ultimo tassello. Dammi l'ultimo tassello, Tommaso...».

Lui confermò la mia idea. Mi rivelò il pezzo mancante, io finii il puzzle e poi scaraventai il tavolo, distruggendo tutto. Non esistevamo più e non avevamo più forma né colore. I tasselli sparsi rimasero davanti a noi, nel silenzio di una notte che sembrava non finire mai. Pietrificati, usammo quelle ore per guardarci in silenzio, sapendo che sarebbe stata l'ultima volta.

La casa di paglia fu spazzata via, e io mi ritrovai nuda e indifesa.

«Ho perso tutto...» Seduta sul divano in lacrime, ripetei sottovoce quella frase allo sfinimento. Talmente tante volte da far perdere significato alle parole.

Lui uscì di casa in quel freddo giorno di gennaio. Io crollai e venni azzannata dal lupo.

Le mie notti insonni si trasformavano rapidamente in mattinate e, spaesata e senza forze, non riuscivo a curare il mio aspetto, usavo le mie energie solo per occuparmi di Uma e di Broomhilda. Rimasi senza forze, triste e arrabbiata per giorni. Il lupo mi aveva inghiottita.

Sapevo di essere arrivata a un passo dalla classica depressione che vedi capitare alle altre, ma non pensi mai che possa succedere a te.

Quando mi convinsi che toccando il fondo sarei riuscita a darmi una spinta, il terreno diventò ancora più scivoloso e sprofondai nelle sabbie mobili, rimanendo sola nella mia impotenza per tanto tempo.

L'isola ha questo potere. Estremizza qualsiasi cosa. Da favola a incubo, da libertà a prigione, da antidoto a veleno. Ma non è responsabile di ciò che succede a chi la abita. Non ha colpa né meriti. L'isola è solo il riflesso di quello che sei. Ti restituisce quello che le dai.

Era un posto luminoso e paradisiaco il giorno in cui sbarcai con la valigia nella mano sinistra e l'amore nella destra, e divenne cupa e infernale il giorno in cui nevicò e io rimasi sola per ore a guardare fuori dalla finestra.

Sole e neve, i due opposti.

All'isola le sfumature non piacciono. Ti fa scegliere, ma ti dà solo possibilità diametralmente opposte.

Il giorno in cui mi resi conto di aver preso la mia decisione, me ne andai senza voltarmi indietro.

Ho lasciato definitivamente l'Isola d'Elba pochi mesi fa, salutandola in un giorno di pioggia.

Ho ucciso il lupo e sono tornata a Parma con la consapevolezza di aver voltato pagina.

Se stessi scrivendo un libro, questo capitolo lo inizierei così:

La cerniera bianca è sempre stata davanti ai miei occhi, ma non la vedevo perché era piccola e costava solo ottanta centesimi.

Tutto iniziò così nel 1946.
Tutto iniziò così nel 2014.
Tutto inizierà così oggi.

La libertà di sbagliare

Ho finito di bere il mio secondo caffè e conto tre mozziconi di Lucky Strike nel posacenere. Come da programma, adesso sono pronta ad affrontare il mondo. Oggi è il giorno in cui smetterò di raccontare cosa voglio fare e comincerò a farlo. Non sapendo esattamente da dove partire ho deciso di andare in bottega e confido che, una volta lì, il primo passo mi si presenterà davanti agli occhi.

La partenza per me è sempre stato un momento difficile. Sono brava a organizzarmi, ma solo quando sono dentro al flusso delle cose. E questo vale per tutto, non solo per le azioni importanti o i progetti di vita, come in questo caso.

Nella mia testa di solito si materializza un grafico riassuntivo dei vari passaggi che devo compiere, prendo un foglio bianco e li trascrivo, ma poi regolarmente mi perdo a colorare le scritte e a disegnare i cuoricini sulle "i", proprio come facevo da adolescente sulla mia Smemoranda. Scrivevo "iniziare ORA a studiare storia" e poi perdevo il pomeriggio a colorare la scritta, aggiungendo ondine e fulmini nella pagina. Un classico che quasi sicuramente non mi abbandonerà mai.

Mentre mi preparo per iniziare questa avventura, comincio a parlare ad alta voce davanti allo specchio e, illudendomi che esista davvero una Gloria capace di tenermi in riga che, se evocata, può impedirmi qualsiasi distrazione, l'affronto infilandomi una felpa bucata e scolorita: «Dunque, bella, oggi basta parlare. Adesso vai in negozio e ti concentri sulle potenzialità del prodotto che hai deciso di gestire.

«Niente caffè al bar, niente messaggini con Leonardo, niente chiacchiere. Entri in negozio, saluti e ti fiondi nel retrobottega. Hai deciso da cosa vuoi partire? No? Allora te lo dico io. Prendi un bel carrello vuoto e cominci a riempirlo di capi che ti piacciono. Voglio vederti rientrare in casa con almeno due scatoloni pieni di abiti! Voglio vedere il salotto esplodere di vintage».

Quando ci si mette, la Gloria dello specchio, fa quasi paura. Non si può contraddirla.

Costeggio le tre vetrine che si affacciano sulla via fino ad arrivare all'entrata. La merceria riempie l'angolo al piano terra di questo immenso palazzo.

Mio nonno si trasferì nell'attuale sede non appena finirono i lavori di costruzione dell'edificio negli anni Sessanta, ma la nostra storia inizia qualche decennio prima, precisamente l'8 ottobre del 1946, dall'altro lato della via, in un piccolo fondo commerciale che oggi ospita un panificio.

Il nonno Attilio iniziò a vendere minuteria e merceria proprio dove, ogni giorno, io entro a comprare la merenda. Spesso mi rendo conto di andare in quel forno, non tanto perché ho estrema voglia di focaccia, ma perché adoro varcarne la soglia e immaginare come poteva essere negli anni Cinquanta, nelle mani dei miei nonni.

Tutte le mattine, le serrande della merceria si alzano puntuali alle otto e trenta e io, abitando vicino al negozio, sento questo rumore metallico spezzare il silenzio e riecheggiare nella via.

Per gli altri forse è un suono fastidioso, per me la carezza del buongiorno.

L'insegna Mussi fa da guardiana a quell'incrocio e, con il suo bel colore dorato, riflette la luce nei giorni di sole e buca il grigiore nei giorni di nebbia. Due leoni, da sempre simbolo della famiglia, l'affiancano agli estremi e tengono sulle zampe le lettere A e M.

Accanto all'entrata, un'insegna commemorativa del cinquantesimo anniversario dell'attività dà il benvenuto ai clienti. L'attaccò mio padre nel 1996 e, oltre al leone, le iniziali di mio nonno e le date di questo evento, la targa riporta quella che da sempre è una delle frasi più importanti per mio padre.

* * *

«Papà, cosa vuol dire quella lingua?» chiesi in punta di piedi davanti alla nuova e lucidissima targa, incuriosita da quelle strane parole che per me non avevano alcun senso.

«Quale lingua, Glory?» rispose mio padre, con un tono che faceva trasparire l'orgoglio e la voglia di raccontarmene il significato.

«Quella che hai scritto sulla targa. Io non so leggerla...»

«Non sai leggerla perché sei piccola... Quello è latino.»

«Cos'è il latino?»

«La lingua latina è parte delle nostre origini e sottolinea l'importanza di quello che c'è scritto, capisci?»

«No, papà. Come fa a essere importante se non so cosa c'è scritto? Io non so leggerla... Me lo dici tu?»

«Certo. È una frase che mi diceva sempre il nonno Attilio. È la più importante di tutte. C'è scritto: "L'eredità più grande che ti lascio sono i miei clienti".»

Mi alzai di nuovo in punta di piedi, per vedere meglio, ma il mio sguardo si perdeva tra le lettere e le parole indecifrabili di mio padre. Ricordo che non capii quello che mi stava dicendo, forse perché avevo dieci anni e non avevo idea di cosa significassero "eredità" e "latino" o, forse, perché ero rapita dall'immagine del possente leone accanto al mio cognome.

Mio padre, commosso e orgoglioso, cercava di farmi capire che quello era il motivo per cui potevamo festeggiare il cinquantesimo compleanno dell'attività. Mi stava insegnando un modo di fare, di agire, di pensare. Non mi stava insegnando il latino, mi stava introducendo a uno dei valori che avrebbero accompagnato il mio percorso.

Ma io avevo pur sempre dieci anni e un'unica domanda: «... E perché non l'hai scritto in italiano?».

Scoppiò a ridere.

«Perché il latino è meno accessibile, bisogna saperlo leggere. Quella frase nasconde il nostro tesoro... È alla portata di tutti ma così, in tanti la leggono e in pochi la capiscono. Tu la capirai, non oggi... ma la capirai.»

Entrammo in bottega tenendoci per mano e dato che lui mi aveva appena svelato un suo segreto, decisi di svelargli il mio.

«Il mio tesoro è nella casa di Barbie. Ho rubato un anello a mia sorella... ma non dirglielo. Nemmeno in latino.»

Sorrise.

* * *

Guardo la targa, e mentre il papà e la bambina si dissolvono nei miei pensieri, una lacrima solca il mio viso. Quella targa, ormai scolorita, è più lucente che mai perché, anche se non ho studiato il latino, sento quella frase mia ogni giorno di più.

«Buongiorno!» dico, entrando in merceria come se fosse la prima volta.

Mio padre sorride da dietro la cassa. «Glory, ciao!»

«Ciao, papà! Oggi comincio a concretizzare, eh!»

«Va bene... Da dove cominci? Posso aiutarti?»

Bella domanda. Non ne ho idea. Ma ho promesso alla Gloria dello specchio che mi sarei concentrata sulla potenzialità del prodotto. Quindi devo iniziare da sola e senza distrazioni.

«No, papà, ora no. Vado di sopra nel retrobottega e comincio a capire cosa posso portare via. Okay?»

Vedo l'ansia nei suoi occhi.

Il suo Posso aiutarti significa tre cose:

– Posso controllare cosa porti via?

– Posso bloccarti se prendi cose che non voglio perdere?

– Posso capire cosa diavolo hai intenzione di fare all'atto pratico?

È convinto di assecondare ogni mia volontà e allo stesso tempo è perplesso del risultato. È rassegnato davanti al mio progetto, ma restio nell'accettare di stravolgere un magazzino che negli anni da intoccato è diventato intoccabile. Sto per entrare in un mondo volutamente congelato e considerato sacro da lui e da chi l'ha preceduto. Percepisco la sua frustrazione, anche se tenta di nasconderla.

Quello che lui non sa, è che io ho capito come si sente e lo accetto. Non solo: lo rispetto, lo assecondo e non lo combatto.

Quando ho deciso di buttarmi in questa avventura, sapevo che non avrei mai potuto iniziare senza il suo consenso, e per averlo avrei dovuto parlare la sua lingua e lasciare perdere i dettagli del "come".

«Papà, voglio gestire il magazzino della merceria. Voglio riportare alla luce l'invenduto e voglio iniziare a vendere vintage» gli dissi semplicemente.

Parlargli di e-commerce, siti web e vendite digitali, sarebbe stato come cercare di spiegargli una targa in una lingua sconosciuta, con la sola differenza che oggi tutti parlano quella lingua, tutti la vedono e la capiscono e solo lui non ha idea di cosa voglia dire. Quindi la saggia decisione fu quella di concentrarsi sul leone con le due iniziali sulle zampe.

«Va bene, se hai bisogno io sono qui» risponde con tono dolce e quasi rassegnato mentre continua a sistemare carte e documenti nel cassetto del bancone.

Il bancone percorre tutto il negozio come un lungo serpente. Ha mille cassetti, e tutti pieni. Ricordarsi cosa c'è dentro a ognuno è impossibile. Solo mio padre e mia madre non sbagliano mai e aprono sempre quello giusto al primo colpo. È uno degli oggetti di arredamento che amo di più della bottega.

Gli passo dietro, attraverso l'unico piccolo passaggio che c'è, e giro oltre la scaffalatura che divide lo spazio di vendita dal retro. Questo è il raccordo di una tangenziale spazio-temporale travestita da magazzino. Ci sono le scale che portano al piano di sopra, dove c'è la biancheria per la casa, i capispalla, le calze e la camiceria, e ci sono le scale che portano al piano di sotto, dove c'è tutto l'intimo e l'intimo notte. A sinistra c'è una porta che introduce alla gigante stanza dell'abbigliamento e della jeanseria, e a destra una piccola mensola usata come appoggio per i capi prenotati e per gli oggetti personali dei miei genitori.

Questo è sempre stato il mio rifugio, potevo sentire e ascoltare tutto quello che succedeva in negozio, senza essere vista da nessuno.

Da bambina, passavo i miei pomeriggi seduta sui primi gradini e appoggiata alla mensola. Lo facevo quando ero annoiata, quando dovevo fare i compiti, quando giocavo e quando aspettavo che mia mamma mi portasse a casa.

Da adolescente mi ci sedevo per leggere riviste, per chiacchierare con le commesse quando non c'erano clienti, per piangere delle prime delusioni amorose e per litigare con i miei genitori.

Da ragazza mi ci nascondevo quando non riuscivo ad aiutare i miei genitori nelle vendite. Partivo con ottime intenzioni, ma poi mi vergognavo, non sapevo dove cercare la roba e mi demoralizzavo.

Scavalco la me bambina, adolescente e ragazza con un unico balzo e ricordo alla Gloria adulta che è arrivato il momento di andare al piano di sopra.

Vieni, sfaticata, dobbiamo andare a concentrarci sulla potenzialità del prodotto che abbiamo deciso di gestire!

La prendo per mano e insieme saliamo le scale di legno, calpestiamo la moquette e arriviamo davanti a un carrello vuoto dentro una stanza piena.

Tra queste mura ci sono la qualità, la storia, il valore. Ho deciso di recuperarli e di ricordare al mondo che, anche se sono nascosti in questo magazzino da decenni, ci sono e sono più belli che mai.

Non so da dove iniziare ma inizio.

Faccio finta di fare shopping per me e creo una piccola *capsule* di abiti che acquisterei al volo. *Oggi mi baso sul mio gusto.*

Mi guardo attorno e c'è talmente tanta roba da non riuscire a vedere né le pareti né il pavimento. Buste e scatole impolverate spuntano da ogni angolo. I carrelli sono pieni di capi incartati nel cellophane trasparente, che gli anni hanno dipinto di grigio, e gli scaffali straboccano di colori e trame. Le stanze sembrano insonorizzate da quanto sono piene.

Il fascino che emana da tutto questo mi ipnotizza; rimango immobile al centro della prima stanza per almeno dieci minuti.

Sapere che tutti questi capi esistono e vederli con i miei occhi, sono due cose diverse. Vederli e iniziare a metterci mano, è ancora un'altra cosa. Metterci mano e non perdersi… Impossibile.

Chissà a che ora finirò… Ma oggi tutto questo ha la precedenza e quindi devo rinunciare alla tanto attesa pausa pranzo con Leonardo.

Gli scrivo un messaggio, confido che capirà.

Ehi Leo!
Sono appena entrata in magazzino e
non hai idea di quello che ho intorno…
Oggi mi ci voglio dedicare al 100%.
Mi perdoni se rimandiamo il nostro tortello dolce?

Non faccio in tempo ad appoggiare il cellulare che mi arriva una chiamata.

È lui.

«Ehi!»

«Allora, Indiana Jones? Come procede?»

«*Procede* è un parolone. Devo ancora iniziare!»

«Allora metti giù il cellulare e concentrati!»

È la seconda persona che me lo dice oggi. Ma il suo tono è molto più sexy di quello della Gloria nello specchio.

«Sì, lo so… Ma se qualcuno mi chiama al telefono, io sono cortese e rispondo!»

«Qualcuno moriva dalla voglia di pranzare con te e voleva almeno sentire la tua voce… E ora che l'ha fatto è a posto!»

«Scusami… Anch'io avevo voglia di stare un po' con te, ma…»

«Non c'è bisogno di dire nulla.»

Dondolo a destra e a sinistra e stringo il cellulare come fosse la sua mano. Divento un cartone animato con gli occhi a cuore ogni volta che mi chiama.

«Allora ci sentiamo stasera, okay?»

«Certo, scrivimi quando finisci i tuoi scavi… Io rimarrò in studio fino alle otto. Ho un po' di cose da sistemare.»

«D'accordo!»

«Ah, Glo…»

«Dimmi!»

«Il nome?»

«Che nome?»

«Il nome di tutto questo?»

«Per "tutto questo" intendi il mio progetto?»

«Sì. Non mi hai ancora detto come si chiama…»

Rimango in silenzio per un attimo perché so già cosa sto per dire…

«Il nome non c'è… per ora.»

«Allora credo sia arrivato il momento di pensare a come vuoi chiamare la tua creatura…»

«Sì, ho la sensazione che qui dentro ci sia anche quello. Non so in quale scaffale o dentro quale scatola, ma so che c'è. Non l'ho ancora cercato perché sarà lui a trovarmi…»

Leonardo rimane in silenzio per cinque secondi, che durante un botta e risposta equivalgono a una settimana, ma io so che è perché sta sorridendo.

Chiudo la conversazione rispondendo a quel silenzio.

Prendo il telefono, lo metto in modalità aereo, lo appoggio sul bancone e mi rimbocco le maniche.

Dopo sole due ore dentro a queste stanze ho le mani nere e gli occhi che brillano. Ho capito che questi due elementi, non solo vanno di pari passo, ma sono anche direttamente proporzionali.

Ho selezionato un primo mix di capi da portare via e li ho appesi allo stand appendiabiti, che ora è tutt'altro che vuoto.

Il pavimento è pieno di grucce e buste, mentre il bancone è diventato una piramide di maglioni e camicie. All'interno della stanza dei cappotti ho trovato persino uno specchio vecchissimo con la cornice dorata.

Chissà che ci fa lì dentro? Chiederò a mio padre il permesso di portarlo via.

L'ho appoggiato alla parete e ogni volta che indosso un capo e mi guardo per vedere come mi cade, la Gloria riflessa mi fissa severa e mi fa il segno del "ti tengo d'occhio" con le dita.

Okay, la smetto di provare ogni giacca e mi concentro.

Sento dei passi.

Il rumore dei passi di mio padre sulle scale di legno con la moquette impolverata è unico. Lo riconoscerei tra mille. Punta il piede e non appoggia il tallone, è veloce ma prudente, si appoggia al corrimano per salire ma non lo usa mai per scendere.

«Ehi, Glory, allora? Cosa hai trovato?»

«Sono senza parole papà. Immaginavo che ci fosse qualcosa di valido, ma mi sto rendendo conto che non c'è nulla che non lo sia!»

Sorride e con uno sguardo quasi incredulo dice: «Ah sì? Ci vedi qualcosa di interessante?».

«Qualcosa di interessante, papà? Ma qui c'è molto di più... Ho trovato maglioni in pura lana vergine, cappotti Made in Italy con cuciture e dettagli che oggi non si fanno più, etichette originali con disegni pazzeschi!»

Mi fermo un attimo e prendo un bel respiro, sto per fare una cosa che non faccio spesso: chiedere scusa, e buttare fuori un po' di quel senso di colpa che ultimamente mi tiene sveglia la notte.

«Papà, ti ricordi quando ti sgridavo per aver tenuto tutta questa merce? Quando ti davo del pazzo per non averla data via? Quando mi arrabbiavo pensando a quanto spazio avresti potuto liberare se solo l'avessi venduta in stock?»

«Certo che mi ricordo. Non ti rispondevo, ma ascoltavo e alzavo le spalle, perché sapevo che prima o poi avresti cominciato a vedere e avresti smesso di guardare...»

«Ecco, appunto. Parlo per la cogliona che ero e che oggi non è qui con noi. Ti chiedo scusa per averti attaccato mille volte e ti prometto che tutto questo riprenderà vita. Ti fidi di me?»

«... Eh, dài, vediamo...»

«Cosa vuol dire? Che non credi in quello che voglio fare?»

«No, Gloria, faccio un po' fatica a pensare che tutto il tuo entusiasmo per questo mondo porti risultati concreti, ma tu devi fare quello che vuoi e io non ti fermo. Non l'ho mai fatto.»

È vero, non l'ha mai fatto. Nemmeno quando ciò che volevo erano follie o capricci che poi si sono dimostrati inutili perdite di tempo e di denaro.

Era con me, con il suo "fai quello che vuoi", quando decisi di cambiare scuola in terza superiore. Studiai per un'estate intera le scienze umanistiche, passai l'esame e cambiai istituto. Resistetti una settimana e poi tornai indietro al mio diploma di "ragioniera che odia la matematica e l'economia".

Era con me, quando, l'anno dopo il diploma, gli dissi che avrei lavorato in negozio mentre avrei pensato a cosa fare nella vita. Acconsentì, ma non ebbe mai il pugno di ferro con me. Buttai via l'intero anno a non fare nulla, a passare le giornate sul divano e le serate in giro per locali con le amiche universitarie.

Era con me, quando gli chiesi di creare un angolo moderno

e accattivante che avrei gestito io nell'attuale merceria. Lo fece. Spendemmo un sacco di soldi per creare uno spazio nuovo, disintegrando completamente un angolo del negozio e dividendolo in due. Le vetrine su via Trento diventarono mie, con una entrata dedicata e persino un nome ad hoc per la mia piccola nicchia. Era un modo per nascondermi sotto le ali di mio padre, per essere indipendente senza dovermi confrontare con il mondo esterno, che all'epoca mi faceva parecchia paura. L'ennesimo capriccio di una ragazzina codarda e senza esperienza.

Mio padre vide la possibilità di proseguire con l'attività di famiglia e non esitò ad acconsentire a ogni mia richiesta. Quando avviai questa attività nell'attività, mi affidò a Mauro, il marito di mia sorella, nonché suo braccio destro. Iniziammo bene e io imparai tantissimo. Insieme facevamo gli ordini, la vendita, l'inventario. Tutto andò alla grande finché non andò più. Rimasi a gestire quel negozio solo per due anni e poi, un po' per amore e un po' per staccarmi da quel mondo, mi trasferii all'Isola d'Elba.

Quello è stato il mio primo vero gesto di coraggio. La mia prima vera decisione adulta. Il primo vero salto nel vuoto.

Oggi, ogni volta che entro in negozio e vedo quella parete che divide l'angolo, una lama mi trafigge lo stomaco. Non so dire cosa pagherei per rivedere la merceria esattamente com'era prima di questo mio inutile capriccio. È il mio rimorso più grande.

«Papà, ascoltami... So che in passato non tutte le mie idee sono state azzeccate e giuste, anzi, direi che sono state insensate e catastrofiche, ma...»

«Gloria, non dire così, non è vero. Ti vorrei ricordare che hai gestito egregiamente una filiale della nostra attività per sette anni, lontana da casa, su un'isola... E hai interrotto questo progetto solo perché hai preso la decisione di chiudere una parentesi della tua vita.»

«Sì, lo so ma...»

Non faccio in tempo a scusarmi perché continua a interrompermi.

«Non ci vuole solo coraggio per fare, ci vuole coraggio anche ad abbandonare. E tu in questo sei ferrata, è vero...»

Ridiamo entrambi mentre lui ironizza, il suo tono è serio ma dolce. Non lo interrompo, sto assistendo a uno dei suoi rari monologhi che terminano sempre con il suo famoso "morale della favola".

«Hai sempre preso decisioni, anche quando pensavi di non farlo. Sei sempre stata un'impulsiva, vivi di pancia. Hai scelto di cambiare scuola e poi hai scelto di non vergognarti di averci ripensato e sei tornata indietro a testa alta. Hai scelto di non andare all'università perché non sapevi che fare della tua vita? E qual è il problema? Sai quanti ragazzi vanno all'università solo per perdere anni e far vedere ai genitori che stanno facendo qualcosa di buono, quando in realtà buttano via soldi e tempo? Tu l'hai dichiarato, hai scelto e non mi hai fatto buttare via nulla. Va bene, non hai fatto niente per un anno e poi abbiamo speso migliaia di euro per ristrutturare il negozio e creare il tuo spazio...»

Eccoci. Lama allo stomaco.

«... lontano dalle "vecchiette che comprano le pancere", come le chiamavi tu.»

Quanto mi sento stupida e immatura, soffoco le lacrime ogni volta che ci ripenso.

«Ma anche se quella parentesi è durata poco, hai provato a gestirla come meglio potevi. Era il 2006, te lo ricordi?»

«Certo papà che me lo ricordo!» *Maledetta me!*

«E cosa ti dissi all'epoca?»

«Che dovevo portare pazienza per avere risultati, che eravamo entrati in un momento di crisi economica e che sarebbe stata dura...»

«No!»

«Come no? Sì.»

«No, ti dissi. "Tutti ora parlano di crisi ma questa non è crisi, è l'inizio di un declino. Vedrai tra dieci anni!"»

Sì, è vero. Ricordo esattamente il momento in cui me lo disse con in mano una spada per combattere e uno scudo per prepararci alla difesa.

«Sì, è vero. Mi dicesti questo.»

«E tu? Ventenne, dopo aver trovato l'amore e dopo aver deciso di lasciare lavoro, casa, famiglia, amici e città... Cosa hai fatto? Ti sei trovata nel "ciclone crisi economica" da sola, lontana, e ne sei uscita intatta e più forte che mai. Hai aperto un negozio in un paese di tremila abitanti e con le tue uniche forze hai incassato quello che noi abbiamo guadagnato in quattro. Credi davvero di aver sempre preso decisioni sbagliate, Gloria?»

Non riesco a rispondere, perché mio padre è diventato la pellicola in bianco e nero di un film che ho sempre guardato ma che non avevo mai visto attraverso i suoi occhi. Tutte le mie colpe e i miei errori, lui continua a vederli come coraggiose decisioni e tappe obbligatorie.

Ma come è possibile? Che filtro Instagram sta usando?

Mi sforzo di non piangere, non ho fazzoletti e se mi tocco il viso con le mani nere, trasformarsi da Indiana Jones a Rambo è un attimo.

«Mi stai dicendo che, senza avere niente in mano... un piano, un budget, tempistiche, timeline, esperienza in campo vintage, c'è una piccola parte di te che crede nel mio nuovo progetto?»

«Il nonno aveva forse budget, tempistiche – e tutte quelle parole in inglese che io non capisco – quando ha chiesto la licenza ai suoi genitori per iniziare un'attività dal niente? No, i suoi genitori non credevano che ce la potesse fare, eppure gliel'hanno data...»

«Quindi non ci credi?»

«Non ho detto questo...»

«Io non sto partendo da zero, ma non mi sto più nascondendo sotto le tue ali, non voglio gravare su di te. Voglio arrivare a essere indipendente, ma per farlo, tu devi affidarmi questi capi e devi credere nel mio modo di agire. Ci investirò tempo e risparmi, se tu però ti fiderai... Non ho risposte concrete, papà, nemmeno una.»

«E io non ti ho fatto domande. Ti ho detto di fare quello che vuoi. Non capisco... perché non ti basta?»

«Perché tu fai sempre così. Mi lasci libera e non mi dici mai di no, nemmeno quando dovresti. Ho bisogno di sapere che tu credi in questo progetto, davvero. Se non vuoi che io provi a vendere quello che tu hai custodito per anni, o non credi che io possa riuscirci, devi dirmelo. In passato ho preso decisioni sbagliate perché tu non mi hai fermata.»

«Gloria, il compito di un padre non è bloccare. È prendere atto che esiste il libero arbitrio e che ogni decisione porta con sé delle conseguenze. Se posso aiutarti, ti aiuto. Mio padre non mi costrinse a non prendere il diploma. Io, finita la terza media, decisi di venire qui in bottega a lavorare con i miei genitori. Pensi che non mi sia mai chiesto perché mio padre non insistette per farmi studiare? Sì, me lo sono chiesto. So che se gliel'avessi domandato, gli avrei spezzato il cuore, ma mi avrebbe aiutato... le possibilità c'erano! Non insistette e lasciò che prendessi le mie prime decisioni, giuste o sbagliate che fossero, rimanendo al mio fianco in ogni circostanza.»

Fa una pausa. Questo significa solo una cosa.

«Insomma, morale della favola...»

Eccoci, ci siamo.

«Vuoi sapere cosa mi stava insegnando? La più importante di tutte le lezioni. Sai quale? Sai cosa mi lasciò mio padre?»

Attendo in silenzio, mentre la mia faccia, tra mascara, ombretto, polvere e lacrime, è diventata una palette in scala di grigi della Pupa.

«Mi ha lasciato la libertà di sbagliare... Sai quanto coraggio si deve avere per lasciare a un figlio la libertà di sbagliare? Tanto, te lo dico io. E io ho sempre fatto la stessa cosa con te e tua sorella. Non ho mai detto di no quando avevo le possibilità di aiutarvi e non ho mai tirato né da una parte, né dall'altra. Ho aspettato che sceglieste e sono rimasto accanto a voi.

«La libertà di sbagliare, Gloria. Questo ti lascio. Riuscirai a trovare un modo per vendere questi capi o perderai solo tempo? Sarà vincente? Abbandonerai il progetto? Non lo so, non è rilevante. Penso che questo "online" che io non capisco, ti porterà dei risultati? Riuscirai a portarti a casa il pane? Ho paura che sia tutto irraggiungibile? Non lo so, non è rilevante. Non è compito mio decidere se iniziare o meno. L'unica domanda che ti faccio è: posso aiutarti a gestire la tua decisione? Se sì, lo faccio.»

Rambo e Indiana Jones lasciano il mio corpo e mi trasformo in un manga giapponese con le fontane di lacrime che escono dagli occhi.

Mio padre si sfila dalla tasca dei suoi usurati 501 un fazzoletto di stoffa bianco, me lo allunga sorridendo: «Non te l'avevo mai detta la frase del nonno? È questa che ti ha fatta piangere?».

Tra lacrime, soffiate di naso e nodi in gola, esce solo una sincera ammissione di colpa: «Non è la frase, è quello che rappresenta. Sono una cogliona, lo sono sempre stata. Non mi sono mai ritagliata del tempo per parlare con te del nonno, del vostro rapporto, della nostra storia. Non mi sono mai resa conto di quello che c'è dietro a tutto questo…».

Rimango in silenzio per alcuni secondi e tutto intorno a me sparisce. Non ci sono abiti e cellophane impolverati, non ci sono colori, trame, e nemmeno scaffali.

C'è solo una risposta.

Mi soffio il naso e mi sembra di aver liberato i pensieri. Ho capito cosa farà la vera differenza di questi abiti.

Ho capito… Mio padre mi ha aiutato. C'è riuscito.

«Papà, diamo una seconda possibilità, non solo a questi capi, ma anche a tutte le storie che ci sono dietro e che io ancora non conosco. Tu c'eri, ci sei sempre stato. Vuoi aiutarmi? Parlami di loro, raccontami le storie del nonno e le tue. Raccontiamole attraverso i vestiti, come sono arrivati fin qui e del motivo per cui sono qui ancora oggi. Aiutami in questo, papà, rischia di sbagliare insieme a me!»

I suoi occhi si illuminano e senza aggiungere mai una parola di troppo, si appoggia al bancone e comincia a piegare i maglioni, dicendo solo: «Agli ordini!».

Che tradotto significa: "Io sono qui, combatto le tue battaglie, piango le tue sconfitte ed esulto per le tue vittorie. Sono un papà… Non posso avercela con te per le tue decisioni sbagliate e tu non puoi sentirti in colpa per gli errori che hai fatto. Posso solo lasciarti libera e diventare rete nel caso tu rischiassi di schiantarti a terra".

«Allora dimmi, papà, dato che mi hai dato il permesso di prendere quello che voglio, posso portarmi via anche questo specchio che ho trovato in mezzo ai cappotti?»

Scoppiamo tutti a ridere: mio padre, io con lo specchio in braccio e la Gloria riflessa, che finalmente ha davvero capito la potenzialità del prodotto che ha deciso di gestire.

Bea, pizza e *Friends*

È giovedì sera.

Molto più della domenica, il giovedì per me è giorno di pausa. Da quando sono sola, le ultime ore del quarto giorno della settimana prevedono sempre lo stesso programma rigoroso e irrinunciabile: telefonata alla mia amica Bea, pizza e, subito dopo, il *rewatch* di *Friends* finché non mi addormento sul divano con Uma e Broomhilda.

Mi sono appena fatta una doccia di almeno un'ora, durante la quale ho sprecato tutta l'acqua salvata chiudendo il rubinetto mentre mi lavavo i denti negli ultimi trent'anni.

Mentre l'acqua mi scorreva addosso ho pensato a mille cose: a mio papà, al progetto, al da farsi, a Leonardo, ad Anna, a Mozzano, a tutto. Mi sono sentita viva e ottimista.

So che mi aspettano mesi di duro lavoro, concentrazione e responsabilità. Non vedo l'ora di concretizzare tutto ciò che ho in testa. Il problema è che non so scegliere.

Domani è venerdì e ho fatto un po' troppe promesse: ad Anna che sarei tornata a Mozzano, a mio padre che saremmo andati avanti col magazzino, a Leonardo che ci saremmo visti nel tardo pomeriggio.

L'ideale sarebbe dividere la giornata in tre e non deludere

nessuno. Ma io mi conosco e so che non sono brava a stare nel recinto degli orari, soprattutto se quei recinti me li devo imporre da sola.

Okay, vince l'istinto.

Mentre mi tamponavo i capelli con l'asciugamano, ho preso la mia decisione. La più responsabile.

Leonardo e Anna se ne faranno una ragione. Il recupero e papà Otello vengono prima.

Controllo che il cellulare sia carico e faccio partire la chiamata del giovedì.

«Mi manchi!»

«Anche tu, tesoro, non sai quanto!»

Io e Bea non iniziamo mai la conversazione con il "ciao", passiamo direttamente al nocciolo del discorso.

Bea è una delle cose più belle che la vita mi abbia regalato. L'ho conosciuta quando ho aperto il negozio a Porto Azzurro. Da allora siamo inseparabili. La distanza e il tempo ci mettono alla prova, ma non riescono a dividerci.

Io di Parma, lei di Genova, abbiamo vissuto dieci anni all'Isola d'Elba, con percorsi completamente diversi, ed entrambe l'abbiamo lasciata a distanza di pochi mesi. Io ero fidanzata con un musicista, avevo un lavoro indipendente e tante amiche. Lei era sposata con un'autorità del paese, mamma di due figli e poca vita sociale.

Dall'esterno sembravamo l'una l'opposto dell'altra. Chi ci vedeva in giro per strada non faceva altro che chiedersi: «Cosa ci azzeccano quelle due insieme?».

Ancora oggi ridiamo del nostro primo incontro. Varcò la soglia del negozio per la prima volta in un'anonima giornata di aprile del 2014. Dopo avermi fissato dalle vetrine per alcuni minuti, con l'aria di una che non si sarebbe mai azzardata a entrare, aprì la porta. Indossava, con molta serietà, un abitino smanicato di cotone blu, con colletto a polo e degli orribili mocassini beige. Aveva degli occhiali con la montatura nera, stretti e squadrati. Dimostrava almeno dieci anni in più della sua vera età e aveva l'atteggiamento tipico della rompicoglioni che entra, ti fa mille domande per poi non acquistare nulla, perché nulla è all'altezza delle sue richieste.

Mi sembrò una con la puzza sotto il naso, sempre sulle sue e con una certa aria di superiorità.

«Ciao, buongiorno!» dissi, ma dentro di me pensai: *Gambaletti, mi chiederà dei gambaletti!*

Chiuse la porta con educazione e delicatezza ed esordì dicendo l'ultima cosa che mi sarei aspettata di sentire.

«Ciao! Ti ha mai detto nessuno che sei uguale a Fiona, la protagonista della serie TV *Shameless*?»

Fermi tutti! Cosa?

Scoppiai istantaneamente a ridere, mentre lei con il tono più spontaneo che abbia mai sentito a una sconosciuta continuò: «Cercala su Google... Sono giorni che passo qui davanti e oggi mi sono decisa a entrare e dirtelo!».

Quella fu la battuta iniziale del primo ciak del nostro film *Amiche con la A maiuscola.*

Mi ci sono voluti poco meno di tre caffè per capire che Bea era tutto ciò che tentava di nascondere dietro a quell'abbigliamento morigerato.

È una donna divertente e molto intelligente, sveglia, energica, volenterosa e altruista.

Entrambe siamo Bilancia ascendente Scorpione.

Non ha pazienza, è una testa calda, un'eterna indecisa. È teoricamente impulsiva ma praticamente riflessiva. La vita l'ha costretta a diventare sarcastica, pungente e cinica per difendersi, ma la parte romantica, dolce e sognatrice, che lei costantemente spinge dentro la borsetta, fa capolino di continuo.

Nulla può sconfiggerla e nulla può annientarla, la "sua spada dell'ironia" la salva sempre, la sa impugnare davvero bene.

È l'unica persona che mi dà consigli sapendo che non li seguirò, perché non li seguirebbe nemmeno lei.

Bea c'era davanti al mio «Ho perso tutto» e mi abbracciò per ore. Senza mai guardare l'orologio, rimase rannicchiata e nascosta con me dietro il bancone del negozio. Mi raccolse e mi tirò su. Le sue parole dirette e senza filtri furono una sberla che mi svegliò.

Bea c'era davanti al mio «Lascio l'isola!» e brindò insieme a me con un «Alla prossima vita!» che riecheggiò nel centro della piazza di Porto Azzurro. Lo disse per me, ma lo disse anche per se stessa. Infatti, di lì a poco, si trasferì con tutta la famiglia a Genova.

Io c'ero quando ha capito che le mancava qualcosa che all'Elba non avrebbe potuto trovare e quando prese il coraggio di mettere se stessa davanti a tutto il resto. C'ero quando si levò di dosso occhiali, mocassini e nuance impolverate e cominciò a vestirsi di colori accesi. Da lì in poi, tutto in lei prese luce, forma ed energia. Il rosso diventò il suo inseparabile e migliore amico.

Ci siamo date la forza, il coraggio, l'ironia, la speranza a vicenda. Ci siamo trovate per caso e non ci siamo lasciate più. Ci siamo scelte dal primo momento e siamo diventate una sola persona.

Oggi non ci divide il mare, ma solo la A15. Ogni giovedì sera ci sentiamo. A volte parlo solo io, a volte parla solo lei. A volte nessuna delle due, ma rimaniamo comunque al telefono.

«Metti in pausa *Friends*!»

«Tranquilla, non ho ancora acceso la TV, né scaldato il forno. Sono tutta tua!»

«Brava! Dài, inizia tu con il riassunto di questa settimana...»

«Okay, allora... Mio padre è ancora un po' scettico, ma mi sta comunque aiutando. Abbiamo passato ore in magazzino a cercare i primi capi da proporre e tutto procede. Non ha ancora capito cosa voglia dire online, e-commerce e impresa digitale ma non è importante...»

«Otello! Che personaggio! Dài, lo sai che a lui basta vederti felice...»

«Sì, lo so, e lo sono... Inoltre penso che sia solo questione di tempo. Se tutto va come deve andare, il suo scetticismo sparirà nell'arco di poco.»

«Brava! Così mi piaci! Positiva, convinta e volenterosa! Senti ma... Leonardo?»

«Leonardo c'è ed è sempre più carino. A dire il vero, ultimamente lo sto un po' trascurando. Ho tanta voglia di vederlo e di passare del tempo con lui, ma arrivo alla sera che non ho forze e se le ho, mi metto a lavorare al computer...»

«Avete quagliato?»

«... No.»

«Gloria...»

«Se proprio vuoi saperlo, non ci siamo nemmeno baciati. Pensi che non te lo direi? Te lo direi mentre lo sto facendo, anzi farei di più... farei partire una videochiamata! Ma adesso... calma. Ti ricordi l'errore del passato?»

«Quale degli ultimi venti dell'ultimo anno?»

«Ah ah, divertente... Lui mi piace tanto, ma non voglio fare l'errore di deconcentrarmi da tutto. Mi conosci, nelle relazioni io sono...»

«Come me. Ci buttiamo a capofitto, diamo il cento per cento subito, assorbiamo tutte le energie e le incanaliamo solo in quello, dimenticandoci di sogni, progetti, tempistiche… di noi stesse.»

«Sì be', io stavo dicendo che sono altruista, ma tu non ci hai girato intorno, come sempre.»

Non c'è niente da fare, lei lo sa e prima di me. Sa che la distrazione è sempre dietro l'angolo, e che è la scusa perfetta per rimandare il momento di mettermi in gioco. Forse inconsapevolmente l'ho sempre fatto. Ma non ora e non stavolta.

«Gloria, se ti vedo di nuovo rallentare, fermarti, posticipare, dimenticare il tuo progetto e il tuo sogno per un uomo… Io vengo a Parma e ti pesto come il basilico, ti carico sull'auto e ti abbandono tra Pontremoli e Sarzana.»

«Tranquilla, Bea, a questo giro non c'è possibilità che accada. Sto mantenendo distanze di sicurezza adatte per partire, fare retromarcia, inchiodare e fare un'inversione a U.»

«Sai che, conoscendoti e conoscendoci, non sono poi così tranquilla…»

«Sì, lo so. Ma te l'ho promesso davanti a quel prosecco.»

«Sì, e dopo dieci giorni eri tra le braccia dell'errore numero X dicendo "La prossima settimana inizio…" Quanti cazzotti ti avrei tirato!»

È vero.

«Corretto amica, ma poiii…»

«Poi eccoci qui! Tu che stai iniziando e io che sono tanto fiera di te! Però questa incognita leonardiana mi terrorizza.»

«Non deve terrorizzarti…»

«Credo nella serenità con cui lo dici… e se è così e tu sei felice, io lo sono ancora di più, lo sai…»

«Fidati di me… è lui.»

«…»

«Stronzetta, lo so che sei rimasta in silenzio perché stai contando tutte le volte in cui me lo hai sentito dire... ma stavolta è diverso.»

«Ti prego, ritira immediatamente quello che hai detto. Dire "stavolta è diverso" è come dire "che bello, oggi non c'è traffico" o "che bello, finalmente ha smesso di piovere"... Ti ritrovi bloccata in tangenziale sotto la grandine a causa di un improvviso incidente e non ti resta altro che imprecare!»

«Oooh smettila, nessun incidente e nessuna grandine. Parliamo di te, invece.»

«Tutto bene, marito bene, figli bene, lavoro bene e *bla bla bla*... Senti, e quella famosa casa di cui mi parlavi? Ci sei andata?»

Capito, stasera tocca a me.

«Oh, sì... Ma sai che mio padre l'ha affittata a una donna?»

«Tuo padre ha dato in affitto la casa del nonno Attilio?»

«Sì, lei si chiama Anna. L'ho spaventata a morte scavalcando il cancello. Ci sono rimasta malissimo quando ho saputo che abita lì... cioè, ci va da sola nel weekend. Mi ha detto che si è sposata da poco ma, da quello che ho capito, quella casa non la condivide con il marito!»

«*Uuuh*... sento odore di intrighi! Ci porterà l'amante?»

«No, ma quale amante? Mi è sembrata una che ha voglia di ritagliarsi uno spazio solo suo. Forse la vita matrimoniale non va alla grande, o forse va talmente bene da sapere che questo spazio può solo giovare alla coppia. Che dici?»

«Dico che sento odore di cazzata!»

«Ma Beaaa...»

«No no, a me non la racconti. Sono donna, moglie e mamma anch'io... Anch'io ho bisogno dei miei spazi, ma affittare una casa in montagna da sola e starci ogni weekend mi sembra un gesto un po' estremo... Sono sicura che nasconda qualcosa!»

«Sposarsi, convivere e poi sentire che ti manca l'aria… capita molto più spesso di quanto immaginiamo. Anna non si è accontentata di qualche ora per sé e si è presa il pacchetto *Home Alone* completo!»

«Ho capito tesoro, ma se vuoi prendere aria vai alle terme un weekend, approfitti di una serata senza il marito per scaldare gli avanzi e leggere *Vogue*, ti metti le cuffie e con l'acid rock a manetta nelle orecchie sfanculi tutta la famiglia o fai un puzzle bevendo vino rosso…»

«*Mmm*… Dettagliate come ipotesi.»

«Già… Ho chiesto due giorni al lavoro per finire il puzzle di Manhattan in bianco e nero. Insomma, non affitti una villetta in collina e metti il cartello vietato entrare se hai la mia stessa fede!»

«…»

«Gloriaaa, ci sei?»

«Sì, stavo pensando a quanto mi mancherebbe il mio giovedì sera se convivessi con qualcuno… Forse anch'io affitterei una casa fuori città solo per riempire il freezer di pizze e collegare il lettore DVD alla TV.»

«So che ne saresti capace! Presentati così al prossimo: "Ciao, sono Gloria. Il giovedì sera non chiamarmi a meno che tu non sia una pizza, una genovese o Chandler!"».

«Quanto vorrei mangiare una pizza con Chandler!»

«Sì, lo so, ma tornando ad Anna… Secondo te ha l'amante? O ha un segreto? O ha scoperto che suo marito ha l'amante? Magari ha scoperto che suo marito ha un segreto!»

«Okay, senti, calmati. Non lo so e non m'importa… L'unica cosa che mi interessa è poter tornare in quella casa!»

Ecco.

Ho cambiato idea e ho deciso cosa fare del mio venerdì. Leonardo e papà Otello dovranno aspettare.

«Domani ci vado! Mi ha invitata. Dopo un inizio un po' burrascoso, abbiamo cominciato a parlare davanti a un caffè e...»

«Ehi, ehi, guarda che non lascerò che un'altra donna mi porti via la mia migliore amica, a botta di un caffè alla volta... Questa è stata la mia tattica! È più simpatica di me?»

«Impossibile!»

«È più ironica di me?»

«Assolutamente impossibile!»

«È Bilancia ascendente Scorpione?»

«Anche se lo fosse, c'è solo una Bilancia ascendente Scorpione nel mio cuoricino... Non c'è spazio per sostitute.»

«Non sono gelosa, eh...»

«Sì, lo sei, ma io ti adoro anche per questo!»

«Anche io ti adoro... Senti, quando vengo a trovarti mi ci porti? Ormai me ne parli da troppo tempo, sono curiosa!»

«Ma certo che ti ci porto... Sono convinta che al suo interno si nascondano tanti elementi che faranno tornare a galla il passato. Devo solo capire come trovarli e poter vivere la casa senza essere troppo invadente per Anna. La sua intrusione è un elemento che non avevo calcolato...»

«"Intrusione" potrebbe non essere la parola giusta, pensaci... Da sola avresti aperto la porta e saresti entrata? Avresti passato del tempo lì? Io ti conosco, sei una delle donne più fifone che esistano al mondo.»

È vero. Ho paura anche della mia ombra.

«Al primo ragno appeso agli scuri o al primo scricchiolio, avresti chiuso tutto e saresti scappata via di corsa... Se ci pensi, questa Anna ti sta curando il campo dove vuoi seminare, no?»

«Effettivamente... Sta tenendo viva la casa.»

«Esatto e non solo, vedrai che capirà la persona splendida che sei e sarà la prima a spalancarti le porte. Quando mi raccontavi di Mozzano ti brillavano gli occhi proprio come quando mi raccontavi del tuo progetto di recupero… C'è qualcosa di molto forte che ti unisce a quel luogo. Devi solo capire cos'è e come trovarlo. Anna potrebbe essere la custode inconsapevole del tuo tesoro, non solo, potrebbe anche facilitarti nel ritrovarlo. Vai e corri a scoprire se è così.»

«Hai ragione. L'ho vista come un ostacolo, ma potrebbe essere l'esatto contrario.»

Bea ha sempre ragione. Mi fa vedere le cose da una prospettiva diversa e mi ci fa arrivare con naturalezza.

«Sperando che non sia una psicopatica che vuole ucciderti e seppellirti nel tuo amato giardino in pendenza, sotto un abete, domani corri da lei.»

«Eccoci, la criminologa che è in te ha parlato.»

«Già… Tesoro!»

«Dimmi!»

«Ora che ci penso… per sicurezza, quando arrivi… mi mandi su WhatsApp la posizione? È vero che tutta questa vicenda ha un aspetto così romantico da accecare eventuali risvolti horror ma, non si sa mai… No?»

«Continui?»

«Sai com'è… Prevenire è meglio che fare autopsie!»

«Ricevuto. Ti mando la posizione!»

«Brava! Senti, io vado a cucinare per la *family*, tu attacca il forno, altrimenti, prima di azzannare la pizza, Ross e Rachel si saranno già lasciati per la diciottesima volta!»

«Ross e Rachel non si lasciano mai davvero… Ma non ti ho insegnato niente?»

«Sì, mi hai insegnato a sostituire i mocassini con le All Star e gli occhiali da segretaria con quelli da hipster.»

«Era solo l'inizio. Guarda oggi cosa è saltato fuori.»

«Sì, lo stesso casino di donna che ero prima, ma più *fashion*! Ciao, tesoro!»

«Ciao, amica!»

«Mi manchi!»

«Mi manchi!»

La telefonata si chiude come è iniziata. A noi il "ciao" non piace.

Mentre scaldo il forno e accendo la TV, penso che stasera un'agenda intera non mi basterà per scrivere tutto quello che devo fare. Da qualche parte, ho ancora dei fogli da disegno giganti. Forse dentro l'armadio dello studio ma aprirlo potrebbe risvegliare un fauno. Dovrei mettermi gli Ugg prima di dissigillare l'anta, forse meglio rimanere in pantofole, pronta a declinare inviti per Narnia e qualsiasi distrazione che non sia un blocco di fogli bianchi enormi.

Eccoli! Accanto alle figurine di Leonardo Di Caprio, all'annuario della terza media e al mio primo iPod.

Recupero pennarelli colorati e scotch. La parete della mia cucina sta per diventare un mega Post-it e ancora non lo sa.

Mentre il forno non è ancora arrivato a duecento gradi, dispongo i fogli sul tavolo e comincio ad assegnare un colore a ogni categoria. Devo pensare a come dividere la mia settimana tra il recupero, la programmazione digitale e gli extra. Metto un cuoricino vicino alla parola "Extra" perché so che comprenderà Leonardo, Anna, le mie amiche e la mia famiglia.

Prima devo selezionare i capi per studiarli, archiviarli, fotografarli e descriverli. La programmazione digitale invece richiederà molto tempo e concentrazione trattandosi di un iter parecchio lungo e complicato.

I pennarelli colorati si sciolgono tra le mie mani e diventano domande che mi si arrampicano addosso. Rimango bloccata con lo sguardo sui fogli bianchi e il panico si fa strada nella mia cucina.

Il nome? Il sito chi me lo fa? I social? I corrieri? Dove portare i capi recuperati per fotografarli? Mi serve un packaging per confezionare le vendite online. Come li vendo? A che prezzo? I resi? E se nessuno compra? E se nessuno sa che esisto? La pubblicità… Aiuto. Aiuto di nuovo. Aiuto, l'ho già detto?

Il *drin* del forno mi riporta in cucina e mi sottrae a quella visione psichedelica multicolore. Inforno la mia amata pizza e mi accendo una sigaretta che, nei momenti di panico, è sempre la miglior soluzione. *Ho veramente un miliardo di cose da fare e sono da sola.*

Abbandono le mie pianificazioni sul tavolo e mi concedo l'ultimo momento di svago. Domani accenderò il cervello sintonizzata su un nuovo canale.

Intanto che la pizza cuoce mando l'ennesimo messaggio di rinvio a Leonardo.

Leo, non mi odiare, ma domani non riusciremo a vederci.
Ho deciso di dedicare la giornata e la serata al mio progetto.

Bugia bianca. Ho deciso di dedicare la serata alla pianificazione sì, ma la giornata è tutta per Mozzano e Anna. Non deve per forza sapere tutto.

Stasera non ho le energie per farlo.
Mi mangio una pizza e guardo Friends.
Rimandiamo la cena a domenica?

Lunedì è diventato venerdì, venerdì è diventato domenica. Starà pensando che lo voglia escludere dalla mia settimana.

In meno di cinque minuti arriva la risposta.

Friends? Io non ho mai visto Friends…

Era tutto troppo bello per essere vero. Doveva pur avere un difetto.

L'immagine della proposta di matrimonio di Leonardo, fino all'arrivo del messaggio, era chiara nella mia testa. Davanti al suo "Vuoi sposarmi?", avrei risposto "Dipende. Tu, la sigla di *Friends* la canti alta o bassa?". Lui avrebbe detto "Sempre bassa!" e io, che la canto sempre alta, avrei usato questo dialogo durante il discorso del pranzo di nozze.

"Ho capito dal primo istante che saremmo stati la perfetta armonizzazione di *I'll Be There For You*!"

Sento il rumore della proposta di matrimonio perfetta che si spacca come vetro nella mia testa e vedo i sei ombrelli colorati chiudersi nel mio cuore.

Monica, spegni la luce. Avanti il prossimo.

Ho detto domenica? Scusa, intendevo mai più.

Non mi invidi un po'?
A quasi quarant'anni ho ancora la possibilità
di vedere Friends per la prima volta.
Cosa pagheresti tu per riaverla?

Attenzione, Leo si arrampica sugli specchi utilizzando la psicologia inversa.

Niente giustificazioni. Sei sceso di mille punti.

E dimmi, quante volte devo accettare il tuo darmi buca per risalire di almeno cento?

Non vale farmi sentire in colpa…
Non aver mai visto Friends è inaccettabile.
Non so se possiamo continuare a frequentarci!

Facciamo così, domenica sera ti invito al ristorante. Scelgo io.
E vediamo se riesco a rimediare a questo mio immenso errore…
Ci stai?

Ci sto solo per curiosità… ma parto prevenuta, sappilo.

Mi piace. Sfida accettata.
Dài, goditi la tua pizza del giovedì e i tuoi sei migliori amici…
Ti passo a prendere domenica alle 20.00.

Una cosa che adoro di lui è che mi lascia lo spazio che mi serve senza chiedere e senza sindacare mai.

Uno dei motivi per cui non sto accelerando è perché mi piace.

Superati i trent'anni, abituarsi a stare da sole è fantastico, ma allo stesso tempo può diventare un problema. Se solo arrivi a capire quanti aspetti positivi ci sono nel goderti i tuoi spazi e i tuoi tempi senza doverli né condividere, né modificare, l'idea di tornare a stare in coppia non è poi così appetibile.

Ecco perché ci vogliono fidanzate, sposate e madri prima dei trenta, per nascondere questo meraviglioso e allo stesso tempo pericoloso segreto.

A trent'anni hai la maturità dei quaranta e l'energia dei venti. Hai ben chiaro cosa vuoi fare e sai cosa devi evitare. Un po' di lezioni le hai imparate e sei ottimista su come affrontare quelle che arriveranno. A trent'anni, in uno stato di serenità, sai come gestire il tuo tempo e sai riconoscere cosa è essenziale e cosa no.

Io ci sono arrivata, dopo aver odiato a lungo l'essere da sola. Ma adesso posso svegliarmi alle tre del mattino e accendere la musica e pranzare alle quattro del pomeriggio in piedi davanti alla lavatrice... Posso rifare il letto tutti i giorni, o cambiare le lenzuola quando cominciano a puzzare di muffa. Posso stare fuori fino a tardi senza dare preavviso o rientrare a casa presto, mettermi nuda a cucinare uova strapazzate e mangiarle direttamente dalla padella. Non esistono orari, non esiste bon ton, non esistono spiegazioni. Nessuno mi giudica. Nessuno chiede. Nessuno pretende.

Rinunciare a tutto questo? Difficile.

L'amore batte tutto, ma è difficile che batta la libertà.

Io oggi sono felice e sto incanalando tutte le mie energie in questo progetto. Tutti coloro con cui lo condivido sono stati scelti, dal primo all'ultimo. Leonardo è uno di questi e so che siamo solo all'inizio di un rapporto che ha le potenzialità per farmi dimenticare quanto è bello vivere da sola.

Ma non oggi.

Non ora.

La pizza è pronta, la taglio a fette con le forbici e, in pigiama, me la vado a sbranare davanti alla TV.

«Non c'è nessuno che vuole farmi notare che sto guardando la terza stagione per la decima volta? Nessuno? Okay!»

Seconde occasioni

Ma quella è Anna?

Camminata del venerdì mattina. Un cliché per chi passa i weekend in montagna.

«Annaaa!» urlo mentre abbasso la musica che a tutto volume esce dal finestrino della mia auto. Mi accosto a lei e rallento.

«Gloria! Ciao! Sei venuta allora?» risponde continuando a mantenere il ritmo della sua passeggiata mattutina.

«Sì, ti ho preso in parola e sono venuta… con Uma!»

«Ma dài! E dov'è? Non la vedo!»

«Non la vedi perché dorme nel baule. Appena sale in auto e partiamo, comincia a russare. Diciamo che non teme le curve…»

E non crede nemmeno alle leggende dei castelli sotterrati.

«Vuoi un passaggio fino a casa?»

«Oh, no, ti ringrazio. Devo finire i chilometri che mi sono prefissata di fare, non voglio barare! Ma tu vai pure. E poi… il cancello è aperto.»

Ride e rido anch'io.

«Bene! Uma non è atletica come me! Allora ti dispiace se intanto vado?»

«Certo che no. Io arrivo… dieci minuti e arrivo!»

«Okay, fai con calma. Non voglio essere d'intralcio ai tuoi esercizi mattutini!»

«Nessun intralcio. Arrivo… Se non svengo all'ultima curva in salita… arrivo!»

Accelero lasciandomela alle spalle e non vedo l'ora di godermi anche solo dieci minuti in quel giardino da sola con Uma.

Il cancello è aperto e un po' mi dispiace. Speravo quasi che la scavalcata diventasse la mia entrata a effetto.

Uma si lancia fuori dal baule e comincia ad annusare ogni millimetro della strada, poi mi segue e, come sempre, mi supera andando in esplorazione.

Sale le scale goffa come solo lei sa essere e si precipita nel giardino. La lascio libera, in quello che nei miei sogni potrebbe diventare il suo futuro regno.

Io intanto resto pietrificata davanti alle scale che avevo visto solo pochi giorni prima. Anna le ha trasformate in una fotografia del 1992. I vasi sono puliti, non c'è più ombra di muschio e sono pieni di gerani.

Ha spazzato i gradini, tolto le erbacce, potato i cespugli e ha persino ridipinto il vecchio corrimano di legno. L'ultima volta era opaco e scheggiato, ora è liscio e lucido.

Mentre mi ci appoggio, salgo piano, e mi faccio guidare dai ricordi e dagli odori. Immagino DiCaprio ad attendermi in cima. Ma apro gli occhi e DiCaprio non c'è. Però c'è Uma che mi guarda e scodinzola. Me lo faccio bastare e scoppio a ridere.

Tocco con le mani il vaso alla mia sinistra e, come per magia, vengo catapultata nella fotografia del 1992.

* * *

«Gloria…»

«Dimmi, nonna!»

«Fammi un favore, Stèla… passami il sacco di terra che il papà ha messo sotto il porticato.»

«Ma nonna… ho le mani sporche di Vinavil.»

«E allora? Il sacco si fa toccare lo stesso… Dài, prendilo!»

«Uffa… Okay.»

La nonna Dina era la giardiniera ufficiale di casa. Amante dei fiori, passava con loro giornate intere. Potarli e innaffiarli però non bastava, lei li accarezzava e li cresceva come figli. Ci parlava, e la cosa assurda era che loro sembravano risponderle. Era come se fosse l'unica ad aver avuto l'onore di poter imparare il loro linguaggio.

Sembrava una regina. E forse lo era davvero. Ogni giorno, sceglieva dall'armadio il vestito più bello, come se dovesse andare a un appuntamento, si metteva gli orecchini a clip, la collana, e si sistemava i capelli. Usciva in giardino e cominciava a innaffiare un vaso alla volta e, senza fretta, dedicava ai fiori le prime ore della mattina.

Dentro a ogni vaso, quello che a occhi distratti poteva sembrare un disegno casuale, non lo era affatto. Era un mix perfetto di grandezze e colori che lei aveva studiato nel dettaglio.

Gerani e tulipani. Solo gerani e tulipani. Ovunque.

I vasi che delineavano la terrazza ospitavano cascate di gerani parigini fucsia, in quelli agli angoli della casa c'erano i gerani imperiali, in quelli sulle scale i *Pelargonium odoratissimum*, cioè i più profumati di tutti, e su ogni tavolo e tavolino della terrazza, piccoli gerani bicolore.

I vasi che dividevano il giardino dalla terrazza, invece, erano il palcoscenico dei suoi tulipani. Un sipario giallo e rosso che ondeggiava con la brezza del mattino.

Quel giorno, la regina dei fiori cambiava loro la terra per farli rinascere e io, nello stesso momento, facevo l'esatto opposto.

Uno dei miei giochi preferiti era fare finta di essere un'artista. Prendevo tutti i fiori che mi capitavano a tiro, li staccavo e poi creavo delle composizioni floreali con la colla Vinavil sui miei album da disegno Fabriano. La domenica sera, quando tornavo a Parma, li appendevo alle pareti della mia camera portando con me in città un po' di colore.

La nonna me lo lasciava fare a una condizione: non mi sarei mai dovuta azzardare a staccare nemmeno un petalo dei suoi fiori. Praticamente preferiva che m'infilassi come una ladruncola nel giardino dei vicini e che venissi denunciata per furto, piuttosto che distruggere la vita di uno dei suoi sudditi.

«Tieni, nonna. Quanto pesa questo sacco!»

«È il peso della terra. Il peso più prezioso che esista...»

«Più prezioso dei gerani?»

«I gerani sono un suo dono. Se non ci fosse la terra, non esisterebbero e non potrebbero regalare al mondo la loro bellezza!»

«Vero. Nonna...»

«Dimmi, Stèla...»

«Ma perché ogni tanto parli con loro?»

«Non ogni tanto... Sempre! Ai fiori bisogna parlare sempre.»

«E cosa gli dici? Che sono belli?»

«Dico loro tante cose... A volte racconto a voce alta cosa sto facendo, gli faccio capire che li sto disturbando solo per curarli, per farli crescere... A volte racconto loro come mi sento io. Parlo di voi, del tuo papà, di tuo nonno Attilio...»

«Del nonno Attilio?» Ricordo che mi misi a ridere.

«Certo! Quando mi fa arrabbiare, racconto tutto ai fiori. Mi sfogo e poi sono più serena...»

«Ma il nonno non ti fa mai arrabbiare. Non vi ho mai visti litigare.»

«Se vuoi saperlo, ieri l'ho sgridato. È tornato da una passeggiata in paese e appena è sbucato dalle scale, si è appoggiato a uno dei miei vasi. Col suo culone gigante ha schiacciato due tulipani!»

Penso al nonno con il fiatone che si siede, ai fiori che fanno *crack* e alla nonna che lo fa sobbalzare con uno dei suoi urli. È tutto troppo divertente per non scoppiare a ridere.

«Cosa ridi? Vuoi vedere quei poveri tulipani? Guardali…» disse, prendendomi per mano e accompagnandomi sulla scena del delitto floreale. «Eccoli… Tutti piegati… distrutti per colpa di un pelandrone che non è riuscito a fare due passi in più per sedersi sul dondolo.»

Sapevo che le si spezzava il cuore vedendo quei poveri fiori piegati, vittime della fatica distratta del nonno Attilio, ma io continuavo a ridere.

«Nonna, ma… dato che questi tulipani ormai sono piegati…»

«Nooo! Non li avrai per i tuoi disegni. Se li tolgo, nel vaso viene un buco e si rovina tutta la composizione. Anche se pendono, almeno colorano e continuano a mostrarci la loro bellezza.»

Rimasi a guardarli impotente mentre lei si rimetteva a trafficare col vaso a cui stava cambiando la terra. Proprio in quel momento nonno Attilio spuntò dalla porta.

«Fammi indovinare, ti ha detto che mi sono seduto sopra i suoi amati fiori?»

Con tono scocciato ma allo stesso tempo divertito, il nonno venne da me e mi diede un bacio sulla fronte.

«Sì, nonno, me lo ha raccontato!» gli risposi divertita.

Una parte di me avrebbe voluto esserci, per godere della loro classica scena alla "Sandra e Raimondo".

«Non li avevo visti, credevo di starci…» si giustificò senza riuscire a nascondere un sorriso. Questa cosa lo divertiva, era palese.

«Se mangiassi un po' meno pastasciutta sapresti dove finiscono le tue chiappone!»

Mentre continuava a smuovere la terra nel vaso, la nonna non poté fare a meno di ribadire il concetto.

«Chiedi scusa, Attilio!»

Il nonno prima guardò me e poi lei e da vero gentiluomo disse: «Dina, ti ho chiesto scusa ieri... Quante volte devo scusarmi ancora?».

«No. Non a me... A loro!»

Il nonno guardò di nuovo me, poi lei e infine, quasi incredulo, i poveri tulipani piegati.

«Dina... Dài su... Non vorrai mica che mi scusi con i tulipani?»

«Esatto. E anche velocemente.»

Girandosi rassegnato verso il vaso, capì che era il momento di inchinarsi alla volontà della regina Dina e, sbuffando, si appoggiò al vaso e cominciò a fare le sue sentite scuse.

«Ah... Cosa non si fa per amore. Tulipani, oh splendidi tulipani, mi spiace di aver interrotto il vostro cammino ma volevo ringraziarvi per aver alleviato le fatiche di un povero vecchio. Vi ringrazio per questo altruistico estremo gesto. Non vi dimenticheremo mai.»

Il monologo teatrale da *standing ovation* del nonno venne interrotto dalla regina che non applaudì, anzi aveva lo sguardo di una spettatrice che pretende il rimborso del biglietto.

«Ma cosa dici, Attilio?»

«Sto chiedendo scusa ai tuoi fiori, come mi hai chiesto tu!»

«Sì, ma Attilio... non sono mica morti... Così li spaventi!»

Io continuai a ridere. Erano troppo buffi. Sembrava di essere davanti a una pièce teatrale.

Il nonno rimase impietrito davanti alla serietà della nonna e poi, girandosi e scendendo le scale disse solo: «Vè, Dina, adesso vado a comprare la *Gazzetta*. Quando torno, vedi di farmi trovare la sdraio accanto al vaso, altrimenti nell'ultima pagina della *Gazzetta* di domani, ci trovi anche i tuoi tulipani!».

La nonna lo guardò scendere e la sua serietà svanì in un secondo. Scoppiò a ridere non appena sentì il rumore del cancello chiudersi dietro le spalle del nonno.

«Visto? Questo è amore» disse mentre schiacciava la terra nei vasi.

«Cambiare la terra ai fiori?»

«No, Stèla, un uomo che chiede scusa a una donna anche se non ritiene ci sia un motivo valido per farlo. Il nonno lo ha fatto col cuore, brontolando, ma col cuore. E sai perché?»

«No, perché?»

«Perché lui sa che i fiori rendono felice me e la casa. E tutta questa felicità è energia di cui anche lui si giova ogni giorno.»

Che serenità c'era nelle sue parole. E quanta verità c'era in quello che stava cercando di farmi capire.

«I fiori rendono felice anche me, nonna. È per questo che li metto sui fogli. Così li posso portare a casa a Parma!»

«Sì, ma quello non è il loro posto. Il loro compito è accoglierti quando arrivi qui. Io li curo per questo motivo. Per essere sempre bellissimi e per darci il benvenuto in questa casa. Capisci?»

Avevo capito. Avevo capito davvero.

«Sì… Ora mi sento cattiva.»

«No, Stèla, non sei cattiva… E le tue sono ottime intenzioni. Il fatto di volere bene a quei fiori, tanto da non volerli lasciare qui quando vai via, è un gesto fatto in buona fede. Ma se li ami davvero, devi lasciarli andare e devi permettere loro di esserti vicini come possono… e non come vuoi tu.»

«Allora adesso vado a piantare tutti quelli che ho strappato.»

«No, rimani qui con me a darmi una mano. A loro ci pensiamo più tardi. Magari li mettiamo sulla sdraio, così il nonno ci si siederà sopra e lo costringeremo a chiedere scusa anche a loro!»

Scoppiammo a ridere e ci abbracciammo.

Il profumo del suo abbraccio eclissò quello dei gerani e in un nano secondo mi sentii connessa a tutto ciò che mi circondava.

Andai a lavarmi le mani, rimisi l'album da disegno nel mio cestino insieme al Vinavil e alle forbici e corsi a mettere in un bel bicchiere d'acqua le rose e le viole che avevo strappato. Lo appoggiai in cucina e dissi ad alta voce quello che la nonna avrebbe voluto che dicessi:

«Mi spiace, non volevo farvi male, volevo solo portarvi con me. Ora vi metto qui, così quando la mamma entra per fare il pranzo vi vede e la fate felice».

Dalla porta della cucina spuntò la nonna che mi sorrise, mi prese per mano e mi portò dai suoi amati fiori.

* * *

«Ehi!»

Anna è arrivata prima del previsto. O meglio, non so quanto tempo sia trascorso da quando è cominciato il mio viaggio nel passato. Potrebbero essere stati venti secondi, come un'ora. Non sono in grado di quantificarlo.

«Oddio, mi hai spaventata!»

«Allora siamo pari! Che fai lì impalata?»

«Oh niente, mi è venuta in mente una scena buffa di quando ero piccola. L'avevo completamente rimossa e, appoggiandomi al vaso io...»

«Umaaa!» la mia cucciolona spunta da dietro l'angolo della casa e m'interrompe.

Meglio così. Non volevo veramente raccontare quell'aneddoto ad Anna. Mi basta condividere la gioia che si prova nel ritrovare qualcosa che si credeva perduto.

Uma si fionda su di lei e comincia a girarle intorno per studiarla. Stanca per aver fatto venti gradini e aver corso su e giù nel giardino, la lingua a penzoloni le dà un'aria buffa e toglie ogni timore di avvicinarsi a lei.

Uma è un oracolo. Da sempre adora chi adoro io e ignora e prende distanza dalle persone per le quali non nutro particolare stima. Sono curiosa di vedere come si relaziona con Anna, che per me, al momento, rimane un'incognita.

«Ma quanto sei bella, Uma?» Mentre la coccola, lei si stende ai suoi piedi in tempo record.

«Adesso mi rassetto un attimo e poi ti offro un bel caffè, ti va, Gloria?»

«Certo, grazie!»

«Preferisci passare dalla cucina e rimanerci, come l'altra volta, o preferisci entrare dalla sala e salutare finalmente la tua amata casa… Decidi tu.»

Sapevo lo avrebbe chiesto, ne ero sicura. Le mie intenzioni erano cristalline stamani quando sono partita da Parma. La voglia di rivedere questi spazi ha eclissato tutti gli altri doveri e piaceri.

«Sì, ho voglia di entrare… Ti seguo.»

Anna sorride, apre il suo marsupio e tira fuori un piccolo mazzo di sole cinque chiavi.

«Tieni, apri pure e vai dentro da sola. Io rimango con Uma. Vado a prenderle una ciotola, mi sembra di averne vista una nella casetta, e gliela riempio d'acqua. Tu vai intanto… Conosci la strada, no?»

Anna sorride e sembra aver compreso quanto sia importante per me entrare in casa. Apprezzo che mi stia facendo capire, senza usare parole, che vuole lasciarmi spazio e assistere da una certa distanza, senza essere invadente.

«Molto gentile da parte tua. Non tocco nulla, promesso.»

«Puoi toccare ciò che ti pare. Senti, facciamo così... Quando vuoi, mi chiami tu. Io e Uma siamo qui in giardino. Okay?»

«Okay.»

Il mazzo con le chiavi pesa come un macigno. Sembra incanalare l'energia di vent'anni di attesa. Tento con la prima chiave e ci azzecco subito. Apro gli scuri e ora, tra me e lei c'è solo la porta in vetro opaco. Una barriera da far crollare o semplicemente da aprire.

Mi chiudo la porta alle spalle ed entro. Ogni forma astratta riprende struttura e ogni emozione si amplifica. Riconosco la mia casa, il suo odore e la sua magia.

Il salotto è minuscolo, e questo non mi stupisce. Il pavimento in marmo chiaro riflette la luce che entra dalla vetrata che si affaccia sul piccolo porticato, e un raggio di sole entra dalla finestra della parete sinistra.

Il maestoso camino in muratura è il protagonista della casa. Da sempre conquista gli sguardi di chi entra, domina l'angolo del soggiorno e la sua cappa imponente sale in alto fino a toccare i sette metri del soffitto.

Anna ha lasciato tutto com'era. Non ha spostato né tolto nessuno degli oggetti, che sono rimasti nelle esatte posizioni. C'è il candelabro in argento della nonna con le stesse vecchie candele. C'è il bollitore di bronzo con il suo sottopentola. C'è un vecchissimo posacenere in vetro colorato e dentro ci sono i cerini.

Alla destra del camino c'è una piccola credenza in stile montanaro, completamente di legno con una vetrinetta verde scuro. Dentro ci sono ancora piatti e bicchieri, e sotto, al centro c'è la caraffa della nonna. Bellissima e allo stesso tempo fragilissima, con un disegno floreale, dipinto a mano e la sinuosa forma di una donna. Era sempre al centro del tavolo e veniva messa sulla credenza quando si doveva apparecchiare per mangiare.

Anna e Uma stanno aspettando che io mi prenda il tempo di salutare questo luogo, ma non posso farle attendere ancora a lungo.

Mi lascio la sala e la cucina alle spalle e salgo al piano rialzato, dove ci sono le tre camere da letto. La piccola, la grande e l'immensa.

Vado in ordine crescente ed entro subito nel mio territorio. Eccoli lì, i due lettini e il piccolo armadio, niente di più. La camera è vuota. Sento addosso tanta tristezza perché la ricordo piena di giochi, di quadri, di poster.

Chiudo la porta ed entro nella stanza che era dei miei genitori. Eccolo lì il lettone di ferro dorato, l'armadio con lo specchio e il quadro con la Madonna. Tre elementi, solo tre. Immobili.

Mi avvicino alla finestra e scosto la tenda. Fuori Uma corre nel prato e la porta della casetta degli attrezzi è aperta, Anna sarà lì dentro a temporeggiare.

Entro nella camera da letto padronale, quella dei miei nonni. Quando li persi entrambi, diventò la mia stanza dei giochi. Passavo le domeniche su quel lettone a leggere *Topolino* e *Cioè*, mi ci coricavo per fare la *Settimana Enigmistica* e lo usavo per creare la casa di Barbie.

Ah quante Barbie hanno pomiciato con Ken su quel letto!

L'armadio a quattro ante è interamente a specchio così la stanza sembra grande il doppio. La luce che entra dalla finestra mi scalda il viso. Sembra sia un saluto, una carezza.

Mi rivedo piccola e paffutella, seduta su quel letto a desiderare di essere grande.

Lascio l'ologramma della piccola Gloria sul lettone e mi chiudo la porta alle spalle. Prima di scendere le scale, mi fermo sul gradino più alto e guardo la sala. Dalla cima di quei gradini si ha la visuale completa della stanza.

«Bella! Bella! Bella! Esattamente come ti ricordavo!»

Non resisto e non riesco solo a pensarlo ma lo dico ad alta voce. Nessuno mi sente, tranne lei.

In cucina, la moka è smontata sul lavabo, le tazzine sono sulla dispensa in bella vista, quindi decido di mettermi avanti e preparare il caffè. Se non altro, giustifico il fatto di essere stata così tanto tempo dentro da sola.

Quando il profumo invade la cucina, spengo il fornello, verso il caffè nelle tazzine bianche coi bordi ondulati e le appoggio sul vassoio rosso di mia mamma. Aggiungo zucchero e cucchiaino e vado.

Sono felice.

Esco sul portico e le vedo. Anna, seduta sul vecchio dondolo, sta guardando il telefono e Uma è coricata ai suoi piedi.

«Anna… Vieni, ho fatto il caffè!»

«Eccoti… Uma, guarda chi è tornata dal viaggio nel tempo…»

Uma si alza e mi corre incontro. Saranno passati quindici minuti, ma per lei è come se fossi stata via un anno.

«Hai fatto anche il caffè? Da brava padrona di casa… Io invece ho dato da bere a Uma e ho tirato fuori il tagliaerba. Non si sa mai che qualcuno voglia aiutarmi con il giardinaggio…»

Sorride e mi raggiunge sotto il portico. Si siede al tavolo di ferro bianco e Uma si stende tra di noi.

«Allora, dimmi, sono stata brava?»

«Bravissima… Hai mantenuto tutto com'era!»

«Hai visto? Non mi sono azzardata a spostare nulla. Persino i soprammobili. Li spolvero ogni weekend, ma non li sposto mai!»

«Ho notato… posso farti una domanda?»

«Sei pericolosa quando cominci a domandare.»

Mi scappa un sorriso e continuo, perché la domanda non è personale, come lei si aspetta. Non voglio parlare di niente e nessuno se non della casa.

«Come ti senti quando sei qui da sola? Quando arrivi e sai che ci trascorrerai quattro giorni?»

Anna sorseggia il caffè e sembra pensare a cosa rispondere.

«Non so come spiegartelo, ma io qui sto bene, mi sembra di avere il tempo per dedicarmi a me stessa, a quello che mi piace e non devo badare all'orologio o temere intrusioni… esclusi i presenti! Qui è tutto così… rassicurante.»

È la stessa sensazione che provo io.

«Rassicurante, esatto, Anna. Ogni elemento di questa proprietà sembra dirmi "andrà tutto bene, ci sarà un lieto fine, non temere". Lo so, sembra una follia ma è così.»

«Perché mai dovrebbe sembrarmi una follia? È chiaro che qui tu hai solo bei ricordi, nulla di brutto ti collega a questo luogo. L'energia che ti trasmette è quella che gli hai dato tu. La casa te la sta solo restituendo.»

«Anche tu credi in queste cose?»

«Sì, tantissimo… E ho capito che le tue intenzioni sono buone e sono mosse da un amore che va oltre il "è casa mia, comando io"! Questo è il motivo per cui ti dico che sei la benvenuta quando vuoi!»

«E io ti ringrazio e accetto l'invito, ma non ho intenzione d'irrompere ogni settimana nel tuo spazio. Anche perché tra poco non avrò più la possibilità di muovermi da Parma!»

«Tuo padre mi ha chiamata l'altro giorno...»

«Davvero?»

Oddio, dopo la cena dove gli chiedevo di mandarla via? Ops!

«Sì...»

«E cosa ti ha detto?»

«Diciamo che si è voluto assicurare che io rimanessi e che non mi fossi fatta spaventare da una scavalcatrice di cancelli chiusi...»

Prende una pausa e finisce il suo caffè mentre io mi accendo una sigaretta. Mi sento osservata.

«Ne vuoi una anche tu?»

«No, grazie. Ma sì dài... No. Okay, sì la vorrei!»

«Non volevo fare il diavolo tentatore, ma il tuo sguardo mi supplicava di offrirtene una.»

Ridiamo entrambe mentre le passo l'accendino.

«Dicevamo... Mio papà ti ha chiamata...»

«È sempre molto premuroso e gentile. Mi ha chiesto se avessi bisogno di qualcosa, se andava tutto bene e poi... Abbiamo parlato di te.»

«Di me?»

«Sì, mi ha spiegato cosa hai deciso di fare, e lo trovo stupendo, e mi ha detto come è nata la tua voglia di ritornare qui.»

«I miei nonni sono scomparsi quando io avevo poco meno di dieci anni e non ho molti ricordi di loro. Conosco tanti aneddoti perché mi sono stati raccontati, e riconosco certi luoghi perché ho visto delle fotografie. Voglio ricordare. Voglio ricordarmi da sola di loro. Mio padre mi racconta continuamente delle avventure del nonno Attilio e della nonna Dina, ma non mi basta. Gli ultimi anni li abbiamo trascorsi insieme e in questa casa. Qui c'è qualcosa. Prima, appoggiandomi al vaso della terrazza e guardando i gerani mi sono ricordata di una frase che mi disse mia nonna, e il ricordo nitido di quella buffissima circostanza mi è apparso davanti agli occhi.»

Anna mi guarda ipnotizzata dalle mie parole, so che sente quanto siano sincere le mie intenzioni.

«Ho iniziato pensando di recuperare solo abiti che valgono e che meritano una seconda occasione, e mi sono resa conto che la storia che li ha portati dove sono oggi vale tanto quanto loro.»

Mi blocco e mi si stringe un nodo in gola, perché so a cosa sto pensando e provo a dirlo ad alta voce.

«Non sono gli unici a volere una seconda occasione. La voglio anche io. Sono nata troppo tardi o forse loro se ne sono andati troppo presto, sta di fatto che io sento un legame che va oltre ogni spiegazione… Non immaginavo di avvicinarmi a tutto questo così tanto e così all'improvviso, ma è successo e il mio percorso mi ha portata qui, davanti alla mia possibilità. Non ho intenzione di sprecarla.»

Anna ha gli occhi lucidi. È completamente connessa ai miei discorsi.

«Gloria, quello che dici è stupendo e lo comprendo talmente tanto che non solo ti rinnovo l'invito, ma ti prometto che mi troverai a disposizione, se mai la mia presenza potesse servire a qualcosa!»

«Be', se i vasi fossero stati vuoti e pieni di erbacce, non so se questo ricordo si sarebbe sbloccato… Se fossi entrata in una casa chiusa, fredda e impolverata, non so se avrei risentito gli odori e la sensazione di calore che ho provato oggi.»

Mi zittisco e mi rendo conto di una verità che mi accompagna da sempre. Mio padre non fa mai le cose tanto per farle. È sempre un passo avanti a me.

«Questo inspiegabilmente mio padre lo sapeva, vero? Lo sapeva da molto prima di me.»

«Sì, lo sapeva. Il giorno in cui mi diede le chiavi mi anticipò che tu o tua sorella, o entrambe, non sareste state d'accordo ma che avreste capito il motivo per cui le stava dando a me. Pensate che non veda, e invece Otellone vede molto più in là di voi.»

Sorrido bloccando la lacrima che minaccia di rigarmi la guancia.

«Tutto questo non mi farà diventare invadente, promesso. Sarò il più discreta possibile.»

Anna si alza, prende il vassoio, le tazzine, il posacenere e con tono dolce e sincero mi risponde: «Non sei invadente, Gloria, non lo sei affatto, anzi...».

Accarezzo Uma, guardo la terrazza piena di gerani e tulipani e, nel silenzio della collina, mi accendo una seconda sigaretta... in onore delle seconde occasioni.

La ragazza con la bicicletta magica

«Gloria, vieni qui!» urla Anna.

Guardo l'orologio del cellulare, si sono già fatte le due del pomeriggio e non abbiamo ancora pranzato. Anna mi ha chiesto di aiutarla a riordinare l'armadio della camera dei miei nonni e io ovviamente ho accettato. Vuole approfittare del bel tempo per lavare e stendere al sole tutta la biancheria che è rimasta chiusa per anni in quelle ante e farlo assieme la fa sentire meno indiscreta.

Anche se gli anni e l'umidità hanno tentato di corromperne l'inconfondibile odore, non ci sono riusciti. Hanno fallito miseramente. Li ho annusati uno a uno come si fa con la prima rosa della stagione e ne ho riconosciuto la fragranza intrappolata.

«Arrivo!» le rispondo dal bagno.

Carico la lavatrice con una selezione di asciugamani e la faccio partire. Sono tutti ricamati con dei bellissimi fiori. Che stile che aveva mia nonna, una vera signora. Persino i suoi asciugamani lo confermano.

«Eccomi! Andiamo fuori a stendere le lenzuola?»

«Sì, ora andiamo, ma guarda un po' qua!»

Anna ha in mano un quaderno giallo.

«Cos'è quello?»

«Dimmelo tu…»

«Dove lo hai trovato?»

«Era sul ripiano di quest'anta, tra le coperte di lana merino.»

Mentre mi avvicino, Anna lo sfoglia.

«*La ragazza con la bicicletta magica*... Ti dice niente?»

Oh-mio-dio. Mi dice tutto.

«Guarda, c'è anche una data... giugno 1993.»

«Nel 1993... avevo sette anni.»

«Inizia con "C'era una volta", è una favola?»

Gli occhi mi diventano lucidi in un attimo mentre le rispondo.

«È la storia d'amore dei miei nonni.»

Anna si siede sul letto e appoggia le federe da piegare sulle gambe, mi guarda mentre io rimango in piedi con il quaderno.

Sfioro e sfoglio le pagine. Accarezzo piano le parole come se stessi accarezzando la pesante mano che mise nero su bianco una delle storie più belle che io abbia mai ascoltato.

Le sento. Ogni riga scritta in corsivo diventa una vena nella quale scorre il sangue di un immortale amore.

* * *

«Cosa fai, Stèla?»

«I compiti, nonna...»

«E perché stai qui in casa? Vieni fuori con noi. Il nonno sta leggendo la *Gazzetta* sul dondolo e io sto pulendo la terrazza. Prendi i tuoi libri e vieni al sole, che ti fa bene.»

«Devo scrivere una favola.»

«Una favola? Che bello...»

«Sì, ma non sono capace. Ci sono un bel principe, una principessa e un drago. Il principe uccide il drago e salva la principessa e poi si sposano. Ti piace?»

La nonna Dina aggrottò le sopracciglia, sorrise e poi appoggiò al muro la scopa che aveva in mano. Si avvicinò e mi mise le mani sulle spalle. Stava per dire qualcosa, ne riconobbi i segnali.

«Allora… Intanto iniziamo con la bella principessa e lasciamo un attimo in sospeso il principe. Il drago lo trasformiamo in tanti piccoli ostacoli e facciamo che a superarli siano loro due insieme. Ti piace adesso?»

«Ma nelle favole che conosco io non succede così!»

«Sì, be', significa che nessuno ti ha mai raccontato la favola giusta.»

Ritornò dalla scopa, la prese e uscì dalla porta dicendomi: «Vieni! La scriviamo insieme…».

Subito dopo aver girato l'angolo la sentii urlare: «Attilio! Tirati su da quel dondolo! Dobbiamo scrivere una favola con la Gloria!».

Mi affacciai alla finestra e vidi mio nonno con gli occhi al cielo, chiudere la *Gazzetta*, e con un sospiro rispondere: «Agli ordini!».

Il solito nonno rassegnato al potere della regina.

Io non riuscivo a trattenermi dal ridere.

Ci mettemmo seduti intorno al tavolo del dehor davanti alla cucina. Un piccolo angolo di relax incorniciato da una siepe d'alloro. L'aria era fresca e i profumi dell'estate ci avvolgevano.

«Cosa significa che dobbiamo scrivere una favola, Stèla?» mi chiese il nonno.

Nel mentre la nonna entrò dentro per prendere dei bicchieri e del succo di arancia.

«Devo inventarla! Ma non sono capace… Me ne raccontate una voi?»

«Noi? Ma noi siamo dei vecchietti, abbiamo molta meno creatività di te!»

«Alla nonna non è piaciuta la mia idea del principe, della principessa e del drago!»

«Non mi è piaciuta perché non era un'idea. È banale ed esiste già! Non puoi copiare!» disse uscendo con la merenda. Appoggiò l'elegante vassoio sul tavolo e, aprendo con precisione la scatola di biscotti Bucaneve, iniziò a pensare alla trama.

«Dunque... Vuoi una bella storia d'amore?»

«Sì, nonna!»

«Principessa in pericolo e principe che la salva, scordatelo!»

«Okay» dissi senza azzardarmi a contraddirla.

«Una ragazza di campagna che s'innamora di un ragazzo di città?»

«Ma nonna... in città non può esserci un drago!»

«Ma chi se ne frega del drago. Il drago non ce lo mettiamo!»

«Ah... va bene.»

«Allora, ci sono tanti ostacoli che provano a impedire il loro amore ma, insieme, li combattono tutti e alla fine... riescono a vivere felici e contenti in un bel castello. Il castello ce lo mettiamo, dài.»

Il nonno interruppe la sceneggiatura della nonna con una risata.

«Dina...»

«Sì, Attilio.»

«Non so perché ma ho la sensazione che stia copiando anche tu.»

La nonna, seria e composta, lo guardò.

«Non sto copiando. Sto prendendo spunto dalla realtà.»

«Quale realtà, nonna?» chiesi io.

«Questa assomiglia alla nostra storia!» disse il nonno. «Credo che la nonna abbia una gran voglia di raccontartela...»

«La vostra storia è una favola?» chiesi stupita, immaginando il nonno Attilio con una spada e un'armatura scintillante e la nonna con una lunga treccia bionda e un abito di perline.

«Oh, sì che lo è… E fidati, abbiamo combattuto molto più di un drago.»

Si guardarono complici e si sorrisero.

«E cosa avete combattuto? Non può esserci niente peggio di un drago!»

«Certo che c'è! Il tempo, una guerra, la distanza…»

Il nonno interruppe l'elenco con un colpo di finta tosse.

«Dina, non credi che scrivere di un principe, una principessa e di un drago sarebbe un po' più semplice per lei?»

«Ma io non voglio che scriva la nostra storia, voglio che la usi da ispirazione…» gli rispose, prima di girarsi verso di me e ignorare totalmente la sua obiezione.

Il nonno capì che era stato chiamato solo per ascoltare e che la moglie aveva voglia di insegnare a una bambina che si deve credere alle favole, perché non sono altro che storie di grande amore e coraggio che portano all'*happy end.*

«Non voglio che tu creda che l'unico in grado di combattere e salvare la situazione nelle favole sia il principe. Voglio che tu scriva di un eroe, che senza la sua eroina al fianco non sarebbe riuscito ad avere il lieto fine. Una dorme perché si punge, l'altra dorme perché mangia la mela avvelenata… Non voglio che tu le prenda come riferimento. Sono donne che vengono salvate e basta. No. Scrivi una storia dove la ragazza non aspetta, ma combatte accanto al suo amore.»

La convinzione della nonna fu ipnotica per me. Alla mia tenera età la vidi come la donna più forte del mondo. Altro che spada, se ci fosse stato davvero un drago lo avrebbe addomesticato con un semplice sguardo.

Mi venne un'idea e la condivisi subito con loro: «Allora…

Io voglio chiamare la mia eroina Adelina e il mio eroe Attila. Quasi come voi!».

Scoppiarono a ridere.

«Ecco, mi sembra una bella base di partenza!» disse il nonno tra un biscotto e l'altro.

«E poi devo scegliere gli aiutanti! Quello di Adelina?»

La nonna Dina ci pensò un secondo e poi disse: «Una bicicletta magica!».

«Una bicicletta magica! Che bello! Che può anche parlare?»

«Certo, parla e porta Adelina dove vuole, fino in capo al mondo. Va velocissima e sfreccia, e può anche volare...»

«Può volare fino a raggiungere la cima di una montagna?»

«Sì, Stèla... Arriva fino in cima per raggiungere il suo amato Attila che l'aspetta a braccia aperte. E quando s'incontrano, decidono di costruire il loro castello, proprio lì, dove si sono riuniti. Ti piace?»

«Sììì! E invece il nonno... ehm... cioè volevo dire Attila? Chi lo aiuta?»

Mi girai verso di lui aspettandomi una risposta, ma Attilio continuò a mangiare i suoi Bucaneve sgranando gli occhi.

«Ci sono, nonno! L'aiutante di Attila è un biscotto magico che se viene morsicato risponde a ogni domanda!»

La nonna scoppiò a ridere e disse: «Perfetto! Non potevi scegliere di meglio, vero, panzone?». Guardandolo con due occhi innamorati, gli appoggiò una mano sulla spalla.

«Mica scemo Attila. Volete farlo arrivare sulla montagna, almeno dategli dei biscotti!» disse il nonno continuando a masticare.

«Allora adesso manca solo il cattivo e le prove da superare...»

«Il cattivo può essere... non saprei... un'ombra nera?»

«Un'ombra nera? Ma che paura, nonna, non la voglio l'ombra nera nella mia favola!»

«Esatto, ti sei risposta da sola. La paura. L'ombra nera è la paura. E i due innamorati devono inseguirla, superarla e sconfiggerla per vincere. L'ombra nera vuole impossessarsi della montagna dove i due innamorati vogliono costruire il castello. Chi arriverà prima? L'ombra nera o Adelina, Attila, la bicicletta e il biscotto?»

Tra noi improvvisamente calò il silenzio.

Avevo l'eroe, l'eroina, gli aiutanti, l'antagonista, un obiettivo e la voglia di dare un lieto fine a questa favola. La nonna ci era riuscita.

«Vado a scriverla subito... Poi ve la leggo!» dissi alzandomi in piedi, carica di idee e di energia.

«Cosa state facendo?» Mio padre sbucò dall'angolo della casa in abiti da lavoro; l'odore di erba fresca appena tagliata invase l'aria.

«Ciao, papà! Stiamo inventando una favola! La nonna mi ha aiutata, ora vado a scriverla!»

«State inventando una favola senza di me?» disse con tono scherzoso e forse sentendosi anche un po' escluso dal suo territorio. «Raccontare favole è la mia specialità!»

Raccolsi l'astuccio, la matita e i fogli, mi avvicinai a lui e lo abbracciai.

«Facciamo così, papà, io scrivo la favola di Adelina e di Attila e tu scrivi la storia d'amore dei nonni. Fattela raccontare bene eh, così diventa un bel libro e me lo leggi prima di dormire. Ciao, vado a scrivere!»

«Aspetta, vengo anch'io!» urlò la nonna e alzandosi disse a mio padre: «Otello, se scrivi la nostra storia, il titolo lo scelgo io. Voglio che il libro si chiami *La ragazza con la bicicletta magica*, perché se non fosse stato per quella, oggi non ci saresti nemmeno tu. Vado a preparare la cena. Attilio, pulisci tu?»

Ci prendemmo per mano entrando in cucina e lasciammo i nostri due eroi a guardarsi in silenzio, rassegnati davanti ai precisi doveri che avevano da svolgere.

Abbracciai la nonna e corsi in camera sua. Mi buttai sul letto e feci l'unico compito in cui riuscii a prendere "Super Bravissima".

* * *

«Ma chi l'ha scritta, Gloria? Riconosci la calligrafia?»

Anna taglia il mio flashback di netto e mi riporta al presente. Una sveglia che suona sul più bello e interrompe il sogno.

«Questa è la scrittura di mio padre!»

Come non riconoscerla. Questa confusionaria e marcata calligrafia è di mio padre. Tutti i libri che ha scritto, li ha scritti a mano. Il suo stile è inconfondibile.

«Otello... Che meraviglia. Ha scritto la storia dei tuoi nonni?»

«Sì, cioè no... a dire il vero... non è proprio andata così. Dovevo scrivere una favola e mia nonna mi aiutò facendo riferimento alla loro storia d'amore. Ma non me la raccontò. Ne rimasi talmente incuriosita da chiedere a mio padre di scrivere un libro e lui... lo ha fatto davvero.»

Mi viene un nodo alla gola e mi sento in colpa di averlo dimenticato per vent'anni.

«Era la mia storia della buonanotte, quando non riuscivo a dormire mio padre me la leggeva.»

È per questo che era nascosta tra le coperte. La lasciò qui, dove l'ha scritta. Nel castello della Ragazza con la bicicletta magica!

«Anna, ti dispiace se mi prendo una pausa dalla biancheria e leggo qualche riga?»

«Ma sei matta? Me lo chiedi anche? Io intanto esco in giardino.»

«Se vuoi… te la leggo.»

Anna sposta le lenzuola e le federe rimaste sul letto e ne fa una pila unica, si accomoda e dice: «Speravo che me lo chiedessi!».

Mi sdraio accanto a lei con il quaderno giallo in mano e come due bambine ci teletrasportiamo nel 1939.

Un cartello con la scritta vendesi

C'era una volta, tanti anni fa, una ragazza di nome Dina. Nel 1939, Dina aveva poco più di diciassette anni. Era bellissima nella sua semplicità, con la pelle chiara e i riccioli castani che le ricadevano sulle spalle. Sempre elegante e distinta in qualunque occasione, viveva assieme alla sua numerosa famiglia nella campagna parmigiana. Figlia di un carrettiere, era la primogenita di cinque sorelle e due fratelli.

Cominciò sin da giovanissima a lavorare e, sempre in sella alla sua bellissima bicicletta, tutti i giorni si recava presso una nota fabbrica di profumi, la Borsari, con sede in San Leonardo, uno dei quartieri emergenti di Parma.

Ogni mattina, che ci fosse il sole, la pioggia, la nebbia o la neve, attraversava la campagna che divideva la città dal convento e sfrecciava con la sua bici sugli argini del fiume. Un giorno, andando un po' troppo veloce, bucò una gomma e fu costretta a proseguire a piedi, trascinando la bicicletta fino al meccanico di via Trento, a pochi metri da dove lavorava.

Arrivata davanti alla bottega, appoggiò il suo mezzo ed entrò. Le gambe le tremavano e Dina sapeva perché...

«Buongiorno! Ho forato... C'è qualcuno che può aiutarmi?»

Dal retrobottega uscirono due ragazzi. Uno, quando la vide, sorrise e rimase impietrito, l'altro si avvicinò e le disse: «Eccomi, sono qui. Gliela sistemo io immediatamente!» e poi girandosi verso il giovane alle sue spalle aggiunse: «Attilio, ci vediamo più tardi, prenditi una pausa!».
Dina rimase immobile. Guardò negli occhi il ragazzo accanto al meccanico e si sentì agitata, emozionata, rapita.
«Ciao...» disse lui.
«Ciao...» rispose lei.
Imbarazzati rimasero in silenzio per qualche secondo. Dina non riusciva a staccare lo sguardo da quegli occhi color nocciola, poi chinò la testa imbarazzata e si rivolse al meccanico: «Grazie, molto gentile, io aspetto qui fuori!».
Uscì dalla bottega con il cuore che le batteva all'impazzata. Attilio era il suo amore segreto. Non aveva mai osato entrare e non si erano mai salutati, ma si conoscevano di vista e quello non era il primo sguardo che si erano scambiati, anzi.
Ogni giorno passava di lì sperando d'incrociarlo. A volte era al lavoro dall'amico meccanico, a volte all'angolo davanti alla Madonnina, altre era nella bottega del padre, poco distante dalla Borsari.
Attilio era bello come il sole. Aveva la carnagione scura, era alto, moro e muscoloso. Aveva i lineamenti di un attore e un sorriso che non passava inosservato.
La prima volta che lo vide, Dina se ne innamorò e non ebbe occhi per nessun altro. Ogni incontro era tanto atteso quanto temuto.
Uscendo dalla bottega la ragazza si fermò per calmare il batticuore, ma non fece in tempo a riprendere fiato che lui la raggiunse.

«Ti vedo sfrecciare con la tua bella bici tutti i giorni. Abiti qui nel quartiere?»
«Oh, no, io vengo dalla campagna. Lavoro alla Borsari...»
«Sì, lo so... Io sono il figlio del merciaio. È la bottega all'angolo.»
«Sì, lo so...»
Dina aveva il cuore che le batteva all'impazzata. I due si guardarono, consapevoli che quello sarebbe stato il primo di tanti incontri.
«La bici è pronta, signorina!» urlò il meccanico. «Attilio, non importunare le belle clienti!» aggiunse.
I due giovani si sorrisero.
«Grazie, quanto le devo?» disse lei.
«Nulla, siamo a posto così. Se vuole sdebitarsi può portarmi via questo sfaticato, giusto il tempo di un caffè!»
Scoppiarono a ridere. Dina prese tutto il coraggio che aveva e disse: «Facciamo un pezzo di strada assieme se vuoi. Io devo essere al lavoro tra dieci minuti! Purtroppo non ho il tempo di un caffè...».
Attilio annuì e, recuperando la sua bici, rispose: «Non aspettavo altro!».
Fecero tutta via Trento a piedi, portando le bici a mano: dall'angolo della Madonnina, fino al cavalcavia di via Palermo. Dieci minuti che sembrarono solo una manciata di secondi. Una volta arrivati davanti alla Borsari, Attilio dichiarò: «È stato un piacere accompagnarti... Devo trovare il sasso che ha bucato la gomma e ringraziarlo».
Lei sorrise e le guance le diventarono rosse. Non riusciva a nascondere la gioia per quelle parole.
«Mi piacerebbe fare un giro in bicicletta al Parco Ducale con te. Ti andrebbe di vederci sabato?»

Dina non esitò e rispose subito: «Certo. Ci vediamo all'entrata di via Farnese, ti aspetto sul ponte Verdi alle due».

Attilio era raggiante. I due si salutarono con la promessa di quell'incontro e si allontanarono in direzioni opposte.

Dlin dlon.

L'inaspettato suono del campanello ci ha riportate nella realtà. Anna mi guarda con un'espressione interrogativa, non ha idea di chi possa essere stato.

«Ma no, proprio sul più bello? E chi sarà? Aspetta che vado a vedere!»

Scende le scale e si fionda al citofono. Io la raggiungo e cerco di calmare Uma che continua ad abbaiare.

«Chi è?» dice con tono gentile. «Salve. Sì, certo... Le dico subito di venire a spostarla!» Appoggia la cornetta e mi guarda.

«Gloria, una ragazza mi ha detto che devi spostare la macchina. L'hai messa davanti a un garage?»

«Sì, l'ho parcheggiata davanti a quello dei vicini, non c'era nessuno... E poi i vicini non lo hanno mai usato. Va be', vado!»

Prendo le chiavi e scendo le scale. Esco dal cancellino e mentre vado verso la macchina sento una voce alle mie spalle: «Scusa il disturbo, ma devo aprire il garage!».

Conosco questa voce. Mi giro e... «Marti, sei tu?»

La Martina che fino a dieci secondi fa nella mia testa era una bambina è diventata una donna bellissima che mi osserva incredula.

«Gloria! Oh mio Dio... Non ci credo!»

L'energia della sorpresa, della gioia e del ricordo esplode in un abbraccio lunghissimo.

«Oddio che impressione...» mi dice, ed è chiaro che non è pronta a vedere il tempo trascorso riflesso sul mio volto.

«Davvero! E chi se lo aspettava di trovarti qui? Ma allora ci vieni ancora in questa casa?»

«A dire il vero, Glo... no! Ed è assurdo e molto ironico che ti abbia trovata qui proprio oggi... Ma tu, invece? Stai qui a Mozzano ora?»

«No, no. Vengo ogni tanto a trovare la donna che ha preso la nostra casa in affitto. Erano anni che non mettevo piede in paese. Ti ho pensata tanto, sai? Tutte le volte che vengo qui ti penso!»

Vederla mi emoziona, da bambina Martina è stata la mia unica amica, eravamo come sorelle. Siamo state insieme ogni estate finché l'adolescenza non ci ha completamente separate. Lei era di Ferrara e non veniva a Mozzano tutti i fine settimana, quindi la prima cosa che facevo appena arrivata era guardare il suo cortile per controllare se ci fosse l'auto. Trovarla o non trovarla poteva cambiare il mio umore all'istante.

«Stamani sono partita da Ferrara per venire qui e durante il viaggio avevo un magone... Ti ho pensata anch'io.»

«Perché il magone? Anzi... Perché hai detto che è ironico esserci viste oggi?»

Martina abbassa lo sguardo, il suo volto cambia espressione. Apre la portiera della macchina e tira fuori un cartello. Lo guarda e poi lo gira verso di me.

«Sono venuta per mettere questo sulla ringhiera...»

«Vendesi? Nooo!»

«Decidere di vendere questa casa è stata una delle scelte più difficili che abbia mai preso. Ma non possiamo fare altro...»

«No! E perché? Cioè, non voglio sapere il motivo ma... Ma no!»

«Purtroppo devo essere proprio io a chiudere uno dei capitoli più belli della nostra vita... Questa casa è troppo bella e troppo importante per saperla vuota e senza vita. Io e mia sorella non veniamo mai, mia mamma è rimasta sola. Non possiamo più gestirla...»

Martina stringe il cartello tra le mani, ha gli occhi lucidi. Sento che il ricordo che ho di questo mondo è identico al suo. Anche se non abbiamo mai avuto modo di confrontarci al riguardo, so che l'amore per la nostra infanzia e per questo posto non possono certo essere cancellati da un cartello con la scritta VENDESI.

«Mozzano non te la porta via nessuno, lo sai vero?»

«Sì, lo so. Fa da sfondo ad anni meravigliosi, te li ricordi?»

«Sì... E ogni volta che vengo qui, ricordo sempre di più...»

Rimaniamo per qualche istante in silenzio, perse nei nostri pensieri.

«Okay, *time out*, se no piango di nuovo. Vado in casa e recupero due o tre cose che mia madre mi ha chiesto. Tu, invece, che programmi hai?»

«Resto qui ancora un po'... Non ti disturbo, fai quello che devi. Quando hai finito, manifestati...»

«... Mi manifesto alla vecchia maniera?»

«Esatto. Così ci salutiamo... alla vecchia maniera!»

Le faccio l'occhiolino e salgo in macchina.

Uma mi aspetta con il muso appiccicato alla porta di casa. La sua immensa sagoma traspare dietro il vetro opaco. Entro e mi salta addosso come se fossi stata via un anno.

«Anna! Sono qui! Era la mia amica Martina, la vicina di casa... Era una vita che non la vedevo, ci siamo perse in un saluto più lungo del previsto!»

Ma sto parlando da sola? Anna non risponde...

«Annaaa! Dove sei?»

Salgo e la cerco in camera. Non c'è. Scendo e provo in cucina. Niente. Ma dove è sparita?

Esco in giardino e sento dei rumori provenire dalla casetta degli attrezzi.

«Anna!»

«Eccomi! Sono qui dentro!»

«Che stai facendo?»

«Sto cercando una cosa per te...»

«Per me?»

Anna è dentro al capanno, al buio, incastrata sotto assi e attrezzi da giardino. Col minimo movimento sbagliato potrebbe crollare tutto.

«Una cosa che ho trovato il primo giorno che sono arrivata qui. Ma non so dove l'ho messa... Aspetta, aspetta... Eccola!»

Mi allontano dalla porta per farla uscire in retromarcia. Quando si volta vedo che ha in mano una scatola.

«*Et voilà*... Guarda dentro!»

Prendo la scatola. È pesantissima e impolverata. La apro e ne osservo il contenuto. Sono perplessa.

«Ma... è un sasso.»

Anna sorride e mentre si toglie le ragnatele dai capelli dice: «Esatto. È un sasso. Devi sapere una cosa di me, Gloria... Io ho uno spirito di osservazione sopra la media e ho anche una memoria di ferro. Un giorno ho aperto la casetta degli attrezzi per guardare cosa avrei avuto a disposizione per il giardino e, in mezzo a tutta quella roba, ho trovato questa. Allora ho pensato: che ci fa un enorme sasso appuntito dentro a una scatola che avrà almeno sessant'anni? E immediatamente mi sono risposta: non ne ho la più pallida idea, ma se è lì, ci sarà un motivo. Non lo scoprirò mai ma fa lo stesso. L'ho richiusa e rimessa nell'angolo.»

«… E quindi?»

«E quindi… Oggi tu hai scoperto cos'è quel sasso e perché è stato conservato.»

«Ma io non ne ho idea… Cosa dici?»

«Dico che… se non ci fosse stato quel sasso, quel giorno i tuoi nonni non si sarebbero incontrati…»

Cosa? Quello è il sasso che bucò la bicicletta di mia nonna? No, non è possibile! Non ci credo!

«Ma come è possibile? Ma no, Anna… Dài ci stiamo facendo prendere un po' troppo dal romanticismo… Non può essere vero!»

«Ah sì? E allora cosa ci fa quella scritta lì sotto? Alza il sasso…»

Appoggio a terra la scatola, e con la mano che inizia a tremare giro il sasso. Sto cominciando a rendermi conto che potrebbe essere tutto vero, talmente vero da farmi venire i brividi.

E infatti lo è.

1939

Il sasso che bucò la bici di mia nonna? È lì davvero? Chi dei due lo avrà preso? E chi lo avrà messo nella scatola? Ma mio padre lo sa? Io non ci credo…

«Tieni, Anna, rimettilo esattamente dove lo hai trovato!»

«Sei sicura? Non lo vuoi portare via con te?»

«Assolutamente no. Voglio sapere che è lì, nel punto esatto in cui è rimasto da quando uno dei due ha deciso di mettercelo… Pazzesco!»

Continuo a ridere e rimango ferma nella convinzione che niente succeda per caso, che tutto è dove deve essere, nel momento in cui deve esserci.

Anna mi guarda contenta, sa che mi ha fatto un regalo immenso e con aria fiera, rimette la scatola a posto, esce e chiude a chiave.

Dietro l'angolo, Martina mi sta aspettando per salutarmi seduta sul muretto che costeggia le scale. Era il nostro punto di ritrovo per giocare, per andare a fare un giro, per mangiare insieme e per salutarci. Non ci chiamavamo o ci cercavamo. Andavamo lì e aspettavamo che l'altra vedesse che ci eravamo "manifestate". Ogni domenica pomeriggio ci salutavamo dalla rete: io seduta da una parte, lei dall'altra.

Oggi ho il sospetto che il nostro saluto sarà più consistente degli altri.

«Allora, lo hai attaccato?» le chiedo mentre scendo e mi siedo a metà della scalinata, proprio davanti a lei.

«Sì. Che schifo... Quel cartello fa schifo!»

«Lo so... Un posto in prima fila per guardare la tua casa lo avrai sempre... Solo che invece delle Fonzies, ci siederemo qui sui miei gradini e berremo un sacco di birra!» dico sperando di strapparle un sorriso. E infatti ci riesco.

«Glo, vederti oggi è stato bellissimo e totalmente inaspettato. Poterti salutare è stato un vero regalo.»

«Anche per me, Marti... E non sarà l'ultima volta... Promesso?»

«Promesso!»

«Dài... Vai tu per prima, come sempre. Ferrara è più lontana di Parma. Quanto odiavo vederti andare via... A volte è più difficile rimanere e vedere gli altri che partono. Lo sai?»

Scuotendo la testa e con una lacrima che le riga la guancia, Martina sorride e si alza dal muretto.

«Vado. Ciao, Gloria... La prossima volta ci vediamo alla fontana dei grandi!»

«Andata!… Ciao, Marti, buon rientro!»

Qualcosa o qualcuno ha voluto che io potessi assistere a tutto questo e io lo accetto senza farmi troppe domande. È lo stesso qualcosa o qualcuno che mi ha fatto ritrovare il quaderno e il sasso e che mi sta accompagnando in questo viaggio.

Ora è tempo di salutare Anna, recuperare Uma e andare a casa. Direi che questa giornata, partita in sordina, si è rivelata indimenticabile.

Avanti tutta. Sto andando nella direzione giusta.

Il ponte

«Papà!»

«Sono qui dietro!»

La sua voce lontana mi arriva leggera. Lo raggiungo di corsa, lanciando la borsa e gli occhiali da sole sul bancone. Il retrobottega è ancora buio.

«Eccomi!» dice spuntando da un angolo. «Sei impazzita? Sono le otto e sei già in pista?» Accompagna la battuta con un sorriso che non posso fare a meno di ricambiare.

«Papà, non puoi immaginarti cosa abbiamo trovato ieri io e Anna! Stavamo mettendo a posto la biancheria nell'armadio della nonna e in mezzo alle coperte è spuntato lui!»

Da dietro la schiena, come se fossi un apprendista mago che deve ancora affinare le sue tecniche, tiro fuori il quaderno, in attesa di una sua reazione.

Lo guarda, lo prende in mano e, senza nemmeno aprirlo, sorride.

«Allora… lo hai riconosciuto?» dico io impaziente.

«Eh!… *Vè! Ma tò!*»

Questa serie di sillabe mozzicate è da sempre il massimo dell'entusiasmo che mio padre è in grado di manifestare.

«È la storia di mio papà e di mia mamma!»

«Eh, sì! L'hai scritta tu, ricordi? Me la leggevi sempre...»

«*La ragazza con la bicicletta magica*, il titolo non lo scelsi io, lo sai?»

«Lo so. Fu la nonna a obbligarti, vero? Me lo ricordo!»

«Te lo ricordi? Ma come è possibile? Eri così piccola!»

«Mi è venuto in mente ieri. Avevo dimenticato tutto ma quando ho trovato il quaderno mi si è riaperto un file nella memoria!»

Papà Otello si mette gli occhiali da vista e comincia a sfogliarlo. Gli brillano gli occhi da quanta voglia ha di leggerlo.

«Lo hai già riletto tutto?»

«No. Ho letto ad Anna poche pagine... Vorrei che lo leggessimo insieme!»

«Quando? Ora? Ma io devo lavorare!»

«Dài, non c'è nessuno e se arriva un cliente c'è la commessa che lo può seguire... Andiamo, su!»

«Eh, ma se mi vogliono alla cassa...»

«Oh, quante storie, se devi scendere a fare cassa vai e poi torni... Dài, solo qualche pagina!»

«Va bene... Andiamo!»

Mi siedo con un balzo sul bancone e lui mi guarda facendo il solito finto colpo di tosse che significa "Gloria, sul bancone non ci si siede!". E io scrollo le spalle come per rispondergli "Lo so, ma voglio stare comoda e godermi questo momento".

«Dove sei arrivata?»

«Il nonno e la nonna si danno appuntamento sul ponte Verdi...»

«Ah!» esclama. «Sei arrivata all'inizio dell'inizio...»

«Esatto...»

«Va bene... Solo qualche pagina, eh, io devo lavorare e tu devi...»

«Sì, sì lo so, devo liberarti il bancone da tutti i capi che ho scelto l'altro giorno!»

«Esatto. I patti erano questi. Spazio tuo incasinato, spazio mio libero!»

«Sì, dài... non perdere tempo, leggi che muoio dalla voglia di ascoltare...»

«*Il sole splendeva quel sabato mattina e...*»

«No aspetta...» lo interrompo subito.

«Cosa c'è?»

«Dammi qui. Stavolta voglio leggertelo io...»

Papà Otello alza gli occhi al cielo e si fa strappare il quaderno dalle mani. Fa finta di essere scocciato, ma questo scambio di ruoli sembra piacergli.

«Vuoi sederti tu sul bancone? Non vorrei mai che ti addormentassi in piedi come i cavalli mentre ti leggo la favola della buonanotte...»

«Dài, sciocchina... Leggi!»

Il sole splendeva quel sabato mattina e l'aria era fresca.

La casa di Dina, di solito caotica e piena di voci, era silenziosa. Da sola, in camera, le sembrava di poter sentire il battito del suo cuore.

Era un giorno come gli altri per tutti, ma non per lei.

Senza fare il minimo rumore Dina si avvicinò all'armadio, scelse la camicetta e la gonna più belle del suo guardaroba e le appese all'anta insieme alla sottoveste della domenica. Lucidò le scarpe e le appoggiò ai piedi del letto. Poi, con ancora addosso la camicia da notte si sistemò i capelli davanti al piccolo specchio sul comò di legno.

Entrando dalla finestra il sole le diede il buongiorno e illuminò il suo sorriso che si rifletteva nello specchio.

Mancavano ancora poche ore al tanto atteso primo incontro con Attilio, e il tempo sembrava non passare più. Allora decise di impiegarlo lavando la sua fedele bicicletta.
«Oggi dobbiamo fare bella figura. Se mi faccio bella io, devi farti bella anche tu» disse ad alta voce mentre le toglieva la polvere dal manubrio.
Dina parlava sempre: con i fiori, i cavalli del padre, la bici. Riconosceva il valore di ogni cosa, vegetale o animale che fosse.
«Se ti azzardi a lasciarmi a piedi oggi io ti rottamo! È una vera minaccia, bella mia! Non posso andare a piedi, oggi metto le scarpe più belle, ma sono anche le più scomode. Non fare scherzi!»
Le sorelle si affacciarono dalla finestra e cominciarono a ridere vedendola discutere con la bici.
A lavoro finito, quando persino il campanello sembrava brillare, Dina l'appoggiò al muretto e la lasciò al sole, come se volesse ricaricarla. Si precipitò in camera e iniziò a vestirsi e prepararsi.
Fece tutto con estrema calma e partì dal convento con largo anticipo. Voleva andare piano e arrivare pulita e rilassata all'appuntamento.
Finalmente era l'una, il sole alto nel cielo fu il segnale per partire.
Costeggiò come ogni giorno l'argine del fiume, ma questa volta le sembrò più bello del solito. Schivò ogni sasso e ogni buca, andò piano cercando di non alzare polvere.
Arrivò in città e passò davanti al meccanico di via Trento. Lanciò un rapido sguardo alla bottega sperando di vedere Attilio e fare un ultimo pezzo di strada assieme, ma non

vide né lui né la sua bici. Proseguì sperando di trovarlo già al punto stabilito.
Adesso il ponte Verdi era davanti ai suoi occhi e il cuore cominciò a batterle all'impazzata. Non c'era nessuno, però mancavano ancora dieci minuti all'appuntamento. Scese dalla bici, si sistemò i capelli, si lisciò bene la gonna, insomma cercò di ricomporsi prima di cominciare a guardarsi intorno per vedere arrivare il suo Attilio.

Le ore passarono e di Attilio non si vide nemmeno l'ombra. Dina sentì una fitta al cuore, non capiva come mai non si fosse presentato, cominciò a rattristarsi ma non abbandonò le speranze. Forse aveva capito male l'orario dell'incontro, sì, doveva essere così.
Decise di spostarsi insieme alla bicicletta sotto l'ombra del primo albero del Parco Ducale, in modo da poter stare al fresco e tenere d'occhio il via vai sul ponte.
Avevo detto alle due? Avrò capito le quattro... Forse ho capito male... Rimango ancora un po'.
Le quattro del pomeriggio arrivarono. Poi le cinque... e poi le sei.
La gonna era ormai spiegazzata e le gambe stanche. Le sue scarpe si erano riempite di polvere e aveva dell'erba tra i capelli.
Al suono della campana che batteva le sei e mezza Dina scoppiò in lacrime e si arrese all'evidenza.
«Non si è presentato. Ma come è possibile? Ci deve essere un motivo. Non può essersene dimenticato. Non può avermi fatto uno scherzo.»
Raccolse le ultime forze e si preparò per tornare a casa mentre il sole calava all'orizzonte e proiettava la sua lunga

ombra sull'argine. Quella strada non le era mai sembrata così lunga e faticosa.
Quando finalmente arrivò a casa, ripose la bicicletta nel fienile e con tono ironico disse: «Grazie, non mi hai abbandonata... Almeno tu. Riposati che lunedì si ricomincia».
In casa tutti parlavano e urlavano ma lei non sentì nulla. Attraversò la sala a testa bassa e si precipitò nella sua camera. Le sembrò ancora più silenziosa di quel mattino.
Si fermò davanti allo specchio e si rese conto che in quel silenzio si udiva il rumore del suo cuore infranto.

Mio padre scoppia a ridere.

«Ma cosa ridi? Io sto piangendo...»

«Ricordo cosa mi raccontava il nonno di quella giornata...»

«Ma non c'è da ridere nemmeno per quello, so anch'io cosa successe!»

«Sì, lo so, però, col senno di poi, noi tre abbiamo sempre scherzato su quell'appuntamento mancato...» Non riesce a smettere di ridere.

«Dài continua a leggere... Ho voglia di ascoltare come va avanti... Anche se lo so, l'ho scritto io!»

Adesso rido anch'io.

Dopo un'interminabile domenica, arrivò il lunedì.
Dina si preparò e partì per andare in fabbrica. Durante il tragitto, fu assalita dai pensieri. Aveva mille domande e ancora tanta voglia di piangere. Pedalò veloce e arrivò alle porte del quartiere con largo anticipo. Scese dalla bici e la portò a mano passando per i luoghi in cui sperava ci fosse la possibilità di vedere Attilio.
Davanti alla bottega del meccanico non c'era. Al bar non

lo vide e davanti alla merceria del padre nemmeno. Di lui non c'era traccia.
Dina si rassegnò ed entrò in fabbrica cercando di lasciare fuori i pensieri. Nello spogliatoio delle dipendenti c'era solo la sua amica e collega Maria.
«Buongiorno, Dina!»
«Ciao, Maria...»
«Che cosa c'è? Ti vedo triste stamattina...» le chiese l'amica.
«Sto bene, ho solo un po' di mal di testa... Ho passato la domenica a letto.»
«Ah, be', se è solo per il mal di testa... ti è andata bene! Hai sentito cosa è successo al figlio del merciaio qui all'angolo?»
Dina si bloccò e smise di allacciarsi la divisa. La guardò e rimase immobile.
«Attilio?»
«Sì, Attilio... Sabato ha fatto un incidente! Ne parlano tutti stamattina...»
A Dina mancava il respiro: «Incidente? Quale incidente? Maria, cos'è successo? Dimmi!».
«Quello che so io è che sabato, verso l'ora di pranzo, Attilio era in bici, ha svoltato l'angolo di via Marmolada e una macchina lo ha preso in pieno. Si dice che l'autista non abbia dato la precedenza ma si dice anche che lui andasse velocissimo.»
Maria sorride e aggiunge: «Pensa che voci di corridoio dicono che stava persino urlando "Sììì... Sììì..." ma sai, le storie riportate vengono sempre romanzate e ingigantite. Per quale motivo una persona dovrebbe urlare "Sì" mentre pedala velocemente?».
Dina non voleva credere a quelle parole. Perché stava rag-

giungendo la sua amata, pensò, Attilio era felice perché stava venendo da me.
Con gli occhi lucidi e un'ansia crescente, Dina prese l'amica per le braccia e scuotendola quasi urlò: «Ma ora dov'è? Come sta? Maria, dimmi, ti prego!».
«Stai calma, Dina, io non lo so. Dicono che abbia una frattura a entrambe le gambe ma non so altro. Sarà in ospedale, immagino.»
Dina si sbottonò immediatamente la divisa e si rimise il suo abito. Lasciò Maria senza dare spiegazioni e corse nell'ufficio del direttore. Chiese un'ora di permesso, una cosa che non aveva mai fatto prima. Il direttore ne rimase un po' sorpreso ma gliela concesse senza fare tante domande. Dina uscì e si precipitò verso la sua bicicletta. Sapeva dove voleva andare e sapeva perché.
Superò il cavalcavia che divide il quartiere di San Leonardo dal centro storico di Parma e in due minuti arrivò in via Garibaldi. Caotica come ogni lunedì, Dina la percorse fino alla Chiesa di Santa Teresa di Gesù Bambino. Il suo luogo di pace e di preghiera. L'unico posto dove Dina andava per pensare, sperare, piangere e gioire.
La chiesa era vuota. Il silenzio venne interrotto solo dal rumore dei suoi passi che rimbombavano nella navata. Andò a sedersi su una panca di legno e si rivolse alla Madonna, il suo primo e forse unico riferimento religioso.
Pregò per cinquanta minuti, tenendosi giusto il tempo per rientrare al lavoro. Pregò con tutte le forze che aveva e chiese a Lei di proteggere il suo grande amore. Quando la campana suonò, Dina uscì dalla chiesa più serena e in cuor suo si sentì sicura che le sue preghiere sarebbero state ascoltate.

Passarono i giorni e poi le settimane. Dina si accontentava di avere notizie di Attilio senza mai esporsi nel chiederle. Andava nei bar, nelle botteghe, solo con la speranza di inciampare in qualcuno che stesse parlando di lui.
Una mattina, passando davanti al meccanico, vide un gruppo di persone che ridevano e scherzavano. Sembrava che stessero festeggiando. Frenò e scese dalla bici; immobile, dal lato opposto della strada vide che Attilio era lì. Stava sull'uscio della bottega sostenendosi con le stampelle.
Il cuore di Dina si fermò, dovette reprimere l'istinto di buttare a terra la bici e correre da lui. Ma non ce ne fu bisogno perché appena Attilio alzò lo sguardo e la vide, uscì dal cerchio di amici e zoppicando con le stampelle attraversò la strada più velocemente possibile.
«Dina!» urlava mentre la raggiungeva. «Dinaaa!»
«Attilio, attento!» replicò istintivamente lei vedendolo attraversare senza nemmeno guardare a destra o sinistra. «Non hai imparato la lezione?» disse scoppiando in una risata.
«Eccomi… scusa per il ritardo» le sussurrò ridendo.
Dina crollò davanti a quel sorriso. Le sembrò di avere davanti agli occhi tutto ciò che aveva sempre sognato. Un uomo ironico, bello come il sole, un po' matto e… innamorato.
«Pensavo solo a te e a quanto forte avrei dovuto pedalare per arrivare prima e farmi trovare già lì sul ponte… Mi sono distratto e ho combinato un disastro!»
Dina gli sfiorò la mano appoggiata alla stampella.
«Nessun disastro, non hai rovinato niente, Attilio… Io non sono mai andata via da quel ponte…»
I due si guardarono, non si dissero niente, dicendosi tutto.
E poi… si baciarono.

In mezzo alla strada, davanti a passanti e ad amici, senza pensare alle circostanze, ai pettegolezzi e alle chiacchiere: semplicemente si baciarono.
Via Trento sparì. Sparirono le voci, le auto, le botteghe, la città... Rimasero solo loro nel silenzio del bacio più bello del mondo.
Dalla bottega del meccanico partì un applauso che li riportò alla realtà. Fischi e risate, grida e mani che battevano. Gli amici cominciarono a urlare «Vai, Attilio! Grande! Evviva!». Tutta la strada sembrava fare il tifo per quei due innamorati che stavano per iniziare un'avventura insieme. Lo sapevano loro, lo sapevano gli amici, lo sapeva la città.

«Papà, è ancora più bella di come la ricordassi... Ma davvero successe questo?»

Mi asciugo le lacrime che, come al solito, non riesco a trattenere e faccio questa domanda forse per la prima volta o forse per la millesima.

«Sì, proprio così. Me lo chiedevi sempre anche da piccola...»

«Non intendo l'incidente, quello lo so che è successo davvero! Intendo questa scena, questo bacio, questo inizio...»

«Sì, quello fu il primo bacio e avvenne così, davanti a tutti e senza vergogna. Era il 1939: all'epoca, baciarsi in mezzo alla strada non era certo un atteggiamento ben visto dalla gente, o per lo meno, era un gesto che non passava inosservato. Ma nessuno si permise mai di puntare il dito contro di loro, forse perché la tenerezza e l'amore di quel momento eclissarono completamente la vergogna e il cattivo pettegolezzo.»

«Sembra un film...» penso io ad alta voce.

«Sì, be', la loro storia è da film. Unica, irripetibile. Negli anni a venire, tua nonna usò l'episodio del ponte in parecchie circostanze. Lo tirava fuori ogni volta che voleva far capire al nonno che stava correndo troppo e sarebbe stato meglio riflettere prima di fare un passo falso. Quando c'era una decisione da prendere e lui si affidava all'istinto e all'entusiasmo lei arrivava e diceva: "Il ponte Attilio... Il ponte!". E lui sapeva benissimo quale fosse il consiglio nascosto dietro quell'affermazione e cioè: "Attilio, fermati, vai piano... Prenditi il tuo tempo. Ora non è il momento...". E funzionava sempre.»

Sorrido ma sono anche triste. Pagherei oro per vederli in una situazione così, per sentirmi dire "Gloria... Il ponte!" ogni volta che l'istinto mi sta conducendo verso l'atteggiamento sbagliato.

Pagherei oro per riaverli con me. Questo si è capito.

«Gloria, io ora devo andare. Lo sai che se mi fermo per troppo tempo mi sento in colpa. Il quaderno è tuo, non te lo ruba nessuno. Se vuoi continuare a leggere, continua. Tienilo tu.»

«Sì, lo tengo io. Vorrei dirti che ti aspetterò per leggerlo ma sarebbe una bugia. Non vedo l'ora di continuare... Conosco già la storia ma è come se la stessi leggendo per la prima volta, assurdo.»

Chiudo il quaderno e lo stringo tra le mani. Mio padre è già sulle scale e sta per scendere.

«Papà...»

«Dimmi!»

«Secondo te... il nonno aveva previsto tutto?»

«In che senso?»

«Il nonno era un visionario e non ha mai sbagliato una mossa. Se ha deciso di tenere l'invenduto significa che stava guardando oltre. Secondo te, sapeva che in un futuro questi capi avrebbero avuto un valore e qualcuno se ne sarebbe accorto?»

Mio padre ascolta con lo sguardo basso. E poi sorride.

«Il nonno non lo so... La nonna sicuramente.»

«La nonna? Cosa c'entra la nonna ora?»

«La nonna c'entra sempre. Ricordatelo. Il nonno non prese mai, e dico mai, una decisione senza il consenso della nonna. Mai.»

Non voglio che vada via, mi sembra di dovergli chiedere altre mille cose.

«Papà!»

«Che c'è?»

«Ho visto la scatola con il sasso, dentro la casetta degli attrezzi.»

«Il sasso? Quale sasso?»

«Dài che lo sai... Il sasso che bucò la bici della nonna il giorno in cui conobbe il nonno! È lui, vero? Sul sasso c'è scritto "1939"! Chi lo ha recuperato? Il nonno? E poi lo hai messo tu lì?»

Mio padre resta un attimo con lo sguardo perso nel vuoto, poi sembra avere un'illuminazione e sospira.

«Ah, il sasso... Sì, quel sasso è del 1939 ma, mi spiace deluderti, Gloria, non bucò nessuna bicicletta. Non l'ho conservato io e non lo ha raccolto il nonno... Ma sono sicuro che capirai chi possa aver avuto l'idea di prenderlo...»

Okay. Sono ufficialmente perplessa e quasi delusa dalla sua affermazione. Però un'idea comincia a balenarmi in testa... Ha a che fare con la protagonista femminile della storia.

Ormai Otello è quasi in fondo alle scale. Arrivato all'ultimo gradino si gira, mi guarda e urla: «Il ponte, Gloria... Il ponte!» per poi sparire dietro l'angolo.

Ladyhawke

Sono seduta sul divano da mezz'ora, ho in mano la pochette, il cellulare e una certa dose di sicurezza affidata al look superbasic al quale ho lavorato tutto il pomeriggio. Camicia bianca oversize con scollatura profonda ma non volgare, gonna nera a tubino, rigorosamente a vita alta e giacca vintage di pelle. Ai piedi, i miei inseparabili bikers. Mi hanno accompagnata ovunque e li ho portati a tantissimi appuntamenti. Se solo potessero parlare, riuscirei a sentire il loro giudizio: i miei bikers hanno sempre ragione. Perfetti per scappare e per restare in comodità davanti all'uomo giusto.

Chissà che scarpe si metterà Leonardo.

Dio, ti prego... Fa' che non siano i mocassini. Se indossa mocassini giuro che fingo un malore e mi faccio portare indietro immediatamente. Sono il miglior contraccettivo mai inventato. Non esiste uomo sulla Terra che sprigioni un minimo di sex appeal con quei due *cosi* ai piedi.

I miei bikers lo sanno e fanno tre passi indietro ogni volta che li incrociano per strada. Ma Leonardo non è tipo da mocassini. Posso sbagliarmi su tante cose, ma non su questo.

Non ho messo il rossetto.

In primis, non credo ancora di essere capace di metterlo senza sembrare Sbirulino, e poi, cosa più importante, al primo appuntamento non si mette mai il rossetto. È solo un inutile dettaglio in più da monitorare. Va controllato, va sistemato dopo lo spaghetto allo scoglio, va rimesso più e più volte per non sembrare Courtney Love in una qualsiasi foto degli anni Novanta. No, grazie.

Vigorsol o Brooklyn?

Per scegliere le scarpe ci ho messo cinque minuti, ma scegliere il sapore che accompagnerà il primo eventuale bacio è un arduo dilemma. Le Vigorsol sono più forti e il loro aroma dura un pacchetto e mezzo di sigarette, ma le Brooklyn bianche... sono le Brooklyn bianche.

Vada per queste. *Amiche di una vita, vi porto con me! Stasera forse si limona!*

Mi precipito allo specchio e controllo che l'eye-liner sia esattamente come lo avevo messo un'ora fa, che il profumo Narciso Rodriguez si senta ancora e che la camicetta sia rimasta pulita come quando l'ho tolta dalla gruccia della tintoria.

Perfetto. L'ultimo check ha superato la prova qualità.

Sono agitata come se non fossi mai uscita a cena con un uomo prima.

Assurdo.

Scendi. Sono qui...

Un suono, tre parole e tutto quello di cui ero estremamente convinta si trasforma in un enorme punto interrogativo. È un "Pronti, partenza" che butta quintali di ansia sul "via".

Devo mettere il rossetto? Con i bikers sono troppo poco elegante? I miei capelli sono lisci e perfetti ora, ma non so dove vuole portarmi. Ha detto che è una sorpresa. Se fosse un posto umido? Devo prendere elastico e forcine per rimediare a un danno climatico che potrebbe trasformarmi in Maga Magò in meno di mezz'ora? Allora dovrei mettermi gli orecchini a cerchio? Così, se mi faccio la coda alta, mascherano un po' quei lobi da aliena che mi ritrovo.

Scendo subito...

È il classico messaggio bugia che mi regala un bonus di altri cinque minuti, nel quale ogni elemento deve rimanere invariato. Se cedi alla tentazione di mettere in dubbio anche solo un dettaglio del tuo outfit e cominci a togliere tasselli, rischi di iniziare una partita a Jenga con risvolti catastrofici, ed è statisticamente provato che la tua torre, crollando miseramente, lascerà una situazione stilisticamente irrecuperabile.

Quando ho in mano una cassa d'acqua e tre borse della spesa, sei piani di ascensore sembrano diventare i centodue dell'Empire State Building e il viaggio sembra essere talmente lungo da richiedere una tappa in autogrill. Ora, invece, che avrei bisogno di un ultimo incontro con la Gloria dello specchio prima che le porte si aprano come un sipario davanti all'uomo più affascinante che abbia mai conosciuto, la velocità sembra quella dello Space Vertigo di Gardaland quando precipita. Nemmeno il tempo di mettermi le mani fra i capelli e sistemare il colletto della camicia che il numero 0 già lampeggia sul monitor.

Maledetta relatività del tempo.

L'atrio del palazzo è buio e mi lascia la possibilità di guardare fuori dal portone in vetro scuro. Io vedo lui, ma lui non vede me: è bello come un attore hollywoodiano.

È agitato, ma sono convinta che stia cercando di nasconderlo dietro la classica posa d'attesa: appoggiato all'auto, con le gambe incrociate, una mano sul cofano e l'altra che tiene una sigaretta accesa.

È proprio come me lo sono immaginato.

Ha il look più semplice e meno ricercato che potesse scegliere, ed è esattamente ciò che speravo indossasse.

Niente mocassini, e già l'idea di limonarlo dopo il digestivo è salva.

Il mio secondo timore era quello di vederlo con degli skinny jeans, secondi nella classifica dei miei anticoncezionali preferiti, ma ha optato per dei jeans morbidi a gamba dritta.

Fiuuu... e anche questo l'abbiamo depennato dalla lista dei finti malori che avrei dovuto mettere in scena.

Ha una camicia chiara e, sorpresa sorpresa, ha le maniche arrotolate quasi fino al gomito. Un dettaglio casual che sembra dire: mi sono messo la camicia, ma sono uno sportivo e non un tronista di *Uomini e Donne*. Fatto sta che io provo un'attrazione fortissima e inspiegabile per l'avambraccio scoperto, e alla domanda "cosa guardi in un uomo?", rispondo sempre "Il sorriso" perché se rispondessi "L'avambraccio" mi prenderebbero per matta.

Tre, due, uno: apro il portone.

Leonardo alza lo sguardo e il suo sorriso illumina la via più del lampione sotto il quale ha parcheggiato.

«Stavo per mettere i soldi nel parchimetro...» dice lanciando a terra la sigaretta. «Hai fame, signorina?»

Mentre mi apre la portiera, evento al quale entrambi sappiamo che assisteremo solo questa volta, io mi tuffo nei suoi occhi cristallini e dico la prima cosa che mi viene in mente: «Mi mangerei un maiale intero».

Salgo in auto pentendomi già della prima risposta, non era certo quella che avevo pensato di usare come battuta d'ingresso.

«Bene, se mi avessi risposto "insomma" o "abbastanza", avrei finto un impegno improvviso e ti avrei fatto fare dietro front!»

Pari. Palla al centro.

«C'è un po' di strada da fare... Resisti o mi devo fermare per un tiepido Camogli sull'A1?»

«Un po' di strada da fare. Interessante... Quindi immagino che stiamo per superare il confine salumi e cappelletti?»

«Più o meno... Ma mi sono assicurato che il menù comprenda proposte di terra e di mare. Non si sa mai... quando si ha a che fare con una ex isolana...»

Premuroso. O paraculo. Ma mi piace.

«Quindi non mi dici dove stiamo andando?»

«Perché mai dovrei dirtelo? Tra poco lo vedrai con i tuoi occhi!»

«E... giusto per curiosità, potrei sapere cosa ti ha convinto a scegliere quel ristorante rispetto ad altri?»

«Certo. Il contesto... C'è una camminata bellissima da fare per arrivarci!»

«Te lo ha mai detto nessuno che per scegliere il ristorante si deve guardare Tripadvisor e non Google Maps?»

Trattenendo una risata, Leonardo si allunga verso di me e guardando che scarpe ho ai piedi dice solo: «Niente tacchi. Molto bene».

Il suo sorriso mette in moto l'auto e ci dirigiamo verso quell'autostrada che conosco tanto bene da farla ad occhi chiusi, ma che non ho idea di dove mi porterà stasera. Non insisto perché questo mistero ha su di me un effetto afrodisiaco.

«Metto la radio?» mi chiede mentre la sta già accendendo.

«Vai... Quale?»

«La sola e unica: Virgin Radio.»

A un volume illegale parte la canzone dei Sum 41 *Fat Lip.*

Non poteva esserci canzone meno azzeccata e allo stesso tempo perfetta per tagliare di netto questa iniziale tensione tra di noi.

«Cosa ridi?» mi chiede ironico abbassando il volume.

«Rido perché... amo questa canzone! In dieci secondi mi ha riportata indietro di vent'anni.»

Lui alza il volume appena prima che parta il ritornello e mi lancia un sorriso complice.

«... Periodo *American Pie*! E chi se lo dimentica?»

Un altro punto per te, bel Leonardo. Non ne stai sbagliando una finora.

L'A1 è praticamente deserta. La domenica i camion non transitano e a quest'ora il traffico in direzione nord è contenuto.

Ogni volta che sono in macchina con un uomo, non posso fare a meno di pensare ai miei genitori. Sono sposati da quarantotto anni, stanno insieme ventiquattro ore su ventiquattro, eppure, il loro momento magico della settimana è solo uno: il viaggio in macchina del weekend per raggiungere la casa in Liguria.

Parlano, discutono, pianificano, commentano, decidono. Non importa la distanza, il traffico, le condizioni meteo. Il sabato, loro partono, e in quelle due ore e mezza di auto riescono a sentire davvero la vicinanza, la complicità e la serenità che, indipendentemente dalla convivenza, la quotidianità spesso rovina.

Quando sono in casa, mia mamma cucina e lui passa ore nello studio davanti a documenti e bollette. In negozio, lei si occupa delle clienti storiche e lui è sempre in giro nel retrobottega a fare inventari e a sistemare il magazzino. La sera, dopo aver cenato, lei si addormenta appena sfiora il divano e lui si fuma la sua Marlboro rossa e si disconnette dal mondo. Persino quando arrivano nella casa in Liguria sono divisi. Lei si piazza ai fornelli e cucina godendosi la vista del mare, lui sparisce in giardino.

Sono sempre insieme eppure non lo sono mai.

In auto, nessuno dei due è distratto dai doveri e sono costretti a condividere uno spazio che li schiaccia l'una sull'altro. A settant'anni suonati, quel viaggio è il loro vero e autentico momento di intimità e non se ne privano mai.

Io, dal sedile posteriore, sono stata spettatrice di quello show per anni. Ne ho un ricordo talmente bello che è diventato un esempio da seguire e perseguire. "La prova su strada" la chiamo io. Un test fondamentale per capire se la persona che ho accanto è quella che voglio davvero.

Un solo viaggio, e soprattutto il primo, non basta di certo per capirlo.

Guardo Leonardo e penso che ce ne sarà un secondo.

Questo è già abbastanza per me.

Il tempo di fargli un piccolo riassunto delle mie giornate tra magazzino e pianificazioni, e Leonardo decelera spostandosi sulla corsia di destra per uscire dall'autostrada.

«Fiorenzuola? Mi stai portando a Fiorenzuola?»

«Fuochino...»

«Non credo di aver mai imboccato l'uscita di Fiorenzuola in tutta la mia vita... Non ho idea di cosa ci possa essere dopo il casello...»

«Bene, allora significa che non sei mai stata dove ho deciso di portarti!»

Possiamo andare ovunque, non m'interessa. Possiamo persino rimanere in auto e cantare tutte le colonne sonore dei *College Movie* americani fino al confine con la Lombardia solo per poi tornare indietro.

Mi affido a questo sorriso che sembra aver attivato gli abbaglianti e che illumina i colli piacentini, in una serata come le altre per tutti, ma non per noi.

«Castell'Arquato… che meraviglia!» dico non riuscendo a trattenere lo stupore. In lontananza si vede il castello che nel buio domina il piccolo paese ai suoi piedi.

«Conosci Castell'Arquato?» Leonardo sembra stupito.

«Non ci sono mai stata, so che è uno dei borghi medievali più famosi di queste zone…»

Cerco di darmi un tono ma è palese che non sappia altro su questa cittadina. Ho la faccia da connessione internet debole che ti carica solo la prima riga di Wikipedia.

«E cos'altro sai di questo paese?»

«Solo questo. Che c'è un castello e che è un borgo medievale. Punto.»

«E non sai che ci hanno girato *Ladyhawke*?»

«Lady chi?»

«*Ladyhawke*. È un film degli anni Ottanta, con Matthew Broderick, Rutger Hauer e Michelle Pfeiffer.»

Leonardo sembra aspettare una mia reazione e non ricevendola continua: «Bene, sappi che con questa mancanza cinematografica sei caduta di mille punti… altro che *Friends*. Ora mi sento meglio!»

Mi piace vederlo sicuro di sé. Gli faccio credere che sia in vantaggio e non bado all'eresia che ha appena detto.

«Quindi, immagino sia questo il "contesto" in cui ceneremo stasera…»

«Esatto. Ho prenotato un ristorante ai piedi del borgo. Ti piace l'idea?»

«Mi piaci tu!»

L'ho detto senza pensarci troppo, scendendo dall'auto, senza girarmi e senza guardare la sua reazione. Mi è scappato. È stato più forte di me. Spero abbia sorriso, pensando la stessa cosa.

Il ristorante è intimo e illuminato quanto basta. Un minuscolo corridoio in pietra con i tavoli distanti l'uno dall'altro, la luce gialla dei faretti bassi incastonati nei muri e la fiamma timida delle candele sembrano decidere quale sarà il tono e il volume della nostra cena. Le luci sono i veri tecnici del suono di un primo appuntamento.

«È una storia d'amore...»

La voce profonda, e allo stesso tempo rilassante, di Leonardo si mischia col rumore del vino che ha scelto pochi minuti prima e che ora sta versando nei calici. Io non lo interrompo, pendo dalle sue labbra e aspetto che mi racconti questa trama.

«Si svolge nel tredicesimo secolo. La splendida Isabeau ed Etienne Navarre, ex guardia del vescovo, s'innamorano. Il perfido vescovo, innamorato a sua volta di lei, non tollera l'idea di saperla felice con un altro uomo e, scoperto il forte legame tra i due amanti, lancia loro una maledizione che gli impedisce di vedersi. Durante il giorno Isabeau è condannata a trasformarsi in falco, e durante la notte Navarre è condannato a trasformarsi in lupo. Il falco segue Navarre dalla mattina alla sera e il lupo difende Isabeau la notte. Si riconoscono, ma sono impotenti davanti a quella forza oscura. Durante un'eclissi, e cioè "in una notte senza il giorno e un giorno senza la notte", i due sanno di avere la possibilità di spezzare la maledizione e di vivere finalmente la loro storia d'amore... Liberi.»

Lo guardo rapita dalla dolcezza con cui racconta e mi sembra di sentire anche una punta di commozione nella sua voce.

«È una storia di attesa, difficoltà, fedeltà e coraggio... Io lo trovo un film splendido, e tu ti devi vergognare di non averlo mai visto...»

«Sei un romantico, Leo?»

«Romantico non lo so, sognatore sicuramente... Credo nel vero amore e credo lo si possa riconoscere, anche quando si pensa di essere impotenti...»

«E tu ti senti impotente?»

«Sì, ma sto aspettando l'eclissi... *Cin*!»

«A cosa brindiamo?»

«A "una notte senza il giorno e un giorno senza la notte..."»

La cameriera interrompe il nostro brindisi ed è pronta per prendere l'ordinazione.

Diamo un'occhiata volante al menù. Spero che non cominci a leggere le proposte ad alta voce. Se lo fa, mi alzo e chiedo il conto.

Inizio io perché ho già le idee chiarissime. Stasera voglio stare leggera e riassaggiare gusti che ho lasciato da troppi mesi.

«Dunque io prenderei la ceviche di gamberi e poi il tonno scottato, con semi di sesamo e marmellata al wasabi...»

«Perfetto, e a lei cosa porto? Posso consigliare i tagliolini al polpo?»

«*Mmm*... No, grazie, io prenderei... il tagliere di salumi misti e poi il tris di tortelli.»

Leonardo chiude il menù e mi guarda con un'espressione soddisfatta. Io scoppio a ridere e la cameriera capisce in un attimo che è la prima volta che ceniamo insieme.

Quanto è bello mentre sorride. Io ci nuoto in quegli occhi caraibici.

«Leo, ora tocca a te però...»

«Cioè?»

«Cioè... parliamo sempre di me, del mio lavoro o del tuo, ma non mi hai ancora parlato di te. Non so, qualsiasi cosa... Non mi costringere a fare le domande sceme dei primi appuntamenti, le odio.»

«Quindi anche a te questo sembra un primo appuntamento?»

«Sì. È strano, vero? Quante pause pranzo abbiamo fatto? Eppure è la prima volta in cui un orologio non scandisce il tempo e in cui raggiungiamo il tavolo insieme...»

Il suo sguardo è fisso sul mio, ma allo stesso tempo si tormenta le mani e sembra agitato. Questa cosa mi piace.

«Giusto. È il mio turno. Vediamo... da dove posso partire?»

«Da dove vuoi.»

Sorseggio il vino, che ha un leggero retrogusto di *voglio rimanere a questo tavolo per sempre*, e lo fisso negli occhi.

«Sono sposato.»

Time out.

Non ho sentito bene.

Qualcuno potrebbe alzare le luci? Non sento. Tecnico del suono, ci sono interferenze, non riesco a sentire l'uomo che ho davanti.

«Non ho capito, scusa...» dico, avendo in realtà capito che non voglio capire quello che ho capito.

«Io sono sposato.»

C'è dell'anestetizzante nel vino o la persona con cui sono seduta in un romantico ristorante, durante il primo appuntamento, prima dell'antipasto mi ha appena detto che è sposato?

Credo di non riuscire più a controllare la mimica del mio viso e di non ricordarmi più come si parla.

Scavallo le gambe, come se servisse per sentire meglio, e questo ha lo stesso effetto inutile di quando abbassi la radio per trovare parcheggio.

«Glo... Io sono sposato.»

«Ho sentito. Sto pensando a cosa dire perché ero pronta a: sono juventino, sono fissato col poker online, odio la musica R&B, adoro i mocassini, ma... sono sposato, no. Ho dimenticato di esercitarmi a un "piano di evacuazione da matrimonio in corso", chiedo scusa.»

I suoi occhi sembrano cambiare forma e consistenza e quel celeste caraibico, in cui un attimo prima nuotavo, si trasforma in lame di ghiaccio che mi trafiggono.

«Glo… Hai voglia di ascoltarmi e di non interrompermi?»

«A dire il vero… ho voglia di bere! Mi scusiii…»

La cameriera e tutte le coppie illuminate dalle candele e dal romanticismo, che ormai se ne è scappato a gambe levate da quel cunicolo soffocante di pietre e luci troppo basse, si girano e mi guardano. Il mio tono di voce deve averli colti di sorpresa, ma se ci mettiamo a fare a gara di sorprese in questo momento, li batto tutti con un *all in* da lasciarli in mutande.

«Mi dica… La ceviche è quasi pronta.»

«Bene, mi fa piacere. Senta, mi potrebbe preparare una vodka liscia? La vengo a prendere io al banco. Dicono che con i gamberi, sia la morte sua… Grazie, molto gentile.»

Senza giudicarmi e facendo solo un impercettibile movimento con la testa, la cameriera si dilegua.

«Glo…»

«È vero… Una volta andai a Genova e il mio ragazzo di allora, non quello attuale, perché io sono single, non ricordo se te l'ho detto… mi portò in un ristorante rumeno, no… brasiliano, no… svedese, ah no… polacco, sì polacco! E i piatti di pesce erano accompagnati da drink a base di vodka.»

«Glo…»

«No, no, no. Ora mi bevo la mia vodka, vado fuori da quella porticina a fumare una sigaretta e poi, con calma rientro. Tu stai pure qui ad aspettare i salumi. Con permesso…»

Mi tremano le mani e le gambe non reggono più il peso del mio corpo e soprattutto della mia nuova consapevolezza.

Mi appoggio al bancone del bar e faccio segno alla cameriera di aumentare la dose di vodka nel bicchiere.

Lei sembra aver intuito che qualcosa non va. Da professionista quale è legge nel mio sguardo: "Versa e non fare domande", e mi accontenta.

Esco dalla porta e appena fuori, mi sembra di ricominciare a respirare.

Il vento che s'incanala nel vicolo mi arriva addosso schiaffeggiandomi e facendomi riprendere. La vodka ovviamente finisce prima che la porta si chiuda alle mie spalle.

Okay, ricapitoliamo per chi si fosse perso gli episodi precedenti.

Leonardo è stato un incontro casuale e io ero sicura, e lo dico senza arroganza, che lui avesse sentito per me la stessa immediata curiosità che io ho provato per lui. La decisione di andarci piano era fondata sulla certezza di quella sensazione e sul fatto che mi stessi innamorando, pur non sapendo praticamente nulla della sua vita e avessi voglia di scoprirlo piano piano. In lui vedevo il rispetto per i miei spazi, la curiosità di entrare nel mio mondo, una consapevolezza e delle intenzioni simili alle mie.

È sposato.

Quindi, gli spazi che mi lasciava erano solo specchi per le allodole? Io non capisco. Ma perché ha deciso di dirmelo durante i primi minuti di un appuntamento che, se solo lo avessi saputo, neanche ci sarebbe stato? A che gioco sta giocando?

La Lucky Strike è finita e ne accendo subito un'altra.

Come in un effetto domino, nella mia testa tutto crolla, tassello dopo tassello. È successo quello che aveva detto Bea. Appena ho detto: «È lui!» ho attirato lo scenario peggiore che poteva manifestarsi.

«Signorina, mi spiace disturbarla, gli antipasti sono in tavola...»

«Grazie, arrivo subito...» dico rientrando nel cunicolo, ma ormai non vedo luce in fondo al tunnel.

«Okay, parla. Perché non mi hai mai detto di essere sposato?» attacco arrivando alle sue spalle.

«Questa è la nostra prima vera uscita, e alla tua prima domanda ho risposto dicendoti una cosa di me che non ti avevo ancora detto e che, al momento, non è la più importante.»

La calma con cui mi parla mi terrorizza e allo stesso tempo mi tiene incollata a quegli occhi colpevoli, che sanno di aver detto tanto e subito, e ora ne affrontano le conseguenze senza mostrare vergogna.

Non gli ho mai chiesto esplicitamente quale fosse la sua situazione sentimentale perché istintivamente pensavo di non avere motivo per farlo. Il modo in cui mi guardava, l'esigenza di sentirmi almeno una volta al giorno e il tono che usava, per me erano già delle risposte. Però, in realtà, lui non si è mai esposto né con le parole né con i gesti. Non conosciamo niente dei nostri passati, questo sarebbe stato uno degli argomenti di cui parlare durante l'appuntamento, ma non mi sarei mai aspettata che il suo passato fosse ancora presente.

Lo guardo e mi sembra di vederlo senza maschere e senza veli. Sto credendo alle sue parole?

Come si dichiara?

Colpevole di credere a quella che tutti considererebbero una cazzata!

«E ora ti dico la seconda, Glo. Mi è bastato parlarti quei pochi minuti nel mio studio per sapere che avrei voluto ascoltarti per ore. Ho passato le mie giornate a pensarti e, quando leggevo il tuo nome sul cellulare, era come se avessi bevuto dieci caffè in un secondo. Non ho scelto d'incontrarti, non ho mai voluto mancarti di rispetto e non mi sembra di averlo fatto. Non ti ho mai sfiorata e non ho mai pensato di affrontare l'argomento in una rapida pausa pranzo o al telefono. Ho aspettato di stare con te, senza orologio al polso, faccia a faccia per poterti dire questo: io so perfettamente in che posizione sono, ma so anche cosa provo e cosa voglio.»

Il silenzio, seduto a tavola con noi, prende la parola e mi lascia il tempo di bere e riempire di nuovo il mio bicchiere.

«Dal primo caffè ti sei accorto di quanto interesse provassi nei tuoi confronti, non negarlo. Come hai potuto tacere sulla tua situazione?»

«Non l'ho fatto perché volevo farlo solo così. Alla prima occasione senza timer...»

«Tu sei sposato...»

«Fino al nostro primo incontro lo ero nella maniera più canonica in cui lo si può essere. Ti sto dicendo che il tuo arrivo ha scombinato le carte quando nemmeno credevo di avere un mazzo in mano.»

Non so cosa rispondere.

«Glo...»

«Scusa ma... cosa ti aspetti che ti dica ora?»

«Mi aspetto che tu mi dica cosa provi quando stai con me. Mi aspetto che tu mi veda come un uomo che non ha intenzione di lasciarsi sfuggire la donna più interessante che abbia mai incontrato, solo perché l'ha incontrata tardi...»

«Tu sei sposato.»

«Sì, lo sono, non c'è bisogno di ripeterlo. Ma non ho nessuna paura a pensare di rivoluzionare la mia vita per te. A questo puoi credere?»

Il silenzio risponde al mio posto.

«Leo, mi hai colta alla sprovvista… Io non so esattamente quello che ho in testa. C'è tutto e non c'è niente.»

«Dimmi a cosa stai pensando. Dimmelo… siamo io e te.»

I suoi occhi m'implorano di parlargli e io vorrei dirgli mille cose, ma non ci riesco. Sembra che qualcuno mi abbia fatto un'anestesia locale alla bocca, e sembra che quello stesso qualcuno, dimenticandosi di pagare la bolletta nella mia testa, abbia lasciato i pensieri razionali al buio.

Era tutto troppo bello per essere vero.

«Mi stai dicendo che hai intenzione di separarti?»

«Ti sto dicendo che sono consapevole di ciò che mi aspetta…»

«Che tradotto significa?»

«Significa che non sarà dall'oggi al domani e che non sarà facile, ma…»

«Io non sarò mai l'amante di qualcuno. Non è il ruolo che scelgo di avere.»

«Amante? Ma cosa stai dicendo? Quale amante? Io non voglio questo…»

«E allora cosa vuoi?»

«Voglio te e non mi vergogno di provare quello che sto provando…»

«E quindi?»

«E quindi ricomincio da capo. Gloria, io sono sposato, ma mi sono innamorato di una donna che non è mia moglie. Non voglio andarci a letto, non voglio averla come amante, non voglio una doppia vita. Ma soprattutto non voglio reprimere quello che sento. Devo affrontare i miei sentimenti e devo farlo da solo. So che quello che voglio non arriverà domani, ma arriverà.»

Ormai la bottiglia di vino è finita, l'ho fatta fuori praticamente tutta.

«Ma questo non succede mai, Leo. Lo sai tu, lo so io e lo sanno tutti gli sceneggiatori di Hollywood che pensano di scrivere una commedia romantica e invece stanno solo aumentando il catalogo Fantascienza.»

Leonardo scoppia a ridere.

«Lo vedi? Ecco cosa mi fa impazzire di te. Come riesci in un attimo a ironizzare su una situazione inaspettata.»

«*L'ironia ci salverà*. Lo dice sempre Bea...»

«Chi è Bea?»

«L'amica a cui dovrò dire che mi sono messa nell'ennesimo disastro.»

Leo sorride, forse vede nelle mie battute o nel tono della mia voce la consapevolezza di una situazione difficile da affrontare, ma non impossibile.

«C'è poco da sorridere. Tu ora mi stai dicendo, senza tanti paroloni: "Gloria aspettami! Arrivo!" E pretendi che ti risponda: "Oh, sì, mio bell'Ulisse. Aspetterò il tuo ritorno rompendomi il cazzo davanti a una tela di merda che farò e rifarò mille volte. Non importa quando, non importa quanto, io ti aspetto..." Mi stai dicendo questo? O mi stai chiedendo di esserci comunque?»

Silenzio.

«Non importa, non rispondermi. È irrilevante» aggiungo.

Silenzio.

«Io, Leo, non riesco a pensare a niente se non...»

«Se non...?»

«Se non che... nonostante tutto...»

«Indipendentemente da tutto, mi piace di più. Scusa, continua...»

«Indipendentemente da tutto, c'è una parte di me che crede e continuerà a credere alle favole. Ma la mia favola non inizierà certo oggi.»

Non riesco più a sostenere il suo sguardo. Mi sembra di non avere più energie. Sono triste e ho voglia di piangere. Voglio tornare a casa e abbandonare questa situazione che non so come gestire.

Leonardo si alza e prende dalla tasca della giacca il pacchetto di sigarette.

«Vieni fuori con me?» dice allungando la mano.

«Leo, non ho intenzione di costruire un palazzo sulle macerie di un altro.»

«Neanche io… Vieni fuori con me?» insiste e io cedo.

«Torniamo subito!» comunica alla cameriera che incrociamo nello stretto corridoio e che, vedendoci uscire mano nella mano, appoggia rassegnata i nostri piatti sul tavolo.

Il vicolo è lo stesso che mi ha vista scolarmi una vodka senza prendere fiato e fumare almeno due sigarette.

«Se ti ho portata qui e ti ho raccontato la trama del film non è una coincidenza. Sapevo di dover dire quello che ho detto da molto prima di farlo. Sentivo di provare per te una curiosità e un'attrazione che non hanno niente a che vedere con un'amicizia di passaggio. Non sono uno stupido e non sono mai stato uno stronzo. Conosco perfettamente gli scenari che dovrò affrontare.»

Perché gli credo?

«Non posso sentirmi in colpa per quello che provo per te. Non posso…»

Perché gli credo?

«Posso solo ammetterlo e sperare che tu voglia aspettarmi, senza però pretenderlo…»

Perché gli credo?

«Non ti convincerò a rimanere. Non ti chiederò di esserci a partire da ora, ma ti faccio una promessa: non sarà oggi e non sarà nemmeno domani, ma la favola che vuoi e che ti meriti la scriveremo insieme.»

Credo a ogni singola parola. E proprio per questo, devo fare la cosa più difficile e l'ultima che mi sarei aspettata di fare stasera: dirgli addio.

«La mia favola la sto già scrivendo da sola. Grazie per essere stato sincero con me prima del dolce. Paga il conto, io intanto chiamo un taxi, perché è notte e non ho le ali per arrivare a casa da sola.»

«No, Glo...»

«Sì, Leo.»

Nascondino

«È già giovedì?»

Bea non risponde mai al telefono dicendo quello che ti aspetti.

«No, non lo è. È lunedì e il mio portafoglio inizia la settimana con centotrenta euro in meno...»

«Cosa ti sei comprata su internet? L'ennesimo memorabilia di *Friends*?»

«No, Bea, ho pagato centotrenta euro per risolvere una situazione del cazzo.»

«Hai pagato un investigatore privato?»

«Ma che fantasia hai? No, ho pagato un taxi da Castell'Arquato a Parma ieri sera. Sono uscita a cena con Leonardo e, prima del secondo *cin*, mi ha detto di essere sposato.»

Eccolo, il silenzio che fa più rumore di un aereo che decolla. Bea sta dicendo con la forza del pensiero "te l'avevo detto...".

«Dài, dillo... so che stai per farlo» interrompo per prima la conversazione telepatica.

«Cosa? Che sarebbe stato meglio usare i centotrenta euro per un investigatore privato?»

Scoppio a ridere. Non c'è niente da fare. Con lei è così, dice sempre la cosa giusta al momento giusto.

«Quindi, fammi capire... Ti ha portata fuori a cena e ti ha detto che è sposato?»

«Sì, è stata la prima cosa che mi ha detto. Bea, *time out*. Torniamo a ironizzarci tra un attimo. Io sono distrutta...»

«Vado diretta al punto, Glo... Non voglio vederti perdere nemmeno dieci minuti per pensare a lui.»

«Bea ti prego, ascoltami senza interrompermi...»

«Oh, no, io t'interrompo senza ascoltarti. Se stai per dirmi che questo non ha influito sui sentimenti che provi per lui, giuro sulla testa dei miei figli che vengo a Parma a tirarti un cazzotto in faccia.»

«Bea...»

«No, no, no. *Finish*. Chiuso. Avanti il prossimo. Non voglio più sentire nominare questo Leo. È sposato. *Game over*.»

Dico subito la frase che mi rimbomba nella testa da quando sono salita su quel taxi. La dico sapendo già come reagirà Bea, perché è esattamente la stessa reazione che avrei io, se i ruoli fossero invertiti.

«Vuole separarsi. Si è innamorato di me...»

«Oh certo! Come no? "Vuole separarsi. Si è innamorato di me" sarà la prima frase che dirai tra due anni alla tua analista. No. No. No, e lo dico io prima che lo faccia tu. Per voi *non* sarà diverso!»

Lo sapevo, se avessi puntato centotrenta euro su questa reazione, ora sarei tornata in bolla.

«Posso parlare senza far parte di un botta e risposta da *sitcom* anni Novanta? Posso?»

«Sì, puoi, ma solo perché sei tu. A un'altra avrei sbattuto il telefono in faccia subito.»

«Vorrei parlarti di me, solo di me. Acconsenti alla mia richiesta?»

«Devo, è scritto nel nostro contratto...»

Bea ha paura, ma si sta dimenticando che io ne ho più di lei.

* * *

Ho passato il viaggio in taxi a guardare fuori dal finestrino.

«Al nono posto, questa settimana c'è Coez con *La tua canzone*... Alzate il volume, c'è la classifica della settimana...»

Il tassista, che sembrava aver intuito che avrebbe avuto un dialogo più vivace con lo speaker radiofonico che con me, ha preso alla lettera il consiglio e, alzando il volume, mi ha guardata per un attimo.

«Posso? A me piace tanto la classifica della domenica!»

«Nessun problema...»

Io faccio parte di quella categoria di donne che hanno bisogno di associare ogni momento a una colonna sonora. Per me la musica è un elemento che sottolinea i ricordi tanto quanto i profumi o i sapori.

Al nono posto della mia personale classifica mentale c'era *Ironic* di Alanis Morissette. Per un attimo mi era anche sembrato di averla sul sedile accanto a me. Credo mi abbia guardata e mi abbia anche detto: *Yes. It's your ironic turn. Enjoy!*

Ma, invece, c'era Coez e la sua maledetta canzone. Perfetta per quel viaggio mentale e non.

Era impossibile non immaginare Leonardo da solo in auto sulla via del ritorno. Mi chiedevo se stesse pensando a me, e soprattutto quale canzone stesse trasmettendo Virgin Radio.

Ho soffocato le lacrime più di una volta, continuando a fare congetture su come sarebbe potuta andare la serata e a quanto sarebbe stato bello baciarlo.

"Non lasciatevi ingannare dalla nostalgia di quel che poteva essere. Non poteva essere nient'altro. Altrimenti lo sarebbe stato."

Citazione copiata e incollata nel cervello il giorno in cui la lessi, scorrendo le "frasi motivazionali" della galleria di Pinterest.

Credo talmente tanto in questo concetto, che ogni volta che lo leggo mi sento come un materassino sgonfio che riceve il primo soffio d'aria dalla pompetta. Pinterest è il primo passo di chi è alla ricerca di una piccola dose di autostima ma non vuole contattare nessuno spacciatore. Si approda a questo confortante porto digitale ogni volta che una tempesta emotiva si avvicina.

Tutte lo fanno, nessuna lo dice.

Scorrendo questa sezione si trovano, una dopo l'altra, citazioni che sembrano avere il potere di rimetterti in piedi, ricordandoti quello che già sai ma che per un attimo credevi di aver dimenticato.

Seduta su quell'auto, ascoltando canzoni che non avevo scelto, ripensai a quando, un anno prima, passavo ore su quel social sperando d'inciampare nella frase giusta al momento giusto.

"C'è un giudice che rimette tutti e tutto al proprio posto. Si chiama tempo."

Io sono sempre stata "zero-cento". Non conosco le sfumature e non mi piacciono le vie di mezzo. O tutto o niente. "La pazienza è la virtù dei forti" è la frase che odio di più al mondo. La pazienza è la virtù dei pazienti e io non lo sono. Punto.

Odio le situazioni sospese, ho aspettative alte su qualsiasi cosa mi stia a cuore e sono una sognatrice. Ci vuole un attimo a conquistare la mia fiducia, ma anche a perderla. Questo porta con sé tante conseguenze e, pur essendone consapevole, non sono ancora riuscita a modificare questo aspetto del mio carattere.

Eppure leggendo quella frase mi ero sentita confortata e avevo deciso di credere che fosse così. In passato lo era stato. Non era stato facile, ma il tempo aveva giocato il suo ruolo e aveva rimesso tutti al proprio posto davanti all'ennesimo *Start*.

Ora ho la forza di crederci di nuovo? Saprò usare il tempo che mi separa dal mio lieto fine senza sentirne il peso?

Non conosco la relazione tra Leonardo e sua moglie, non posso giudicarla. Posso solo decidere se credere che sia irrilevante davanti a ciò che provo per lui.

Guardavo fuori dal finestrino del taxi e mi rendevo conto che stavo per essere catapultata nuovamente nel mio incubo peggiore. La domanda che mi sono ripetuta in testa per quaranta minuti è stata una sola: avrò abbastanza speranza da eclissare l'impotenza dell'attesa?

«Questa situazione non influenzerà minimamente la mia quotidianità.»

Lo dico con un tono di voce convincente e sicuro. Bea teme che io mi dimentichi di tutti i passi in avanti e che mi sieda su una panchina ad aspettare che lui mi raggiunga.

«Te l'ho sentito dire tante volte...»

«Lo so che è estremamente rischioso a trent'anni credere al "lascio mia moglie per stare con te", ma io sento che sarà così. E nel frattempo, Bea, io vado avanti.»

«Gloria, ti prego, cerca di non perdere di vista la realtà. Lascia che la sognatrice che è in te punti a qualcosa di più vero e concreto.»

«Credevo che il mio lieto fine fosse talmente vicino da toccarlo. E invece...»

«Anche stavolta ti tocca combattere.»

«No, non sono io che devo combattere, Bea. Io sono libera.»

«Tu eri libera fino a ieri sera, oggi non lo sei più. A meno che tu non decida di esserlo davvero...»

«Chiudendo completamente con lui?»

«Esatto. Non è lui e non è ora. Queste dinamiche richiedono

tempo e tu non hai mai avuto pazienza. Sarà una tortura, devi allontanarti da tutto questo.»

«Non ho intenzione di allontanarmi da lui. Non adesso.»

Bea sospira perché sa che nulla di ciò che dirà mi farà cambiare posizione. Ma il suo ruolo, come da contratto, la obbliga a mettersi nei panni dell'avvocato che vuole vincere la causa del suo cliente indipendentemente da chi si trova seduto al banco opposto.

«Tu hai appena iniziato un nuovo capitolo della tua vita e lo stai facendo con passione, coraggio, grinta e non hai bisogno di congelarti in attesa di qualcosa che non sai se arriverà. Gloria, dimmi la verità... cosa credi che succederà ora?»

«Io... io... non lo so. Immagino che lui affronterà questa situazione per poter essere libero di arrivare da me.»

«Ah sì? E dimmi, quando speri che succeda?»

«Mentirei se non ti dicessi... il prima possibile.»

«Quindi oggi. Il prima possibile è oggi. E se non succede? Il prima possibile diventa domani... E poi mercoledì e giovedì, e poi luglio, agosto, dicembre... Quindi tu mi stai dicendo che ogni mattina ti sveglierai sperando di vederlo arrivare e ogni sera ti addormenterai sapendo che non lo ha fatto. Giusto?»

«Bea, per favore...»

«No, "Bea, per favore" no. Se vuoi giocare a *Indovina chi mente a se stessa*, allora giochiamo... io faccio la realista.»

Sapevo che mi sarebbe arrivata addosso una badilata di realismo, lo sapevo. Forse, inconsciamente ho telefonato a lei proprio per questo motivo. Devo accettare che la mia migliore amica mi voglia proteggere da una delusione statisticamente imminente e mi consigli di chiudere ermeticamente quella porta. Ma, sia lei che io, sappiamo già che non sarà così.

«Ieri sono andata via. Ho preso un taxi e dopo il "ciao" non mi sono nemmeno voltata. Ho fatto tutto questo mentre l'unica cosa che avrei voluto fare era abbracciarlo, baciarlo e...»

«Brava! Vuoi che ti dica questo? Brava! Lui ci è cascato ma io no. Cosa vuoi sentirti dire? Che ora sta parlando con la moglie e scaricando il pdf del contratto di divorzio?»

«Bea, smettila!»

«No, non la smetto. Il tuo gesto avrebbe avuto senso se tu oggi mi avessi chiamata dicendomi che hai chiuso una relazione potenzialmente nociva. Invece tu hai recitato la parte di quella che non accetta questa storia, e ora entrambe sappiamo che ci piangerai ogni giorno. Io mi rifiuto di vederti stare male adesso che ti meriti di essere viva, libera e sotto i riflettori.»

Bea ha sempre in mano quella cazzo di luce spot che illumina ogni verità sul palco. Lei sa perfettamente che ieri sera sono scappata fingendo di prendere in mano una situazione che in realtà non so davvero gestire.

Noi siamo così da sempre. Abbiamo la *poker face* finché l'altra non urla *all in* e viene a vedere il bluff.

«È in crisi con sua moglie? O il matrimonio procedeva liscio fino al tuo arrivo? Hanno figli? Mutuo? Cani, gatti? Lo sai tu? No, tu, Glo, non sai nulla...»

Se le dicessi che quello che so mi basta per sapere che arriverà, Bea butterebbe giù la cornetta.

«No, Bea, non lo so e al momento non m'interessa. Ho visto i suoi occhi e ho visto come si comporta quando è con me. Non ho *bisogno* di stare con lui, ho *voglia* di stare con lui...»

«Ma hai bisogno di sapere che lui vuole stare con te, e per farlo devi rimanere in attesa. È questo che mi fa incazzare. Saperti in attesa, passiva. No, cazzo, chiudi questa storia ora. Da domani lui non deve più esistere.»

«Metto il promemoria sull'iPhone, aspetta... Ore 8.00, dimenticarmi di Leonardo. Fatto! Sei più serena?»

Bea non ride e non risponde.

Mi sembra di giocare una partita a nascondino. E mi sembra di doverla chiudere il prima possibile. Non so bene chi sia il mio avversario, se Bea o Leonardo o me stessa, ma so che non ho intenzione di perdere. Non ora, non adesso, non oggi.

«Glo, ne ho viste mille nella tua situazione e novecentonovantanove hanno buttato via anni interi, precludendosi ogni nuovo incontro per rimanere in attesa di essere scelte. Tu non puoi essere scelta. Tu devi scegliere...»

«Scegliere di credere che arriverà non è prendere attivamente una decisione?»

«No, non lo è. È nascondere la frustrazione di essere impotenti e spalmarla sopra a tempistiche che non dipendono da te. Io ti conosco. Non sei in grado di concentrarti sul resto se ogni giorno rimani delusa dal non vederlo arrivare.»

Forse sto giocando contro Bea e le sue conclusioni affrettate.

«Io e te, Glo, siamo uguali... Non prendiamoci per il culo. Viviamo di pancia e ciò che non c'è, spesso eclissa tutto il resto. Ora non puoi permettere che accada questo. Devi pretendere di avere la mente libera... e anche il cuore.»

Resto zitta e Bea capisce di aver beccato il mio nascondiglio.

«Glo, ti ho creduta e ti ho presa sul serio quando mi hai detto che provavi sentimenti reali e forti per quest'uomo, ti ho sentita felice e carica e, senza conoscerlo, mi sentivo grata nei suoi confronti per far parte di questa tua nuova parentesi e assistere da vicino a questa tua nuova identità, ma sei sicura che arriverà? Ti prego, dimmi la verità, non quello che tu pensi possa essere vero...»

La vedo che mi ha beccata, ed entrambe iniziamo a correre.

«Bea, ascolta... Il mio progetto è in fase di lancio e io ce la sto mettendo tutta perché possa essere un successo. La mia famiglia, che in questi anni mi è mancata tantissimo, ora è al centro del mio mondo e la stringo più forte che mai. Mi stanno aiutando tutti a riconnettermi al passato e ci stanno riuscendo. Non sono sola, ho amiche vicine e lontane. Sono in forma, mi sento bene. Pensavo che Leonardo fosse la famosa ciliegina sulla torta. Okay, mi sono sbagliata, oggi non lo è, ma questo non farà differenza sul resto. Non questa volta.»

Le impedirò di fare "Tana Gloria".

«Certo che lo farà. La sta già facendo ma tu non puoi accorgertene subito. Passeranno i giorni e lui non arriverà e tu starai male chiedendoti perché. Questo rovinerà tutto l'entusiasmo che stai mettendo nel tuo progetto. Lo sai che sarà così. Gloria, scappa. Lui non arriverà.»

In un attimo vengo catapultata in un'altra dimensione. Bea non lo sa, e io non glielo dirò, ma ha appena aperto un varco spazio-temporale.

Mi sembra di essere accanto a mia nonna su quel ponte e di poterle parlare...

«Nonna, perché non vai a casa a riposarti? Il nonno non arriverà.»

«Lui arriverà...»

«E come fai a sapere che non ha scelto di non venire?»

«Perché lo so. Non posso spiegartelo a parole...»

«Provaci. Ho bisogno di sentirtelo dire. Ho bisogno di sapere se devo aspettare o devo smetterla di illudermi.»

«Non c'è bisogno che qualcuno te lo dica. Tu lo sai.»

«No, non lo so.»

«Scrivi la tua favola...»

«Lo sto facendo...»

«... Scrivi la tua favola...»

«Nonna, lo sto facendo...»

«... La tua favola... La tua. Solo tua...»

«Gloria! Ci sei?»

«Sì, certo.»

«Allora rispondimi!»

«A cosa?»

«Alla domanda che ti ho appena fatto!»

Non posso dirle che non ho sentito la domanda perché ero catapultata nel 1939 su un ponte, con mia nonna adolescente.

«Scusa, mi sono distratta. Cosa mi hai chiesto?»

«Ho detto... non pensi sia arrivato il momento di smetterla di credere alle favole?»

Sorrido, anche se lei non mi vede.

«No, altrimenti non avrei iniziato a scriverne una...»

Tana liberi tutti, me compresa.

Cinque parole

Fisso il soffitto della mia camera da letto come se stessi aspettando di vederlo cambiare colore.

Luglio in città. Non me lo ricordavo così interminabile.

Uma si avvicina e appoggia il muso sul materasso. Sembra mi stia dicendo: "Al posto di startene stesa qui, perché non vai a prepararmi una bella colazione?".

E ha ragione. Ma, come se potesse capirmi, la guardo e, accarezzandole le orecchie, l'unica frase che riesco a pronunciare è: «Ancora dieci minuti, poi mi alzo… giuro».

Il "giuro" alla fine della frase significa "sto mentendo".

L'aria fresca del condizionatore sembra riportare la temperatura indietro di una stagione; stringendomi al mio lenzuolo, allontano ancora di più l'idea di alzarmi.

La domenica è il giorno più amato e più temuto della settimana. La desidero e l'aspetto, finché non mi rendo conto che è il momento in cui tutto si ferma e anche quello in cui vado in tilt. Oggi, è la prima dopo tanto tempo in cui mi costringo a non fare nulla. Nell'agenda c'è scritto e sottolineato: *obbligata ad annoiarmi.*

Sto rispettando la mia *timeline* e sono a buon punto. Ho sacrificato tante domeniche per potermi permettere di tirare un respiro in questa ultima estate che precede il vero inizio.

Non voglio andare in studio a fare fotografie per lo shop online, non voglio rinchiudermi in cantina a selezionare capi, non voglio attaccarmi al computer per fare ricerche. Non voglio usare l'auto, non voglio uscire di casa. Oggi devo solo staccare da tutto ciò che faccio durante la settimana. Anche se il rischio più grande è quello di avere il tempo di pensare.

È passato più di un mese da quando Leonardo e io ci siamo separati e non passa giorno senza che un pensiero inciampi nel ricordare il nostro passato o nell'immaginare il futuro, e cioè le uniche due cose a cui non si dovrebbe pensare per vivere bene, stando alle sagge citazioni di Pinterest.

Anche se non mi capacito di non vederlo arrivare, mi convinco che l'attesa sia un passo obbligato verso la felicità, e così facendo la gestisco. Ma, come tutti sanno, accettare e gestire sono due cose ben diverse e quando non giocano la partita stando nella stessa squadra, diventa difficile vincere il campionato.

Mi ripeto che l'entusiasmo non deve essere intaccato da qualcuno che non c'è e cerco di difenderlo. Lo tengo stretto ogni volta che un'ombra nera cerca di rapirlo, ma oggi, con ventiquattr'ore di dolce far nulla all'orizzonte, anche la mia fermezza sembra aver preso il giorno off.

Neanche il tempo di pensarlo e, come da manuale, guardo il cuscino vuoto alla mia sinistra e immagino di vederlo sdraiato accanto a me. Il suo ologramma mi sorride e dice: «Stiamo a letto ancora dieci minuti... è domenica» prima di allungare il braccio, afferrarmi e tirarmi a sé. Faccio il possibile per rimuovere questa immagine dai pensieri ma è come se fosse imbullonata e io non ho la casetta degli attrezzi.

Mi sembra di sentire il suo profumo sulle lenzuola, anche se non lo hanno mai sfiorato. Lo vedo qui accanto a me.

«Come è possibile che io senta il tuo profumo... Tu non sei qui.»

«Certo che sono qui...»

«No, non ci sei.»

«E allora con chi stai parlando?»

«Bella domanda. Dovrò dare una risposta anche all'analista quando me lo chiederà.»

Riesco a essere ironica anche con un ologramma.

«Glo...»

«Che c'è?»

«Non smettere di credere che arriverò da te.»

«Perché non sei ancora arrivato? I giorni passano...»

«Perché voglio arrivare per rimanere.»

«Ti sto mettendo in bocca parole che mi aiutino a continuare a credere. Sono patetica.»

«No, non lo sei.»

«Sì, lo sono. Sparisci!»

«Non posso sparire. Non dipende da me.»

Giro per un attimo lo sguardo verso il soffitto e sono di nuovo da sola in quel letto troppo grande per un'oziosa domenica mattina.

«Oh, smettiamola con queste cazzate!» dico a me stessa ad alta voce, lanciando il cuscino per terra.

«Basta. Leonardo non c'è.»

Prima di alzarmi riattivo il telefono e vedo che su WhatsApp ci sono sessantatré notifiche.

Una è di mia mamma che mi chiede quali sono i piani della giornata, una di mia sorella che mi dice di telefonarle appena mi sveglio, le restanti provengono dalla chat delle mie amiche dell'Isola d'Elba e poi c'è un messaggio di Leonardo. Lo ha inviato pochi minuti fa.

Sei nei miei pensieri. Costantemente.

Se l'ologramma era qui con me, deve averlo inviato il Leo in carne e ossa, questo è certo.

Quanto è patetico e disperato il pensiero che mi abbia sentita? Che ci sia una connessione che va oltre lo spazio e il tempo?

Non credo alle coincidenze, non ci ho mai creduto e questa sua manifestazione non può essere casuale. Devo ammanettarmi le mani per non rispondergli: "Per quanto tempo ancora dobbiamo rimanere nei pensieri? Se quello che entrambi vogliamo scrivere è: sei qui. Cosa stiamo aspettando?".

Ecco cosa gli scriverei.

Lancio il telefono sul materasso, resterà un'insopportabile visualizzazione senza risposta. Devo pregare che oggi succeda qualcosa che strappi la mia attenzione da quelle cinque parole.

Dlin dlon.

Uma inizia ad abbaiare, io sobbalzo nel letto. Il mio campanello non suona la domenica mattina.

Non ho idea di chi possa essere. I vicini che chiedono lo zucchero? No, non conosco nessuno. I bambini che fanno gli scherzi? Non siamo più negli anni Novanta. Le mie amiche? Nessuna di loro si sveglia prima di mezzogiorno la domenica. E se fosse lui?

In ogni caso, devo andare ad aprire.

«Chi è?» dico con un tono distaccato ma sexy, non si sa mai.

«Sono Mattia...»

«Mattia chi?»

«Io, Mattia. Svegliati, dormigliona... Ti ho portato i biglietti da visita!»

«Oh, Mattia, ciao! Mi hai colta un po' di sorpresa. Oddio che bello!»

«Dài, muoviti!»

«Arrivo: mi vesto e scendo subito!»

I miei biglietti da visita: ecco le cinque parole che sostituiranno quelle precedenti.

Mattia è un amico d'infanzia. Ci conosciamo dalla prima elementare e abbiamo vissuto gli anni d'oro dell'adolescenza nella stessa compagnia, ma con due ruoli molto diversi. Lui, il figo che tutte volevano, io, la timida ragazzina in sovrappeso che voleva tutti ma non riusciva ad avere nessuno. In poche parole, l'esatto opposto. In ogni gruppo di amici c'è qualcuno che ha la fortuna e la sfortuna di impersonare questi ruoli e a San Leonardo è toccato a noi due.

Alle medie si fidanzò con la mia migliore amica e per me diventò intoccabile fino al viaggio della maturità in Sardegna, quando la loro relazione ormai era nel dimenticatoio e tra di noi, durante una serata a base di tanto alcol e pochi freni, cambiarono le dinamiche.

Mattia per me non ha una definizione. Non è un amico o una vecchia cotta. È una costante, un'àncora nel passato. Mattia è Mattia. Punto.

Indipendentemente da ciò che ci accadrà, lui rimarrà un importante pezzo di vita. Gli ho sempre voluto bene, anche quando la lontananza m'impediva di dirglielo. E sono sicura che lui provi per me la stessa identica cosa. In vent'anni ci siamo ignorati, ci siamo cercati, ci siamo trovati, ci siamo divertiti e ci siamo allontanati tante volte, eppure qualcosa mi dice che tra noi rimarrà per sempre la stessa complicità. Una complicità che non si spiega ma che resiste a tutto.

Esco di casa talmente in fretta che sto per dimenticare le chiavi.

Non chiamo nemmeno l'ascensore e faccio di corsa sei piani di scale, rischiando di cadere ripetute volte, perché non ho allacciato le mie All star bordeaux (in perfetta palette con il pigiama).

Aspetto questo momento da quando ho dato l'approvazione finale.

«Eccomi! Ciao, Mattia... Ma sei stato velocissimo! Credevo che andassero in stampa la settimana prossima! Ma poi, di domenica? Sei matto?»

«Hai visto? Sorpresa! Spero di non averti svegliata! Bel pigiama!»

«Che fai, sfotti?»

«Tranquilla, ti ho visto in condizioni peggiori!»

Eccolo lì il sorriso magnetico.

«Comunque non mi hai svegliata... Tu invece? Che ci fai da queste parti?»

«Sto andando a salutare mia nonna, ti ricordi che abita qui nel quartiere?»

«Certo che mi ricordo... Accanto alla casa della nonna di Ilenia. Perché pensi che andassi a giocare da lei alle elementari?» dico facendogli l'occhiolino.

«Forse perché c'era la possibilità che un figo si palesasse nel cortile per giocare a palla?» ammicca lui di rimando.

«Chiaro! Mi nascondevo dietro a Fonzies e Estathé ma ci vedevo già lungo, bello mio!»

«Io... io... non ti ho mai cagata!»

«Sì, me lo ricordo bene!»

Scoppiamo a ridere perché questi viaggi nel passato sono una cosa che ci accomuna da sempre.

«Però poi...»

«Sì, ricordo bene anche quello!»

Uno a uno. Occhiolino al centro.

«Comunque, tornando al presente, ieri hanno finito la stampa, sapevo quanto ci tenevi ad averli e ho pensato di portarti tutto!»

«Be', grazie. Mi hai svoltato la giornata... Aiuto, che curiosità! Sono emozionata!»

«Ho dato una sbirciatina, sai?»

«Ah sì? Quindi sei stato il primo a vederlo?»

«Sì, e uno l'ho già messo nel portafoglio. Te l'ho rubato!»

Con quel sorriso a cui si perdona tutto, Mattia mi allunga la scatola.

«Eccoli, tutti tuoi. Ti manderanno la fattura in settimana!»

«Certo! Grazie!»

Sorrido, mentre prendo in mano la responsabilità e l'eccitazione di questo nuovo punto di partenza.

Mattia asseconda il mio entusiasmo.

«Vai e distribuiscili al mondo...»

«Sarà fatto!»

Il tempo di aprire il portone e lui ha già acceso lo scooter. Un rumore che mi riporta indietro nel tempo, e mi fa sorridere.

«Cosa ridi?» dice mentre si dondola per scendere dal cavalletto.

«Ti andrebbe una birra *ai giardi* uno di questi giorni?»

«Tu che chiedi a me se mi va una birra? Ma ci conosciamo?»

«È un sì?»

«Chiaro che è un sì!»

Altre cinque parole che mi piacciono.

«Ciao, matto!»

«Ciao, Glo!»

Lancio le chiavi per terra, libero la tavola spostando tazze e tazzine nel lavabo, appoggio la scatola e, con la carica che si ha quando si deve scartare il primo regalo di Natale, la apro.

«È perfetto!» le mani mi tremano più della voce.

Tenere tra le dita il mio primo biglietto da visita è un traguardo che rende reale quello che fino a pochi mesi fa era solo un'idea. Lo guardo per minuti interi senza aggiungere una sola parola.

Io, un nome, un colore e il silenzio.

* * *

Quel giovedì pomeriggio di fine giugno il cielo era nuvoloso e il mio umore a terra.

Leonardo non abbandonava i miei pensieri e, anche se non volevo ammetterlo, ero triste. Passavano i giorni e di lui non avevo notizie. Cercavo di tenermi impegnata in tutti i modi e ci riuscivo. In brevissimo tempo, escludendo completamente anche il fattore *vita sociale* dall'equazione, i risultati si facevano sempre più concreti.

Approfittando di un momento libero di mio padre, gli chiesi di accompagnarmi in cantina.

Una settimana prima avevo finito di pulire e rimettere a nuovo il sottoscala della casa del nonno Attilio che, in pochi giorni, era passato dall'essere umido, buio e sporco, al diventare il mio primo studio. Piccolo, gestibile e soprattutto gratis.

Volevo cominciare cercando di risparmiare su ogni spesa. Boicottare un affitto e accontentarmi di quello che già avevo a disposizione mi era sembrata una bella mossa. Recuperare tutto ciò che sarebbe stato utile per arredare quello spazio era la seconda.

Nel retrobottega avevo trovato scaffali e carrelli, le loro condizioni erano ovviamente al limite dell'utilizzabile, ma erano comunque perfetti per il mio scopo: partire definitivamente.

In un anonimo pomeriggio di mezza estate, cercavo ciò che mi serviva e trovai molto di più.

Nel buio della cantina, sembrava che ogni cosa volesse mimetizzarsi per non farsi prendere. La polvere aveva opacizzato ogni oggetto. I cuscini, gli scatoloni, i libri, le bottiglie, gli attrezzi facevano parte di un puzzle perfetto e monocromatico. In quel caos d'annata, solo un colore sembrava ribellarsi al tempo.

«Papà... E quella cos'è?»

«È la prima scrivania del nonno Attilio.»

«La prima scrivania?»

«La primissima scrivania. Credo sia degli anni Cinquanta.»

«Ma... è gialla?»

«Originariamente non lo era. Sono stato io a dipingerla così negli anni Novanta.»

«Mi piace! È perfetta!»

«Perfetta per cosa?»

«Per lo studio. Mi serve una scrivania!»

«Ma Gloria... è piccola, barcollante, vecchia e malconcia...»

«E allora? È bellissima! Dobbiamo solo darle una bella lucidata!»

«Ma sei sicura?»

«Se regge tutta questa roba da mezzo secolo, riuscirà a reggere un computer portatile e una lampada, che dici?»

La scrivania era piena di oggetti. A stento si vedeva il ripiano. Giornali, forbici, pennarelli e scatole sembravano tentare di spegnere quel bel colore luminoso che faceva sfigurare il resto della cantina.

«Mi aiuti a spostare le cose che ci sono sopra?»

«La vuoi portare via ora?»

«Sì, certo, però prima portiamola fuori per guardarla alla luce...»

In mezzo al grigiore della cantina si era fatta notare e all'aperto si era aggiudicata la spunta blu di primo oggetto ufficialmente scelto.

Lo sguardo sognante di mio padre sembrava ricordare la prima pennellata.

«Perché hai scelto questo colore?»

«Non me lo ricordo, ma mi piaceva. Illuminava la stanza. Ora ti trovo anche la sedia.»

«C'è anche la sedia?»

«Ovvio. E ho dipinto anche quella.»

Più la guardavo, immaginando il nonno Attilio curvo su quella minuscola scrivania, intento a fare i suoi conti, e più volevo diventasse mia.

I cassetti si chiudevano a stento, forse perché con l'umidità della cantina il legno si era un po' gonfiato, e le maniglie erano opache. Sapevo che avrei dovuto darle una bella sistemata, ma era comunque perfetta.

Mio padre uscì dalla cantina con la sedia in mano e mi guardò con un sorriso indimenticabile.

«Eccola! Guarda che bello! Tutto giallo! Se la vuoi è tua!»

«Vediamo se è pure comoda...» ho detto sedendomi. E, appoggiando i gomiti sulla scrivania ho pensato ad alta voce: «Prima lui... Ora io. Prima il nonno Attilio... e adesso... io».

Mentre lo dicevo, era come se un'idea avesse preso in mano un microfono e avesse zittito tutti per fare un discorso.

«Papà!»

«Dimmi!»

«Hai mai fatto caso che nel nome del nonno c'è la parola *io*?»

«In che senso?»

«Attil… io!»

«E quindi?»

«E quindi credo di aver appena scelto il nome della mia attività!»

* * *

Eccole qui nelle mie mani.

Cinque parole.

Il nome della mia attività.

In auto in sei

Il tempo di rispondere al telefono e i miei piani per la "domenica della noia" sono andati in frantumi.

«Pronto!»

«Glo, ciao! Ho appena sentito una mia vecchia compagna dell'Università di Padova e mi ha chiesto di andare da lei per un aperitivo e due chiacchiere...»

«Ma dove? A Padova?»

«Sì, e mentre scorrevo la home di Facebook, ho visto che oggi lì c'è un bell'evento che potrebbe interessarti!»

«Ah sì? E sarebbe?»

«È un market vintage, sembra molto carino. Se vuoi andarci, giusto per iniziare a guardarti un po' intorno, facciamo il viaggio insieme. Che dici? Avevi impegni oggi?»

Anche se li avessi avuti, davanti a questa proposta e all'idea di farmi qualche ora in macchina con mia sorella, sarebbero comunque stati depennati.

«Non ho impegni e vengo molto volentieri!»

«Dài, bene... Così mi aggiorni anche su tutto il resto. Non abbiamo mai tempo di chiacchierare io e te.»

«Già... e questa cosa mi manca molto!»

«Lo so.»

Lo sa davvero.

Mia sorella è la persona più importante della mia vita.

So che suona agrodolce ma se mi chiedessero di chi non potrei fare a meno, mi puntassero una pistola alla tempia e mi costringessero a dire solo un nome, io direi la Tata. Per me, mia sorella non ha un nome. Non lo ha mai avuto e, ancora oggi, non riesco a pronunciarlo senza sentirmi un'idiota.

Tra di noi ci sono quattordici anni di differenza. Lei è una psicologa e psicanalista, laureata a pieni voti e con il dono del "non ti dico cosa fare, ma ti do il consiglio che ti ci farà arrivare da sola". Da sempre si occupa di me e dei miei casini. È la mia seconda mamma. È la mia migliore amica. È il mio pungiball.

«Il tempo di vestirmi, fare un giro con Uma, bere un altro caffè e sono pronta.»

«Bene. Ci vediamo giù in strada tra un'oretta, guido io.»

Sono agitata.

In auto siamo in sei, un passeggero in più del massimo consentito. Mia sorella è al volante e poi ci sono io, un nome, un colore, un'idea e un'intenzione. Nessuno ha voluto rinunciare a questa gita fuori porta e quindi partiamo e rischiamo di essere fermati dalla polizia.

«Non sapevo di questa fiera! Come l'hai trovata?»

«Stavo guardando se c'era qualcosa di interessante a Padova. Quest'anno vai, guardi e magari l'anno prossimo partecipi anche tu!»

«Già, magari! Mi piacerebbe tanto girare l'Italia con il mio piccolo stand!»

«Fallo!»

«Sì, lo farò… Un passo alla volta! E a proposito di passi: guarda qui!»

Lo tengo in mano da quando siamo partite e non sto aspettando altro che vedere la sua faccia davanti al mio progetto che piano piano prende forma.

«Attilio Vintage… Ci chiamiamo così!» le dico allungandole il biglietto da visita.

Il suo sguardo si accende, è rapita da quel quadratino giallo e sembra non voglia più guardare la strada.

«È bellissimo Glo, è bellissimo! Non potevi scegliere di meglio!»

«Ti piace?»

«Sono tanto, tanto fiera di te.»

«Davvero?» Glielo chiedo solo per sentirglielo ripetere.

«Sì. Sono anni che sogno di vederti impegnata in un progetto tutto tuo, senza essere l'ombra di nessuno e senza subire le conseguenze delle decisioni di chi ti sta accanto. Hai proprio bisogno di goderti questo momento da sola e vivere appieno ogni passaggio, senza distrazioni né storie da film!»

Okay, è arrivato il momento della verità.

«Sì, be', ecco… a proposito…»

Non la guardo, ma sento il peso del suo sguardo che cambia.

«No, me lo dici al ritorno. Se vuoi usare queste ore di viaggio per parlarmi dei tuoi progetti, sono tutta orecchie, ma se stai per dirmi che ti sei infilata in un'altra relazione ingestibile… metto Vasco a tutto volume fino al casello e ascolto solo lui.»

Il momento verità è rimandato.

«Giusto… Concentriamoci su una cosa sola e cioè: come posso sfruttare al meglio questo perfetto biglietto da visita?» dico sventolando il cartoncino giallo.

«In che senso?»

«Nel senso che, se non lo avessi avuto nel portafoglio, sarei andata al market da visitatrice e basta, ma dato che il tempismo è stato più puntuale di Amazon Prime, pensavo che sarebbe il caso di presentarmi ai vari standisti, no?»

«Certo. È un'ottima idea. Potresti proporti da stockista!»

Pausa. Credo che a mia sorella sia sfuggito un dettaglio.

«Come stockista? Non ho nessuna intenzione di fare da stockista!»

«Come no? Con tutto il magazzino che abbiamo, sai quante attività potresti rifornire? Se solo si spargesse la voce, in meno di due anni finiresti tutto...»

«E cosa ti fa pensare che io voglia liberarmi di tutto in breve tempo?»

«Non lo so, ma davo per scontato che fosse così... Non lo è?»

«Certo che no. La mia idea è di vendere, non svendere!»

«Scusa ma allora cosa vorresti dire agli standisti?»

«Non lo so, devo prepararmi il discorso ma avevo pensato di chiedere se fossero interessati a una collaborazione.»

«Collaborazione? E di che tipo?»

«Vorrei chiedergli di prendere in conto vendita dei capi Attilio Vintage e di creare un piccolo corner all'interno dei loro negozi o stand...»

«... Per?»

«Cosa vuol dire *per*? Per venderli, no?»

«Ma venderli non è quello che vuoi fare tu?»

«Sì, certo, ma io ora non sono nessuno, loro invece hanno già un giro e una clientela. Darebbero ai capi e al nome una vetrina che io oggi non posso ancora avere... non ho nemmeno aperto una pagina social!»

«E perché dovrebbero accettare?»

«Be'... perché sono originali, meravigliosi e non sono usati. In conto vendita significa che li trattengono per un periodo che sceglieremo insieme e se li vendono bene, se non li vendono me li restituiscono. Per loro non c'è rischio e per me c'è una potenziale vetrina in più. Qualcosa non ti torna?»

«Ho una domanda!»

«Dimmi!»

«Perché loro dovrebbero fare vetrina a te?»

«Fanno vetrina a un nome, un mondo e a una storia!»

«Che storia?»

«La nostra storia. La nostra. Ma ci sei?»

«Gloria, non vorrei toglierti l'entusiasmo ma... sei sicura che la nostra storia, quella della famiglia e della merceria, sia un elemento così rilevante per chi acquista? Mi spiego... Tutto il valore emotivo che tu associ a questa vendita, sei sicura che gli altri lo possano capire e soprattutto trasmettere?»

La conosco. Se me lo chiede significa che lei pensa che sia così. Questa è una di quelle domande scomode che danno il via a un lungo ragionamento.

«Tu pensi che io abbia attribuito al mio progetto un valore che non c'è, solo perché mi sono fatta trasportare dall'emotività?»

«Non ho detto questo, ma è interessante che tu ti sia posta questo quesito...»

«No. No. Non farlo, non psicanalizzarmi!»

Sorride ma non molla questo stimolante dibattito, mentre l'autostrada scorre fuori dal finestrino.

«Quello che mi sento di consigliarti ora è di andare al market, passare in ogni stand e goderti il momento. Guarda con occhi critici e fatti un'opinione di come possa essere il mondo in cui stai per entrare. Presentati se vuoi, ma a meno che tu non voglia proporre stock o grandi quantitativi di merce, non fare passi che non sei ancora in grado di gestire.»

Mi piacerebbe introdurmi alle realtà che già popolano il

market, e tramite questa offerta vorrei capire se il mio prodotto ha del potenziale. E chi meglio degli addetti ai lavori può darmi un'idea di cosa mi aspetta?

Certo, non posso chiederlo esplicitamente, ma posso provare a intavolare una chiacchierata che mi porti esattamente dove voglio arrivare. Odio espormi con il rischio di non essere all'altezza della situazione, e oggi, consapevole di questo mio limite, mi sto convincendo a farlo comunque. Voglio fare un passo in avanti. Un altro e subito.

«Ciao, piacere! Mi chiamo Gloria e ho appena iniziato a... No, così non va. Ricomincio. Ciao, piacere! Mi chiamo Gloria e ho da poco avviato un mio personale progetto di recupero. Anzi... Ciao, piacere! Sono Gloria di Attilio Vintage, un progetto di recupero nato da poco. Sareste interessati a conoscere la mia idea? *Mmm*... Può andare? Che dici?»

«Dico che ti conosco: o ti metti in testa che sono loro ad aver bisogno di te e del tuo prodotto e non tu ad aver bisogno di loro, oppure t'impappinerai con il primo a cui rivolgerai la parola e poi... non ci sarà un secondo.»

Il suo intento è quello di ridimensionare il mio entusiasmo che come sempre va oltre la razionalità, per evitarmi una delusione o l'insorgere di un dubbio che farà crollare tutto, ma in questo caso non ci è riuscita.

L'idea di entrare a far parte degli addetti ai lavori di questo mondo mi emoziona. L'energia di questi market si sente appena si entra dalla porta principale e io la conosco bene da cliente e visitatrice. Ora ho la possibilità di guardare tutto con altri occhi e non vedo l'ora di arrivare.

A parole è difficile spiegare quanto, nel momento in cui ci si trova lì, ci si senta al posto giusto.

Ogni venditore e ogni stand hanno un proprio stile, e quello che sto cercando di capire oggi è chi di loro possa fare al caso mio. Ho in mano una bella proposta e faranno a pugni per averla. Devo solo decidere da chi iniziare.

«Scusa, non ho capito. Mi stai dicendo che vorresti farmi da stockista?»

La ragazza continua a piegare i capi che sono stati appena provati da due donne e la sua risposta è secca e distaccata.

La mia presentazione è stata pessima. È successo esattamente quello che aveva predetto mia sorella.

«No, no. I capi li ho già recuperati, valutati e prezzati. Ma non avendo uno spazio fisico per esporli, ti chiedevo se saresti interessata a prenderne una piccola selezione in conto vendita.»

Cerco di rimanere calma e gentile, ma la freddezza con cui mi risponde mi sta mandando un po' in tilt. Ho il difetto di dare subito molta confidenza e pretenderne altrettanta, e continuo a dimenticarmi che la maggior parte delle persone non è come me.

«Io con il conto vendita ho sempre avuto troppi problemi. Gente che non paga, gente che non ritira...»

«Ah, be', io ho intenzione di fare le cose per bene, questo posso garantirtelo. Abbiamo un'attività di famiglia che va avanti da decenni e conosciamo le regole del commercio. Se vuoi posso...»

«Ascolta, io sto lavorando, però... Non è il momento. Lasciami il tuo biglietto da visita e ci sentiamo via mail, okay?»

Tiro fuori dal portafoglio il primo biglietto e quasi mi dispiace darglielo. Ho la sensazione che andrà dimenticato su un tavolo, se non peggio. Lo guardo mentre lo prende e immagino già il suo futuro: usato per una chewing gum sputata, appallottolato e lanciato nel primo cestino dell'indifferenziata.

«Eccolo, tieni. Ci sono tutti i miei contatti» dico, faticando a lasciarlo andare.

«Ti ringrazio… Allora… ci sentiamo.»

«Sì, ciao.»

Non sono partita alla grande. Non era questo il debutto che avrei voluto, ma questo non cambierà il mio umore. Avanti il prossimo.

«Interessante… E che brand hai?»

«Dipende dall'annata e dallo stile che ti piacerebbe inserire nel tuo shop. Per esempio, per quanto riguarda gli anni Ottanta ho dei capi della Incom, della Miroglio Tessile, della…»

«Non ho idea di che marche siano. Qualcosa di più noto?»

«Ho la Levi's…»

«Siamo pieni di Levi's. Altro?»

Devo stare calma. Ho già capito che anche in questo caso ho sbagliato situazione. Dovevo guardare lo stand con più attenzione e accorgermi che non c'è un solo capo "anonimo" nella sua proposta. Ma non mi voglio privare della possibilità di raccontare ciò che è nelle mie disponibilità.

«Potrei elencarteli tutti, ma se cerchi solo brand noti a livello mondiale ed europeo, non posso accontentarti. Se invece ti interessa il prodotto e non il nome, allora ho tantissime proposte. Mio nonno si forniva da ditte italiane, spesso aziende familiari note per la qualità del capo e dei servizi.»

«Posso farti una domanda?»

Vorrei dirgli di no, perché il suo atteggiamento non è dei più rassicuranti, ma opto per le buone maniere.

«Ma certo!»

«Tu da quanto tempo lavori nel vintage?»

«Oh, ecco… Io… Devo ancora iniziare, se proprio devo essere sincera, ma…»

«Perfetto, allora posso darti un consiglio?»

Sono venuta qui per ascoltare l'opinione degli addetti ai lavori e ora, anche se ho la sensazione di trovarmi sotto un albero durante un temporale con altissime probabilità di essere colpita da un fulmine, non posso tirarmi indietro.

«In questo mondo, ti vengono fatte richieste precise e spesso sono collegate allo stilista o alla casa di moda che li produce. Io ho lavorato per anni con il "no brand" ma per me è stata una perdita di tempo. Ora acquisto solo capi... significativi, capisci cosa intendo?»

Eccolo. Il fulmine travestito da consiglio sincero, che altro non vuol dire se non che i miei non lo sono.

«Immagino che tu mia stia dicendo che troverò difficoltà nel vendere il mio prodotto solo perché non è accompagnato da un nome...»

«Non voglio scoraggiarti, condivido solo quella che è la mia personale esperienza di più di dieci anni in questo settore. C'è venditore e venditore. Io ti ringrazio per la proposta, ma non torno indietro.»

«Capisco. Ho guardato i tuoi capi e sono splendidi, una selezione pazzesca. Non ho fatto caso nemmeno a un'etichetta perché non sono quel tipo di cliente. A me piace toccarli e guardare le forme, le cuciture, i colori. Ho immaginato di vedere i miei Made in Italy originali anni Settanta appesi assieme a loro e... Niente... Scusami se ti ho fatto perdere tempo!»

«Figurati, è stato comunque un piacere. Allora, buona fortuna per tutto!»

«Grazie. Buon lavoro... Ci si vede!»

Il collo mi fa già male. Camminare a testa bassa è un'eventualità che non avevo messo in programma. Due batoste. La prima non mi ha dato un minimo di credibilità, la seconda mi ha gentilmente buttato nella categoria *possibile flop* del settore.

Il cellulare nella borsa, nascosto da una grandinata di bigliettini gialli, suona.

Eccola. È mia sorella. L'ultima persona al mondo che vorrei sentire ora.

«Ehi, Glo, come sta andando?»

«Ciao, Tata. Bene, bene.»

«Perché non sento più il tono di voce che ho lasciato davanti all'ingresso? Che succede?»

«Oh... Scusami, ho una chiamata sotto, è Bea. Ci sentiamo dopo.»

Non ho nessuna chiamata ovviamente, ma non voglio parlarle.

«Sì, sì... Vai, vai. Chiamami dopo!»

«Certo, ciao!»

Accendo la sigaretta seduta sulle scale dell'entrata. Sono uscita a prendere aria e a pensare seriamente se fare la terza proposta o se arrendermi dopo la delusione delle prime due. Ma nessuno mi corre dietro e ho solo bisogno di tempo per ricaricare il mio entusiasmo.

Se solo il mio obiettivo fosse stato quello di svendere il magazzino agli addetti ai lavori, avrei già l'agenda piena di appuntamenti. Quando ho deciso di buttarmi in questa impresa tutti hanno pensato che avrei fatto proprio questo. E forse per un attimo l'idea mi è frullata in testa, ma è svanita con una rapidità da non lasciare nemmeno il segno.

Cosa farebbe mio nonno?

Questa è la domanda che precede ogni mia decisione.

Negli anni Ottanta cominciarono a presentarsi in negozio i primi stockisti e lui li cacciò uno a uno. Leggenda narra che i suoi modi non fossero per niente delicati. La loro richiesta era vista come una mancanza di rispetto nei confronti di quegli abiti a cui aveva dedicato attenzione e amore. L'idea di sbarazzarsene a poche lire, per poi vederli buttati su banchi di mercati o rivenduti dentro buste senza anima e senza un reale apprezzamento, lo devastava. Fare spazio al nuovo svendendo il vecchio non era un'opzione. Trovare un archivio per il vecchio, sì.

Oggi quell'archivio è nelle mie mani e gestirlo è il mio obiettivo. La soddisfazione non arriverà certo dallo sbarazzarmene, questo è garantito. Devo provare a venderli come li venderebbe lui e come mio padre ha fatto negli ultimi cinquant'anni. Se questo non avverrà oggi, avverrà domani. Non ho fretta.

Spengo la sigaretta, mi alzo dalle scale e ritento.

«Abbiamo i magazzini pieni, non ci serve altra roba, a meno che tu non voglia dare via tutto in stock, allora se ne può parlare...»

Ho davanti la faccia di mia sorella che sapeva già come sarebbe andata a finire.

«Non era quella la mia intenzione, ho creato un nome e un'immagine a questi capi. Venderli in stock significherebbe boicottare il mio lavoro.»

«E quindi cosa mi stai chiedendo?»

«Se siete interessati a creare un piccolo corner all'interno della vostra attività che abbia come protagonisti i capi Attilio Vintage. Una quindicina di capi. Il ricarico lo scegli tu, io ti faccio la mia proposta base.»

«Sì ma... Il nome sparirebbe e ci attaccherei la mia etichetta, vero?»

«No. L'etichetta rimane. Sarai tu, nel momento della vendita a raccontarli e a dire che provengono da una attività storica di Parma e che non sono mai stati comprati...»

«Quindi promuoverei la tua attività?»

«Avresti in catalogo capi pazzeschi che provengono da un recupero ben preciso. Non promuoveresti l'attività, promuoveresti il nome e la storia che c'è dietro.»

«Sì, ma questo credo sia abbastanza irrilevante per chi acquista, o per lo meno per chi acquista da me. Dovresti farlo tu e dovresti essere tu a raccontare la tua storia.»

«È quello che farò, ma ora ho bisogno d'iniziare. Sacrificare qualche pezzo per darlo a voi che già avete un pubblico mi sembrava una buona idea. Io vi darei capi unici, senza doppioni. Non potremmo farci concorrenza né sul prezzo né sulla vendita. I capi che hai tu di Attilio non li ho io. Capisci?»

Mi sento studiata come se stesse cercando di trovare la fregatura dietro la mia proposta. Non mi fa domande e non reagisce. In un attimo ripenso all'ultima cosa che mi ha detto mia sorella in auto: «O ti metti in testa che sono loro ad aver bisogno di te e del tuo prodotto e non tu ad aver bisogno di loro, oppure...».

È chiaro che tornerò a casa solo con qualche biglietto da visita in meno, quindi la chiusura la voglio fare io, sacrificandone un altro, l'ultimo.

«Tieni, questi sono i miei contatti. Non devi decidere ora. Intanto ti ringrazio anche solo per aver ascoltato la proposta e continuo il mio giro. Buon lavoro.»

Si conclude qui il "tour del non mi interessa". Non servono altre tappe, mi bastano queste per capire che non c'è nessuna possibilità che la mia idea possa essere messa in pratica.

Forse è meglio così, forse doveva andare così. Con tutti i NO che ho ricevuto, creerò un SÌ. Lo farò da sola, con i miei mezzi e con i miei tempi.

Penso a mio padre e sembra che si materializzi davanti ai miei occhi una delle frasi che mi sento ripetere da quando sono piccola.

C'è un tempo per seminare e uno per raccogliere. Devi avere l'intelligenza di distinguerli e il tempismo per gestirli.

Oggi sono arrivata qui pronta a raccogliere i frutti di un lavoro che non ho nemmeno iniziato. Non avevo capito nulla. L'entusiasmo e la sicurezza mi hanno fatto lo sgambetto.

Ora devo guardare mia sorella negli occhi e dirle: avevi ragione. Sono anni che lo faccio, sono capace, ma è sempre una gran fatica. Mi aspettano due ore di viaggio dove gli argomenti che vorrei evitare sono gli unici che ho: un fiasco di giornata e un fiasco d'ipotetica relazione.

Mi accendo un'altra sigaretta seduta sui gradini e aspetto che lei mi venga a prendere.

In auto saremo in sei, un passeggero in più del massimo consentito. Mia sorella sarà al volante e poi ci sarò io, un *te l'avevo detto*, una confessione, un'idea boicottata e una nuova intenzione.

Rebus

«Quanto è buono. Avevo proprio voglia di un bel bicchiere di vino!» dico sorseggiando un calice di Prosecco sotto il portico. «Non credevo nemmeno che sarei venuta oggi. A dirla tutta, volevo andare a Gardaland.»

«A Gardaland? Ma quanti anni hai?»

«È uno dei miei posti preferiti. Rigorosamente da sola, ci vado una volta l'anno.»

«È l'ultimo posto al mondo dove andrei da sola.»

«E sbagli, Anna. Prima di tutto se sei da sola hai totale potere decisionale, e in un parco divertimenti non mi sembra poco. Puoi fare e rifare la stessa giostra dieci volte o puoi rimanere su una panchina del Far West a guardare la gente che passa. Mi è capitato anche di andarci solo per mangiare un hamburger nel chiosco del Blue Tornado, giuro. Io adoro Gardaland.»

«Tu mi vuoi far credere che ti sei fatta tutti quei chilometri e hai pagato il biglietto d'ingresso… per un hamburger?»

«Ma non era l'hamburger. Era quell'hamburger a quel chiosco, o forse avevo bisogno di congelare il tempo… Lì ci si riesce. I pensieri non entrano in un posto del genere.»

«Tu sei matta. Se vuoi congelare il tempo, cosa c'è di meglio di una bella gita in un bosco, o in riva al mare, o nel silenzio di una collina?»

«… Le montagne russe. Ecco cosa.»

Anna mi sorride. Sembra essere felice che abbia rinunciato al mondo di Prezzemolo per stare in sua compagnia, ma non lo dice e continua a mangiare i salatini che accompagnano il nostro aperitivo improvvisato.

«Sono vari fine settimana che non ti fai vedere… Stavo iniziando a preoccuparmi. Ero a un passo dal chiamare tuo padre per sapere se ti fossi persa nelle cantine del negozio!»

«Lo so. Avrei voluto ritagliarmi del tempo per venire qui, ma in questi mesi sono successe un po' di cose e gestirle tutte sta diventando più complicato del previsto…»

Anna intuisce dal mio tono di voce che qualcosa ha smorzato il mio entusiasmo.

«Hai l'energia che tocca terra… Va tutto bene?»

Tengo lo sguardo basso. Sembra proprio che io stia guardando l'energia spiattellata sotto la suola delle mie All Star.

Cosa faccio? Mento, ometto o le dico la verità?

L'uomo di cui mi sono innamorata è sparito con in tasca una promessa, il mondo di cui voglio far parte mi ha rigettato al primo approccio come un bicchiere di tequila di troppo e, come se non bastasse, non ho più vita sociale.

«Va tutto bene… se decido di non farmi abbattere dai piccoli fuori programma.»

«Parli del lavoro?»

«Anche…»

«Anche… quindi qualcosa non va in campo sentimentale?» mi chiede quasi sussurrando, come se sapesse che, essendo un argomento molto intimo, deve essere accarezzato con delicatezza.

«Quello è un file della cartella *Stand by*» dico mentre mi verso il secondo calice e mi accendo una sigaretta.

«Non sapevo avessi qualcuno. Poco tempo fa mi sono permessa di chiederlo a Otello e lui mi ha detto che sei sola al momento. Immagino che non sia aggiornato… come tutti i padri d'altronde!»

«Con lui condivido tutto, ma dopo la fine della storia con Tommaso ho cercato di non coinvolgerlo nelle mie relazioni di passaggio. E questa… be', non è nemmeno una relazione. Non so neanche io cosa sia…»

«Non dobbiamo parlarne se non ti va.»

E infatti non mi va. Non saprei che dire e non saprei neppure come affrontare l'argomento "relazioni" con lei che sembra avere un punto di vista totalmente diverso dal mio e che si trova nella posizione opposta.

Io sono innamorata di un uomo che non c'è, che non c'è mai stato e che desidero accanto a me ogni minuto della giornata. Lei è sposata con un uomo con il quale condivide solo il cinquanta per cento della settimana. È evidente che siamo su due pianeti diversi.

Mi sembra di assistere al classico detto "Chi ha i denti non ha il pane e chi ha il pane non ha i denti".

«Posso farti una domanda, Anna?» dico d'istinto, provando a spostare la luce a spot lontano da me. «Sei in crisi con tuo marito?»

«Wow, tu sì che ci vai morbida!» risponde afferrando il suo calice.

Effettivamente ho fatto l'esatto opposto di quello che ha fatto lei. La mia domanda non è delicata, non ho abbassato il tono della voce e sono stata alquanto diretta.

«Non dobbiamo parlarne se non ti va…» Le restituisco la dovuta puntualizzazione, mentendo per educazione, ma è chiaro che ne voglio parlare.

«Ti sembra così strano che una donna si sposi e poi stia da sola quattro giorni a settimana?»

«Ehm... Lo voglio finché weekend non ci separi? Diciamo che è inusuale...»

La risata di Anna copre delle microespressioni che però a me non sfuggono. Dopotutto, sono fan di *Lie to me*.

La mia attuale situazione personale non mi aiuta a mantenere un atteggiamento distaccato e imparziale, ma provo a non ricadere nell'errore del giudizio.

Ricordo quando Tommaso e io cominciavamo a elencare tutte le stranezze delle coppie che avevamo intorno. Alcune ci sembravano assurde, altre completamente impari. Alcune ci facevano tristezza e altre erano talmente perfette da sembrarci finte. In casa, nella nostra bella casa, davanti a un bicchiere di vino e un piatto di certezze, giudicavamo, senza cattiveria alcuna, i rapporti di coppia degli amici.

Quale coppia non lo fa?

A volte, parlare degli altri serve per intavolare considerazioni su noi stessi. A volte lo si fa solo per vedere la reazione del compagno in merito a determinati discorsi e, molto più spesso di quanto si pensi, lo si fa per autocelebrare la propria di coppia.

C'è stato un tempo in cui io e Tommaso ci sentivamo intoccabili. Non era presunzione né arroganza. Eravamo solo consapevoli di essere protagonisti di una relazione invidiabile sotto mille punti di vista, i più naturali. Eravamo belli, belli come il sole. Eravamo magnetici, ipnotici. Eravamo complici e questo si capiva.

Quando eravamo insieme agli amici, ci prendevamo in giro l'un l'altra per i nostri gusti opposti su tutto e scherzavamo sulla differenza di età e di carattere. Io, amante di baci e abbracci me li prendevo e lui, riservato e impenetrabile, me li lasciava rubare brontolando. Era un siparietto naturale, inevitabile e piacevole.

Ognuno di noi aveva un ruolo che funzionava solo se accanto c'era l'altro. Non c'era possibilità alcuna che io avessi occhi per qualcuno che non fosse lui e viceversa. Quando si sta bene, ci si sente inattaccabili e noi eravamo convinti di esserlo. Avevamo dubbi su miliardi di cose, ma non su di noi.

Se Anna ha paura di un mio giudizio, non deve temere. Criticare le altre coppie o giudicarne gli equilibri? No, grazie. L'ho fatto dall'alto del mio piedistallo a forma di cuore, e qual è stata la conclusione? Sono ancora tutte in piedi tranne la mia.

«Ho imparato, tranquilla. Non giudico. Però la tua situazione m'incuriosisce, non posso nasconderlo.»

Anna in realtà sembra non temere le mie domande e continua ad avere un atteggiamento sereno.

«Posso chiederti una cosa?» mi dice.

«Certo!»

«Hai mai amato due persone contemporaneamente?»

Oddio, Bea aveva ragione. C'è un amante. Non vedo l'ora di dirglielo. Forse sono una coppia aperta. Sento già partire la sigla di Beautiful *nella mia testa.*

«Perché ho il sospetto che ci sia un tranello in questa domanda?» chiedo, mentre Anna sembra avere il classico sorriso di chi sta per impartire una lezione di vita gratuita.

«Nessun tranello, rispondimi senza pensarci troppo...!»

«*Mmm*... Allora... No, mai. Credo di aver amato una sola volta nella mia vita. Tommaso.»

«Io invece sì. Amo contemporaneamente due persone e non rinuncio a nessuna delle due. Amo mio marito e allo stesso tempo amo un'altra persona, tanto da non poterla mettere al secondo posto. A entrambi ho promesso fedeltà e serenità. Non ho intenzione di rinunciare alla felicità e alla libertà di nessuno dei due. E ho anche promesso che avrei fatto di tutto per difendere i loro spazi... Mio marito lo sa, lo ha sempre saputo e lo ha sempre accettato. Ti dirò di più, mi ha aiutata a trovare questo equilibrio e beneficia della mia decisione...»

Rimango un attimo in silenzio e blocco l'impulso di dire la prima cosa che mi viene in mente, cioè che mi sembra di leggere l'etichetta di questo discorso e di vederci la scadenza più breve di una bottiglia di latte fresco.

La guardo rapita dalla naturalezza con cui difende questa situazione e non riesco a non esserne incuriosita. Dove vuole arrivare?

Anna interrompe i miei vagheggiamenti aggiungendo: «Ora te lo chiedo di nuovo, hai mai amato due persone contemporaneamente? Rifletti prima di rispondermi...».

Equilibrio, libertà, fedeltà, necessità di spazio per entrambi. Abbandono totalmente la prima ipotesi, faccio velocemente uno più uno e le sorrido. Credo di aver capito.

«L'altra persona... sei tu, vero, Anna?»

«Sì, Gloria, sono io. Può sembrare un discorso estremamente egoista ma ti posso assicurare che ho fatto un lungo percorso prima di concedermi il lusso di capire che o si amano due persone contemporaneamente o non si ama affatto. Non voglio fare filosofia spiccia. Sto solo rispondendo alla tua domanda. Mi hai chiesto se sono in crisi con mio marito perché mi sono ritagliata un piccolo mondo di cui lui non fa parte... La risposta è no.»

Anna sta mettendo in pratica il "se non ami te stessa, non puoi amare nessun altro" o sta solo scappando da una condivisione che non funziona? Indipendentemente da tutto, sembra stia funzionando per lei.

Comincio a sentire emozioni contrastanti, ma non la interrompo perché mi sembra che abbia più bisogno lei di parlare che io di ascoltare.

«A me fa bene stare qui. E poi vuoi sapere una cosa? Tornare a casa da lui la domenica sera è una delle sensazioni più belle di tutta la settimana. Io amo la collina, lui adora la città. Io amo il silenzio, lui si rilassa con i rumori della strada. Io leggo tanti libri, continuamente. Lui ascolta il rock al massimo del volume appena ne ha l'occasione. Entrambi non ci permettiamo di chiedere all'altro di rinunciare a qualcosa, qualsiasi cosa, anche quelle che possono sembrare delle cazzate. Questo è il nostro equilibrio.»

«E tutto questo non vi allontana?»

«Lui è un uomo realizzato e io sono una donna che sta bene con se stessa. Questo è un buon matrimonio. Entrambi siamo felici, con e senza l'altro. Per stare in piedi, lui non si appoggia a me e io non mi appoggio a lui. Camminiamo insieme ma indipendenti.»

Anna mi guarda e mi sorride, ma io non riesco a ricambiarla. Non ha risposto alla mia domanda, e lei sa perfettamente che io lo so.

Il mio sguardo, fisso sul bicchiere, è lo stesso che di solito ho davanti ai rebus della *Settimana Enigmistica* che, anche impegnandomi per ore, non riesco a risolvere senza barare buttando un occhio nell'ultima pagina. Ma come sappiamo tutti, per avere la risposta si deve attendere la settimana successiva.

Ecco, Anna in questo momento mi sembra questo. Significati nascosti dietro a immagini che capisce solo chi le disegna.

«Non ci credi, vero? Non credi che questa soluzione giovi a un sano matrimonio.»

Fino a ora ho provato a contenermi, ma Anna ha detto una cosa che non mi permette più di trattenermi.

«Anna, con tutto il rispetto, zero giudizio e sottolineando

che non sono io la psicologa della famiglia, credo che tu ti sia appena ingannata usando la parola "soluzione". Scusami se insisto, ma quel termine è associato solo alla parola "problema". Quindi, mi permetto di farti una domanda dopo questa tua confidenza. Soluzione a cosa?»

Anna appoggia il bicchiere e il sorriso sul tavolo, ruba una sigaretta dal mio pacchetto e l'accende. Non dice nulla e continua a fissare il paesaggio che fa capolino tra i pini del giardino. Non riesco a capire se sta pensando che mi sia spinta troppo oltre, se sta contemplando il panorama, o se si sta rendendo conto che nel suo matrimonio manca qualcosa.

Taglio il silenzio con la lama più affilata che conosco, la verità.

«Okay, tocca a me. C'è un uomo. Lui non è libero e io mi sforzo per non rimanere in attesa, ma non ci riesco. Gli ho creduto quando mi ha detto che sarebbe arrivato e ora ne pago le conseguenze, ogni giorno.»

Anna non trova più così interessante il paesaggio e si gira di scatto verso di me.

«Non è libero di amarti?»

«Esatto. Non è libero.»

«Ha una relazione quindi.»

«Esatto.»

«Avere una relazione non significa non essere liberi, sai, Gloria? Lui è libero di scegliere e se non lo ha ancora fatto, significa che non lo ha voluto fare.»

Il tono di voce di Anna è asettico, incolore e sterile. Mi sta dicendo: se vedi questo, significa che è questo. Un'idea molto pragmatica che cancella ogni utopica attesa.

Mi sembra sempre poco rispettoso parlare di situazioni personali con chi è dall'altra parte del tavolo. Anna è una moglie e io sono ciò che una moglie teme. Riusciremo entrambe ad avere una conversazione oggettiva senza difendere con i denti la nostra posizione?

«Il suo matrimonio era già barcollante quando l'ho conosciuto, dando per buono che sia vero ciò che mi ha detto…»

«Diamolo per buono. Anche se è difficile crederlo.»

«Non ha mai indossato la fede… O per lo meno, io non gliel'ho mai vista al dito.»

«Neanche io, guarda!» dice muovendo l'anulare della mano che regge il bicchiere di Prosecco. «Mai indossata, l'ho sempre tenuta al collo.» Mentre appoggia il calice, sfila dalla camicetta chiusa fino all'ultimo bottone una catenina in oro bianco.

«Cos'è questa mania del cambio d'uso? Se voi sposati la smetteste di escogitare nuovi modi per indossare la fede nuziale, noi single ve ne saremmo grati. Mi sarebbe bastata vederla per evitare tutto questo…»

«Tu credi?»

«No, ma sicuramente l'avrei affrontata diversamente.»

«Tu credi?»

«No, ma avrei avuto aspettative diverse.»

«Cosa succederà ora?»

«Non ne ho idea. Credevo che sarebbe arrivato da me subito, che non sarebbe passata nemmeno una settimana da quando ci siamo salutati. Credevo che non esistesse l'opzione della lontananza. E invece i giorni di silenzio si stanno accumulando e di lui non ho più avuto notizie. I messaggi in cui continua a ribadire che sono al centro dei suoi pensieri non mi bastano, non m'interessano. Perché non arriva?»

«Te lo dico io. Perché lasciare la propria comfort zone non è sempre così semplice e immediato, perché a volte il coraggio non c'è e non lo si può inventare…»

«Gli ho creduto. Ho creduto alla sua promessa…»

«La famosa promessa… Chi non è passato da quella promessa?»

«Solo parole, vero?»

«Gloria, se non è ancora arrivato significa che qualcosa di più grande lo sta trattenendo. E non cominciare a chiederti cosa sia. Se l'amore per la sua compagna, i sensi di colpa, le convenzioni sociali, un anello al dito che pesa come un macigno. La risposta non ti arriverà e tu, bella, intelligente e intraprendente come sei, non puoi metterti in discussione o in competizione con tutto questo… Non si può sprecare il proprio tempo nelle attese…» Anna fa l'ultimo tiro di sigaretta e spegnendola aggiunge: «Io non mi perdonerò mai di essere stata l'attesa di qualcuno».

Non c'è niente da fare. Ognuno di noi si è trovato a recitare tutti i ruoli della sceneggiatura più banale del mondo. Tutti siamo stati amanti, cornuti e traditori. Siamo stati illusi e abbiamo illuso. Abbiamo scelto l'istinto e ci siamo fatti bloccare dalla paura. Tutti.

E forse questo ci fa entrare in empatia, e il confronto non è poi così pesante da reggere. Io e Anna stiamo alzando dei massi e ce ne rendiamo conto, li stiamo portando in salita, però lo stiamo facendo a quattro mani e la fatica c'è, ma è gestibile.

«Tu, l'attesa? Quindi tu eri colei che doveva decidere…»

«Questo è il mio secondo matrimonio. Il primo è finito quando ho incontrato l'amore della mia vita. Nel momento in cui l'ho guardato negli occhi ho visto il mio futuro. Consapevole di questo, sono comunque andata avanti due anni, accanto all'uomo che fino a poco tempo prima mi sembrava giusto, ma non lo era più.»

Anna ha gli occhi lucidi e l'emotività sta colorando il tono della sua voce che ora è tutt'altro che sterile.

«Due anni? Ma come è possibile…»

«Sì, ho buttato via due anni e, promettendo che sarei arrivata, ho fatto sì che anche lui li buttasse via. Non passa giorno in cui non mi colpevolizzi per averlo fatto.»

«Ma poi hai scelto, giusto? Sei andata a prenderti il tuo grande amore. Oggi siete insieme e siete felici, tu e... Non ti ho mai chiesto come si chiama.»

Con il tono di voce più tenero che le abbia mai sentito mi dice: «Gabriele... il mio vero amore si chiama Gabriele».

«Tu e Gabriele state vivendo la vostra storia...»

Anna non ha più gli occhi lucidi. Sembra quasi che quel nome pronunciato ad alta voce abbia assorbito le sue lacrime e incanalato tutte le sue emozioni.

«Hai avuto il tuo lieto fine, no?»

«Ti va se apriamo un'altra bottiglia di Prosecco?»

Sorrido e accetto, ovviamente. Lei si alza e va a recuperare la benzina per i grandi discorsi. Anna sembra voler mettere tutto in pausa e non capisco il perché.

«Il mio è un bel matrimonio, sai, Gloria?» esordisce così, riempiendo più del dovuto il primo bicchiere della seconda bottiglia. «Io e mio marito ci siamo conosciuti a Forte dei Marmi una domenica di settembre. Pioveva ed entrambi abbiamo pensato di ripararci sotto la stessa tettoia. Sembrava la scena di un film. Ci siamo guardati e abbiamo sorriso...»

«Meraviglioso...»

«Ironico. Abbiamo colto tutte le simbologie di quell'incontro durante un aperitivo improvvisato la stessa sera...»

«Di che simbologie parli?»

«Venivamo entrambi da una situazione turbolenta e nessuno dei due aveva ancora affrontato la propria. Ci è sembrato un bel messaggio da cogliere. Il destino ci ha fatti incontrare per farci capire che non sarebbe piovuto per sempre e nel frattempo avremmo potuto affrontare la tempesta insieme...»

Anna deve avere una cicatrice che prova a nascondere ma il silenzio che precede le sue risposte involontariamente la rivela.

«Non potrei immaginare la mia vita senza mio marito. E anche se non condividiamo tutto, condividiamo molto più di quello che sembra.»

«Guarda che io prima non volevo giudicare...»

«Ma lo hai fatto. E va bene così...»

«Non riesco a concepire questa separazione forzata della settimana. Per me sarebbe impensabile.»

«Con chi? Con l'uomo che stai aspettando?»

«Già, brava. Riportami alla realtà, così non devo nemmeno pormi il problema.»

«Gloria... devi vivere la tua vita come se sapessi che lui non arriverà mai. Non buttare via nemmeno un giorno nell'attesa di qualcuno che si sveglia ogni mattina decidendo di non arrivare da te.»

«Facile a dirsi, vero? Se esistesse un tasto che spegne la speranza lo avrei già premuto, non credi? E poi dici questo a me? Non mi hai appena detto che anche tu sei stata nella sua situazione? Dovresti essere la prima a capire la sua posizione e a rassicurarmi su quanto il tempo non dovrebbe contare se alla fine l'amore vince.»

«L'amore non vince sempre, Gloria. A volte ci sono altri elementi che hanno la meglio ed è indispensabile accettarlo per andare avanti.»

Il tempo scorre in sottofondo ai nostri discorsi mentre beviamo e ci accendiamo la millesima sigaretta.

Sono io a riprendere la parola.

«Parlami di lui...»

«Di chi?»

«Di tuo marito.»

«Direi che non posso lamentarmi.»

«Be', è già qualcosa...» replico con un sorriso, ma trovo che sia una risposta molto triste.

«È un bravo ragazzo, di quelli con la testa a posto. È bello, è dolce e premuroso. È molto razionale e pragmatico. È intraprendente. Siamo sereni e ci amiamo.»

«E non hai paura che stando lontani... qualcosa si spenga?»

«Entrambi riusciamo a mantenere il nostro rapporto vivo quando siamo insieme. Io con lui sono tranquilla. Sono... sì, serena.»

«E questa ti sembra una risposta esaustiva?»

«Al momento sì...»

Comincio a pensare che questa serenità, che tutti vogliono ostentare e alla quale tutti si aggrappano per poter considerare il rapporto sano, sia sopravvalutata. Non sento entusiasmo. Non sento trasporto e mi chiedo perché.

«Anna, sai cosa rispondeva sempre Tommaso quando gli facevo la domanda idiota di tutte le donne insicure che hanno bisogno di conferme?»

«La domanda immagino che sia: perché stai con me?»

«Esatto. Mi rispondeva: "Perché sei brava e perché mi fai stare bene, mi fai stare tranquillo". E io ci ridevo su, ma sai quanto mi faceva male non sentirmi rispondere "Perché ti amo e so che non potrei fare altrimenti"?»

«Questa è la risposta che avresti dato tu, vero?»

«Io non mi chiedevo cosa fosse a tenere vivo il mio amore, non c'era bisogno, perché ogni mattina mi svegliavo sapendo di voler essere al fianco dell'uomo che mi dormiva accanto.»

«Magari era così anche per lui, e come hai detto tu non c'era bisogno di dirlo.»

«Sì, può essere. Ma quella risposta l'ho sempre odiata. È bravo un cane che ti dà la zampa, ti fa stare bene un viaggio alle Maldive... Io volevo di più in quella risposta. È vero che non ci si deve aspettare che gli altri agiscano come agiresti tu ma metterlo in pratica è una delle cose più difficili al mondo. È anche vero che... capito questo si va avanti.»

«Gliel'hai mai detto?»

«Cosa?»

«"Ti amo."»

«No. Mai.»

«Perché?»

«Vuoi la verità?»

«Se non ti fa troppo male dirla ad alta voce, sì.»

«Sì, fa male. Ma la dico ugualmente... Perché temevo di non sentirmi rispondere "Anche io" e questo mi avrebbe uccisa. Lo so, è estremamente patetico. Ma è così.»

Quante volte quelle due parole sono state pronte a uscire dalle mie labbra. Così tante che se si materializzassero davanti ai miei occhi, non vedrei più l'orizzonte. Dieci anni di "ti amo" non detti sono tanti, ma io glielo dimostravo con ogni gesto, ogni premura, ogni carezza. E lui lo sapeva.

«Un giorno gli dissi "sei la mia vita". Lui, abbracciandomi, mi rispose "lo so"... Quella risposta e il suo tono di voce mi fecero capire quanto eravamo ormai lontani. Senza che me ne accorgessi aveva cambiato direzione. Lo vedevo di spalle, andare avanti lasciandosi indietro quel gigantesco NOI costruito passo dopo passo ... E infatti, di lì a poco finì tutto... E sai cosa mi ricordo?»

«Cosa?»

«Quanto io fossi serena in quel periodo.»

Bagno la mia voce strozzata con un goccio di Prosecco. Ancora oggi, più di un anno dopo, la ferita brucia, sento l'aria congelarsi attorno a me, e quel "lo so" riecheggia a un volume assordante.

«Comunque, è passato...» e giù un altro sorso.

«Chissà, un giorno magari glielo dirai.»

«A Tommaso? No, non credo.»

«Non puoi saperlo... Un giorno potreste incontrarvi per caso, decidere di bere un caffè insieme e dalla tua bocca potrebbe uscire il "Ti ho amato" più grande di sempre.»

Potrebbe.

Stiamo ammucchiando un miscuglio di argomenti e di situazioni. Momenti, ricordi ed esperienze che stanno prendendo l'odore dei mozziconi spenti.

Faccio un balzo nel presente, penso a Leonardo, e non ho idea in quale contesto inserirlo. Come diceva Bea, io non conosco nulla della sua vita matrimoniale. Anche sua moglie si sentirà serena accanto a lui? O la loro è una convivenza col timer inserito? Era davvero in crisi prima di incontrarmi o mi ha solo detto una marea di cazzate?

Rimango in silenzio e mi estraneo per qualche secondo, solo per pormi le solite cento domande senza risposta.

«A cosa stai pensando?»

«Sto facendo esattamente quello che tu mi hai detto di non fare e cioè entrare in un vortice di domande senza risposta.»

«Sai, il giorno in cui ho conosciuto Gabriele ho capito che il colpo di fulmine esiste. Lo si sente e non lo si può spiegare. Non esiste contesto o momento. Accade e basta.»

«E tu e Gabriele vi siete vissuti da subito?»

«Ci siamo baciati al secondo appuntamento e abbiamo fatto l'amore dopo poche ore. Ho provato dei sensi di colpa tremendi che mi hanno bloccata. Gabriele insisteva perché mi focalizzassi su di noi e su quello che meritavamo di vivere, un amore vero che rompe gli equilibri e rivoluziona la vita. Ma io, stupida codarda, non riuscivo a pensare di guardare negli occhi mio marito e dirglielo. Ho avuto paura e ho sbagliato. Ho sbagliato, cazzo. Ho tenuto nelle mie mani la vita di tre persone e ho stretto il pugno fino a soffocarle tutte.»

Il silenzio di Anna prima della tempesta.

«Ho passato due anni nelle mie indecisioni, ne siamo usciti tutti distrutti, me compresa. Gabriele ormai non ci sperava più, ma non aveva la forza di andare oltre. Il mio ex marito non sospettava nulla perché in casa cercavo di mantenere le apparenze, e le dinamiche di coppia erano rimaste invariate. Quando gli dissi che mi ero innamorata di un altro lo vidi piangere per la prima volta. Fu uno dei giorni più difficili della mia vita. Non esiste un momento giusto per dire certe cose, Gloria. Esiste solo la motivazione che ti spinge a farlo. Se quella non è più forte di tutto il resto, non cambierà nulla. Gabriele per me era l'amore. Eppure ogni mattina mi alzavo con l'intenzione di confessarlo e ogni notte andavo a dormire con il fallimento di non esserci riuscita. Il mio più grande rimpianto è non aver capito che sarei stata più corretta nell'affrontare tutto e subito.

«Io non so se l'uomo di cui ti sei innamorata lascerà la moglie. Se dobbiamo attenerci alla casistica, ti direi subito di scappare più lontana che puoi da questa situazione statisticamente tossica, ma il mio consiglio è sempre lo stesso: vivi come se lui non arrivasse mai. Perché il tempo non te lo ridà nessuno e le tue energie e i tuoi pensieri devono essere canalizzati nella realizzazione di quello che vuoi fare e di chi vuoi essere, non nell'attesa...»

Bea, mia sorella e Anna stanno dicendo le stesse identiche cose. Il copione lo conosco a memoria e ne comprendo la razionalità. Il problema è che ascoltare i consigli quando si è completamente dentro a situazioni così emotivamente coinvolgenti è come ascoltare qualcuno che ti racconta che sogno ha fatto la notte prima. Annuisci e fingi di seguire il discorso quando quello che vorresti dire è solo: "Basta, non sto ascoltando nulla di quello che hai appena detto, perché non è reale".

Io oggi non sono sicura che Leonardo arrivi. Sono passati mesi e lui ancora non c'è. C'è chi potrebbe applaudire la correttezza del suo gesto, ma io non faccio parte di una giuria e non m'interessa. Io voglio un uomo che non accetti la possibilità di perdermi.

Forse mi sono sbagliata. Non è lui e non è ora. Sento che manca ossigeno a questa attesa e devo solo rassegnarmi alla possibilità che di Leonardo mi rimarrà solo il ricordo. Ma ora basta pensare a lui.

«Gabriele è mai stato qui?»

«No, Gloria, Gabriele non è mai stato qui.»

«E perché?»

«Mi piacerebbe che potesse vedere questa casa. Ma non succederà… Quindi non m'illudo.»

Un sorriso nervoso e l'ultimo sorso di vino intercettano la mia risposta.

«Assurdo. Se solo i miei nonni fossero qui penserebbero: ma che diavolo sta succedendo? Questa casa è stata comprata per condividere il tempo con chi si ama e invece queste due stanno finendo le scorte di Prosecco parlando di relazioni complicate e in sospeso.»

«Probabilmente saremmo noi quelle in religioso silenzio ad ascoltare la loro meravigliosa storia. Una su un milione. A proposito, hai finito di leggere il racconto di tuo padre?»

«Non ancora, lo sto centellinando. Senti ma, scusa se insisto, perché non provi a chiedere a tuo marito se vuole trascorrere un weekend qui con te?»

«Non lo farebbe. Lo so.»

«Ma perché non provi a chiederglielo? A te farebbe piacere, vero?»

«Sì, certo. Ma...»

«Niente ma. Preparagli una bella cenetta, gioca. Invitalo come se lo stessi invitando per la prima volta a casa tua. Sarebbe carino... Apparecchia qui sotto il portico, riempi il perimetro di candele e riportalo all'inizio.»

Anna, ascoltandomi, sembra immaginare tutto questo.

«Sei una romantica, vero, Gloria?»

«Sì, d'altronde vengo da due generazioni che non scherzano» dico mentre Anna alza il calice.

«Sai cosa? Mi hai convinta. Voglio farlo. Voglio che mio marito venga qui e veda questa casa con i suoi occhi.»

«Oh, brava! Così mi piaci.»

«Voglio rivivere un po' di quella magia che ci ha uniti, ne ho bisogno, ne abbiamo bisogno... Brindiamo!»

«Alla magia?»

«No, a noi due. A quello che oggi abbiamo condiviso senza nemmeno accorgercene. Questo fanno le amiche.»

Scoppio a ridere.

«Cosa ridi?»

«Niente, ripensavo a quanto ti ho odiata la prima volta che ti ho vista qui...»

Un cioccolatino in più

«A cosa stai pensando?»

«A niente...»

«Il caffè ormai è freddo. Vuoi fissarlo ancora un po'?»

«Hai ragione. Cosa mi stavi dicendo, mamma?»

«Ti ho chiesto come stai, dato che non ti vedo mai.»

È vero. Ultimamente sto dando per scontato la sua presenza e non è mai una priorità. Errore madornale che prima o poi tornerà a tenermi sveglia la notte.

«Ti vedevo di più quando eri all'Elba e tornavi una volta al mese...»

«Dài, non farmi sentire in colpa. Lo sai che sto facendo mille cose al giorno e sono in un momento un po' delicato.»

«Però il tempo per andare a Mozzano da Anna lo trovi! Me lo ha detto il papà. E per venire qui? Due minuti a piedi da casa tua? No, eh? La mamma è sempre l'ultima...»

«Oh, smettila di fare la vittima! Sono qui. Eccomi. Vorrei bere un caffè senza zucchero e senza sensi di colpa, grazie.»

Mia mamma sa tutto di me, da sempre e in tempo reale. Conosce tutto quello che in realtà si dovrebbe nascondere a una madre: le prime sigarette, la prima sbronza, le prime fughe da scuola, il primo amore, le crisi adolescenziali, le prime canne. Non ho mai avuto paura di dirle nulla.

Mamma Lucy ha settantatré anni. Io sono stata il regalo dei quaranta, inaspettata e non cercata. Il risultato di una festa in maschera con troppo champagne e con troppi datteri, che lei afferma siano afrodisiaci. Ho sempre avuto un dialogo con lei, anche se quando si creavano delle incomprensioni poi rimanevano nell'aria per giorni e giorni. Le differenze di età e mentalità ci sono, e anche consistenti. Io non pretendo che lei guardi il mondo con i miei occhi e lei fa altrettanto. È una mamma e questo è parte del suo ruolo.

Non voglio coinvolgerla nelle mie vicende se non sono sicura che riesca a starne emotivamente fuori. Lei dice di esserne capace, ma poi come una spugna assorbe le energie di chi ha davanti.

Oggi non mi farò spremere. Non voglio trasmetterle le mie paure, perciò l'argomento Leonardo non verrà sfiorato. Voglio parlarle solo di ciò che realmente fa parte della mia vita. Gli innamoramenti potenzialmente rischiosi rimarranno fuori dall'elenco.

«Cosa fai ora?»

«Non lo so ancora, mamma. Dovrei andare in studio e cominciare a scattare foto agli abiti. Devo avere un bel numero di capi pronti quando lancerò l'online di Attilio Vintage.»

«Sei a buon punto? Che tempistiche hai?»

«Sono a buon punto ma è difficile darsi i tempi da soli.»

«Più che darseli, è difficile rispettarli e tu, bella mia, non ne sei mai stata capace.»

«Eccoci!»

«È così. Non mi frega niente se non vuoi sentirtelo dire.»

«Per ora però ci sto riuscendo. Non vedo l'ora di mettere in moto questa macchina ferma da troppo tempo!»

Finisco il mio caffè ormai freddo e la vedo mangiare il terzo cioccolatino. Non dico nulla ma dalla mia espressione capisce che li ho contati.

«Non mi guardare così. Lo mangio lo stesso.»

Appunto.

«Tommaso l'hai sentito?»

«Mamma, perché questa domanda dal niente?»

«Così. Curiosità…»

«Comunque no, non lo sento da tanto tempo. Ora non potrei nemmeno chiamarlo per farci due chiacchiere. Ho saputo che convive con una…»

«Convive? Ma come? E chi è questa? La conosci?»

«La conosco, sì. Era una delle amiche che avevo all'Elba.»

«E non mi dici niente?»

«Te lo sto dicendo ora… Mamma, per favore! Con tutto quello che avresti da chiedermi sul mio presente, che bisogno c'è di tornare su Tommaso!»

La mia risposta l'ha agitata e si sente in diritto di mangiare il quarto cioccolatino.

«Mamma, basta. Ti ho vista!»

«Lasciami stare! Ogni volta che ti accendi una sigaretta, io ti dico che non dovresti fumare? No. Allora tu fai lo stesso!»

È buffa quando si difende e con la bocca piena è talmente comica da non poter ribattere.

«È quella là, vero?»

«Mamma. Basta. Ti ho detto basta.»

«Sì, sì, basta» dice alzandosi per andare a buttare le cartine dei cioccolatini. «Ma io non sono mica stupida. È quella là, sicuro!»

Il cliché dell'ex che inizia la relazione con l'amica che ti ha asciugato le lacrime durante la rottura? Un classico e io ovviamente ce l'ho nella lista. Ma ormai sono così lontana da quella parte della mia vita da ridere di mia madre che sembra più innervosita di me nell'apprendere la notizia.

«E tu?»

«E io cosa?»

«Non stai frequentando nessuno?»

«No.»

«Tutte balle. Riconosco le balle! Non sei serena. Lo vedo. E non mi dire che è per il lavoro...»

«Certo che è per il lavoro!»

«No, per quello ti brillano gli occhi. Pensi di fregare me?»

Non mi porterà su quel sentiero. Mentirò fino alla fine.

«Ora mi sto concentrando su questo inizio, mamma. Arrivo la sera che sono stanca e l'idea di uscire neanche mi sfiora.»

«Se non riesci a ritagliarti il tempo ora che sei in fase di costruzione e non ti corre dietro nessuno, figurati dopo, quando il tuo progetto prenderà forma e diventerà una realtà quotidiana...»

«Senti, senti... Mi stai forse dicendo che credi in quello che sto per fare.»

«Certo che ci credo! Hai avuto un'idea bellissima e lo sai che se non la condividessi, non mi farei tanti problemi a dirtelo. È proprio per questo che ti dico: respira, esci, rilassati... conosci gente!»

«Mamma, hai paura che nessuno mi voglia più?»

«Sì!»

«Ma come, sì?» Impossibile non scoppiare a riderle in faccia.

«Ma insomma... È così strano voler vedere la propria figlia con un uomo al suo fianco? Uomo, non omuncolo. Con te bisogna specificarlo, date le recenti esperienze...»

«Oggi sei sul piede di guerra, eh? Non ne lasci passare una!»

«Ti vedo una volta l'anno, devo concentrare tutti i miei "Te l'avevo detto". E poi hai sempre quel cellulare maledetto tra le mani… Hai finito di leggere la storia dei nonni?»

«Come fai a sapere che la sto leggendo?»

«Me lo ha detto il papà.»

«Sto centellinando la lettura…»

«Perché?»

«Non lo so. È come se ci fosse una parte di me che non vuole arrivare alla fine… che vuole rimanere a quell'inizio da favola.»

«È una storia bellissima, dovresti andare avanti…»

«Lo so, la conosco…»

«È una storia di coraggio e di amore e tuo padre l'ha riassunta molto bene. Ricordo il giorno in cui entrai in cucina a Mozzano e lo vidi mentre la scriveva. Aveva le lacrime agli occhi e mi disse che un giorno avrebbe voluto scrivere anche la nostra.»

«E lo fece?»

«Certo che no. Iniziò ad andare in fissa per le barzellette e cominciò a passare le domeniche attaccato a un registratore. Registrava le barzellette, si riascoltava e rideva da solo. Sai quante musicassette ho nell'armadio? Accidenti a lui!»

«È vero! Le barzellette, le avevo dimenticate!» dico ridendo.

«C'è poco da ridere. Un incubo. Tutte le domeniche chiuso in camera. Prima le barzellette, poi le canzoni, poi i libri. La nostra storia non è mai arrivata. Parole parole parole, soltanto parole… Tutti uguali.»

«Già. Tutti uguali…»

Mi scappa. E mi sfugge il tono, lo sguardo e il pensiero.

«Non me lo vuoi dire vero chi è che ti sta prendendo il cervello?»

«Nessuno di rilevante!»

«Ma insomma… Perché tutto questo mistero? Se ci fosse qualcuno vorrei saperlo…»

«Non c'è nessuno, mamma. Nessuno. Okay? Non ho nulla da condividere su quel versante. Smettila di chiedermelo. Perché piuttosto non mi chiedi a che punto sono con l'inventario?»

«Va bene, ho capito. Non ne vuoi parlare. Va bene...» e così dicendo mamma Lucy si alza dalla sedia ed esce dalla cucina.

La richiamo. «Mamma...» Non voglio che pensi che non la ritengo all'altezza di un confronto, tutt'altro. Credo sia arrivato il momento di dirle ciò che penso da un po'.

«Che c'è?»

«Ho passato i trent'anni. Non ho un ragazzo, non ho un fidanzato e non ho un marito. Non c'è un matrimonio in vista e non sono incinta. Se quello che ho elencato ora è tutto ciò che avresti sperato di vedere, mi spiace. Puoi continuare ad attendere o puoi accettare di partecipare a qualcosa a cui non tutte le madri hanno la fortuna di assistere: la rinascita di una figlia. Questo posso darti oggi, e non mi sembra poco...»

Prendo mia mamma per le spalle e la costringo a sedersi davanti a me. Entrambe ci appoggiamo al tavolo della cucina con i gomiti e ci guardiamo per qualche secondo.

Il suo viso è teso. Le rughe intorno ai suoi occhi tristi, negli ultimi tempi mi sembrano più marcate.

«Dieci anni fa ho creduto di aver trovato l'amore. L'ho seguito e l'ho vissuto dal primo all'ultimo giorno. Mi sono creata una nuova vita lontano da casa. Tu c'eri e hai visto quanto ho creduto in ogni passo che ho fatto. Quando pensavo di aver raggiunto un equilibrio, un terremoto ha distrutto tutto: l'amore, la fiducia in me stessa, gli obiettivi. Mi sono arresa e ho toccato il fondo. Tu c'eri. Mi hai vista rannicchiata a terra con i crampi allo stomaco, mi hai vista vomitare, mi hai vista scheletrica fumare cento sigarette al giorno... Tu c'eri.»

«Sì, c'ero, Gloria. Basta. Me lo ricordo bene, non serve riportarmi alla memoria quei momenti...»

«Invece sì, mamma, serve. Serve a me dirlo ad alta voce, e serve a te ascoltare.»

«Non voglio vederti mai più così» sussurra con la voce strozzata.

«C'eri anche il giorno in cui sono uscita in pigiama per andare a comprare cinquanta scatoloni alla Brico e mi hai aiutata a togliere tutto ciò che non era mio, ricordi? Eri con me quando ho sentito il bisogno di riarredare casa e ridipingere i muri, togliere tutte le fotografie e cambiare la disposizione dei mobili. Hai visto e conosciuto tutti quelli che sono venuti dopo Tommaso, hai capito che nessuno di loro avrebbe potuto darmi nulla di più di quello che mi serviva in quel momento, e non hai mai giudicato. Dopo un anno in quel mondo che ho iniziato a ricostruire con te accanto, sei stata la prima persona a cui ho detto: "Torno a vivere a Parma perché ho avuto un'idea".»

«Sì.»

«Sei stata spettatrice di ogni mio passo e io sono fiera del mio percorso. Lungo, pesante e a tratti frustrante. È appena iniziato e non so come andrà a finire... Ma eccomi qui. Mi sto rimboccando le maniche perché si avveri ciò che ho sperato quando ho rimesso la mia vita nel bagagliaio dell'auto per tornare da voi.»

«Io dalla prima fila non mi sono mai mossa.»

«Lo so e rimani lì, non ti muovere. Perché il vero spettacolo deve ancora iniziare!»

Mi alzo e mi avvicino alla scatola dei cioccolatini. Gliene do uno come ricompensa per avermi ascoltata senza interrompermi. Lo prende e lo mangia sorridendo.

«Vorrei solo sapere che c'è qualcuno che si prende cura di te.»

«Io. Io mi prendo cura di me. Sto imparando!»

«Lo so, ma io sono una mamma…»

«Una brava mamma… Anche se un po' rompiballe.»

«Quanto basta.»

«Non ho bisogno di nessun uomo ora. E quando vorrò qualcuno che vorrà me, sarai la prima a saperlo, okay?»

«Uomo, eh. Non omuncolo! Altrimenti mi arrabbio!»

L'abbraccio così forte che quasi la stritolo.

«Smettila di fare la minacciosa. Non sei credibile con quella bocca sporca di cioccolato!»

La fede non è fiducia

Buongiorno,
le confermiamo la possibilità di partecipare al Market del Vintage che si svolgerà a Cesena.
In allegato troverà il modulo di adesione da compilare e rispedire a questa mail entro fine settimana.
Augurandole buona giornata, cordiali saluti.

Lo Staff del Market

Circa un mese fa mi ero candidata per partecipare come espositrice a questo market. L'ho trovato inserendo su Google parole come "vintage", "fiera", "mercatini". Mi è sembrato un evento ben organizzato e poi la Romagna, terra che io amo, è molto ricettiva per questo settore.

Ho compilato il modulo di richiesta e ho cercato di descrivere il mio progetto, facendolo risultare come una attività già avviata, quando in realtà ancora non lo è. Ho allegato qualche foto che mi ero scattata da sola nella cantina-studio e ho premuto "invio".

Il tempo di bere il primo caffè e accendere il mio Mac ed eccola lì, tra una fattura da pagare e una bolletta del telefono, spunta la risposta alla mia prima candidatura. L'entusiasmo nel leggere di essere stata accettata c'è ma non si vede, perché la paura di non essere all'altezza della situazione sta impallando l'obiettivo. A fuoco c'è solo la mia giornata a Padova. Devo aprire il diaframma e spostare il mirino. Non ho intenzione di farmi schiacciare da un ricordo che trattiene la mia gioia a terra più della forza di gravità.

Mi sono proposta e mi hanno accettata. Punto. Ce l'ho fatta. Questo è quello che deve stamparmi un sorriso titanico sul volto.

«Dunque, ora siamo a luglio, il market è a inizio settembre. Ho tutto il mese di agosto per lanciare lo shop online, comprare l'attrezzatura e l'arredo per lo stand e, infine, aprire la mia pagina social per farmi conoscere un po'. Okay... tutto sotto controllo.»

Elencando ad alta voce solo le macro-categorie mi sembra tutto facile e fattibile.

«Sarà una figata. Il mio stand sarà il più bello di tutti ed entrerò in pompa magna in questo mondo. Sì. Sarà così.»

Il condizionatore è rimasto acceso tutto il weekend e nella cantina-studio il clima è polare. Non l'ho dimenticato, l'ho lasciato acceso apposta sapendo che per gli shooting avrei dovuto indossare maglioni, cappotti e montoni. Non comincerò prima dell'autunno e quindi devo concentrarmi sulle collezioni invernali.

Oggi devo fare qualche scatto e cominciare a selezionare i capi che porterò con me per il mio grande debutto.

«Gloria!» È mio padre che spunta dalla porta.

«Papà, ciao! Cosa ci fai qui?»

«Sono venuto a portarti uno scatolone di camicie da uomo che ho trovato ieri. Non c'era molto da fare e sono andato in cantina a dare un'occhiata... Possono interessarti?»

Lo scatolone è impolverato, ma le camicie confezionate dentro le buste originali sembrano perfette.

«Sono di una ditta italiana che il nonno aveva scoperto negli anni Settanta e dalla quale comprava grandi quantitativi. Un giorno fece un acquisto numericamente azzardato e poco dopo la ditta fallì. Sparirono senza dire niente e senza rimborsare nessun cliente. Il nonno, secondo te, accettò la cosa?»

«Mi verrebbe da risponderti: assolutamente no.»

«Esatto e vuoi sapere cosa fece?»

Mio padre ride e questo significa solo una cosa, e cioè che sta per raccontarmi una delle avventure del nonno Attilio.

«La ditta era fallita e si era tenuta tutti i soldi di chi aveva fatto gli ultimi ordini, tra cui il nonno. Un giorno chiamò uno dei suoi migliori amici, che all'epoca faceva il muratore e aveva un grosso camion, e gli chiese di accompagnarlo direttamente in azienda. Partirono in quattro, e quella notte entrarono in retromarcia nel magazzino devo c'era il deposito. Presero, una a una, le camicie e le caricarono sul camion. Il nonno non sopportava l'idea che l'avessero fregato e voleva portare via solo ciò per cui aveva pagato. Le abbiamo vendute per anni, non hai idea di quante camicie fossero… E oggi è rimasto solo questo scatolone.»

«E se volessi tenerle io?»

«E perché mai? Sono attuali, bianche, cento per cento cotone. Sono forse una delle prime cose che potresti riuscire a vendere senza fatica.»

«Dopo che mi hai raccontato questa storia hanno acquisito un valore a cui non saprei dare un prezzo.»

Con lo sguardo chino sullo scatolone, mio padre cambia espressione. Non capisco se è d'accordo con il mio discorso, però mi sembra che le stia guardando come si guarda un figlio che dice di voler fare l'università fuori città. Nei suoi occhi vedo la voglia di vederle andare via ma la necessità di sapere che non è un addio.

«Non lo so. Io te le ho portate per venderle, ma ora che mi dici così...»

Ho insinuato il dubbio a Otello.

«Facciamo così papà: una la tengo e le altre provo a venderle, che dici?»

«Sì, dài, prova... Sono curioso di sapere se è un prodotto che potrebbe piacere anche oggi.»

«Va bene! Stavo giusto per iniziare a selezionare i capi che porterò al primo market. A proposito, papà, ci hanno accettati!»

Non glielo avevo ancora detto, aspettavo il momento giusto e questo mi sembra perfetto.

«Dài! Grande, Glory! E dove vai?»

«A Cesena!»

«Bello! E posso venire anche io? Magari porto anche la mamma e veniamo a fare un giro... Cosa dici?»

«Sarebbe molto bello avervi lì!»

La sua attenzione viene rapita da uno stand porta-abiti con lo scotch nelle ruote. Si avvicina e con la malinconia negli occhi comincia a far scorrere le dita tra i capi che io ho già pulito, etichettato e in parte fotografato. Li accarezza con una delicatezza che quasi mi commuove. Sfoglia l'album dei ricordi di una vita, solo che al posto delle fotografie ci sono piumini e soprabiti.

«Stai facendo una bella cosa, Gloria. Sono molto felice che ti abbiano accettato a Cesena.»

«Ti ringrazio, papà. Anche io sono felice. Vedrai che successo sarà.»

«Piano, Gloria, piano... Non dire mai che sarà un successo.»

«Papà, per favore, non essere così pessimista. Sarà un successo, senza se e senza ma. Creerò lo stand più bello di tutti e torneremo a casa con il furgone vuoto, vedrai!»

«*Mmm...*»

Sa perfettamente che ho bisogno di sentirmi rispondere che sarà così, eppure non lo fa e mi fa scalare di marcia.

«Gloria, l'entusiasmo va centellinato. È quello che ti fa fare il passo più lungo della gamba. Parti piano e con le aspettative giuste.»

«E dimmi, per te le aspettative giuste quali sarebbero?»

«Per esempio... Hai già pensato a quanto vendere i capi? Oppure a quanto spenderai per partecipare? Le aspettative giuste sono di rientrare nelle spese e non perderci.»

«Giusto... Questo lo davo per scontato. E comunque i capi li ho già prezzati, se vuoi dare un'occhiata, devi guardare le etichette gialle.»

Mio padre si avvicina al primo cappotto – anni Settanta color panna, uno dei più belli che ho recuperato – e controlla l'etichetta.

«Ma sei impazzita?»

«Cosa? Perché mai?»

«Gloria: duecentonovanta euro? Nessuno comprerà mai un cappotto a duecentonovanta euro!»

Lo sapevo. Deve metterci lo zampino. Mio padre è come un chihuahua, sembra molli l'osso e poi rimane in agguato e ringhia appena glielo tocchi.

«Papà! È un cappotto italiano con una struttura e dei dettagli che non si trovano più. Non è usato, è perfetto. È originale di mezzo secolo fa ed è un pezzo unico. Cosa non ti torna del prezzo che gli ho assegnato?»

«Nessuno lo comprerà mai.»

«Ma tu sai quanto costano i cappotti che provengono dal

mondo della Fast fashion di oggi? E sai come sono fatti? Conosci il mercato attuale del Made in Italy e quella che è la ricerca di chi bazzica in questo mondo?»

«Nessuno lo comprerà mai.»

«Papà, smettila! Non ti preoccupare, la persona che ne riconoscerà il valore non se lo lascerà di certo scappare.»

«Gloria... Nessuno lo comprerà mai.»

«L'etichetta originale marcava duecentoventi mila lire.»

«E allora vendilo a centodieci euro.»

«Non ci penso minimamente. Duecentoventi mila lire negli anni Settanta erano due stipendi. Cominciamo a guardare le cose come sono e contestualizziamone il valore.»

«Gloria, non puoi presentarti con questi prezzi in un momento economico simile. Non puoi. Questa sicurezza e questo entusiasmo ti faranno tornare a casa con un fallimento.»

«Papà, ma perché mi stai facendo questo? Sai perfettamente quanta paura io abbia e quanta responsabilità mi senta addosso stavolta. Perché l'unica cosa che sai sottolineare è che sto sbagliando prima ancora di iniziare? Ho passato notti intere a studiare il mercato, le proposte, la concorrenza. Ho letto libri e ho chiesto a esperti del settore. Ho preso una decisione e ho in testa una direzione precisa. È alla portata di tutti? No. Ma è alla portata di chi capisce cosa sta comprando e perché lo sta facendo. Tu cosa credevi che facessi? Che vendessi i maglioni a dieci euro e i pantaloni a venti? Be', scordatelo. Non lo faccio oggi e non lo farò mai. Se non lo ha mai fatto il nonno, perché dovrei farlo io?»

Un'altra giornata iniziata con carica ed energia è diventata un campo di battaglia. *Che succede?*

«Ti ho lasciato fare tutto quello che volevi...»

«E allora continua e abbi fiducia in quello che sto per fare.»

«Non m'interrompere.»

Okay, sto zitta anche se non voglio.

«Ti ho lasciato fare tutto quello che volevi e andrai avanti con la tua idea, ma io non posso non avvertirti che è rischiosa e che potrebbe trasformarsi in un fallimento. Se fossi in te, abbasserei le aspettative e soprattutto i prezzi. La gente non può permettersi di spendere così tanto per un cappotto. Tu devi farti conoscere e devi essere in grado di diventare alla portata di tutti.»

«Hai finito?»

«Sì, ho finito.»

«Bene, allora adesso parlo io. Io non ho mai detto di voler essere alla portata di tutti. Quel mondo, dove tutti entrano, comprano, escono e non provano nulla se non la soddisfazione dell'aver speso poco, esiste già ed è un'illusione colossale travestita da buon affare. Non ho mai detto di voler svuotare il magazzino. Non è quello il mio obiettivo. Non devo fare spazio e non devo liberarmi di un peso. Io non ho fretta di disfarmi di questi capi. Io sto facendo di più: li sto studiando e sto dando loro la ricompensa di una pazienza durata mezzo secolo. Non vendo un cappotto che tiene caldo quest'anno e che sostituisci l'anno prossimo. Vendo un cappotto che oggi vale il triplo di quello che valeva quando è stato fabbricato e che fra dieci anni varrà ancora di più. Non lo capisci perché non hai la mia visione. Tu hai sempre lavorato con i prezzi bassi e con la quantità ed è stata la tua mossa vincente. Io lavoro con un recupero che ha quantità limitata, lavoro con l'esclusività e con la qualità che ormai non esiste più. E tu devi fidarti. Io ho bisogno di sapere che tu ti fidi di me, dei miei prezzi, della mia gestione e del mio successo.»

«Io ho fede in te...»

«Avere fede e avere fiducia sono due cose diverse. Della fede che si ha in qualcosa che non si vede e non si capisce, non me ne faccio niente. Io voglio sapere che tu ti fidi di me.»

«Non posso.»

«Non puoi?»

«No, non posso.»

«Okay, sai una cosa? Va bene così. La soddisfazione di vedere che ce la farò sarà doppia. Non cambio i miei piani né i miei prezzi. Grazie per le camicie, ora devo continuare a lavorare.»

«Gloria, non fare così...»

«No, no, invece faccio così perché non molli la presa. Fai finta di lasciarmi libera e poi mi tieni legata con le tue reazioni. E sai che peso hanno su di me. Io oggi avevo solo bisogno di sentirti dire: "Gloria, tranquilla sarà un successo". Tutto qui.»

«Stai sbagliando. Ma come già ti ho detto in passato, non ti toglierò la libertà di farlo. Ora vado in negozio, tu continua il tuo lavoro. Se vuoi passare oggi pomeriggio, io sono lì.»

«Va bene.»

«Ciao, Glory...»

«Ciao, papà.»

Vederlo andare via senza dire l'ultima cosa che penso?

«Papà.»

«Dimmi.»

«Se il nonno fosse vivo oggi... mi capirebbe.»

«Se il nonno fosse vivo oggi... mi avrebbe detto: "Falla sbagliare. È l'unico modo per imparare". Ciao Glory.»

Il rumore della porta che si chiude mi lascia a rimuginare su una delle mie mille prese di posizione. Mio padre mi ha voluta mettere di fronte a una eventualità che lui dà per certa, ed è proprio questo che mi ferisce.

Le mie mani, che prima sprigionavano energia, ora accarezzano i capi con titubanza. È impossibile farmi scivolare di dosso l'idea che mio padre non sia d'accordo con le mie intenzioni, ma allo stesso tempo non voglio prendere in considerazione di cambiarle. Le mie mosse sono studiate e ho passato tanto, troppo tempo alla scrivania tra fogli, pennarelli e siti internet. So quello che faccio e gli farò vedere che ci ho visto giusto.

Anche se l'elenco di chi non è convinto sta aumentando…

Bea pensa che Leonardo bloccherà le mie tempistiche, mia sorella pensa che l'inesperienza influirà sul mio atteggiamento, mio padre è sicuro che io stia sbagliando strategia. Se il mio primo obiettivo è farcela, il secondo è dimostrare loro che ce l'ho fatta.

Il telefono è in modalità silenziosa da qualche ora e ci rimarrà finché non mi riterrò soddisfatta del lavoro svolto. Cedo solo un istante e guardo lo schermo mentre mi accendo una sigaretta.

C'è un messaggio di Leonardo.

Oggi qualcuno vuole mettere a dura prova la mia concentrazione.

Il rumore ipnotico delle chiavi del lucchetto

Ciao Glo. Ho bisogno di parlarti e non voglio farlo al telefono. Concedimi un'ora. Quando vuoi. Se vuoi.

Rispondo senza pensare e senza fingere attese che aumentino l'*hype*.

Una parte di me crede che mi dirà che è finalmente libero, e anche se fosse una possibilità su mille, ho bisogno di aggrapparmici.

Ciao Leonardo. Stasera alle 20.30 davanti a casa mia.

Il tempo di premere "invio", e rendermi conto che questo messaggio ha appena eclissato decine di notti insonni tra pensieri e paure, che arriva la risposta.

Ci sarò.

L'idea di trovarmi di nuovo davanti ai suoi occhi mi terrorizza e allo stesso tempo accelera il battito del mio cuore. Sto facendo di tutto per far credere a me stessa e agli altri di non essere in attesa, ma è bastato un secondo per confermare che lo sono e che credo ancora di poter essere l'eccezione alla regola.

Le mie aspettative sono più alte che mai. Le ore che mi separano da questo appuntamento saranno infinite, tanto vale che sfrutti ogni minuto per andare avanti con il lavoro.

Tolgo la modalità silenziosa al cellulare. Mentre inizio a scattare qualche foto con i cappotti, li indosso e li accarezzo. Più li guardo e li studio, più mi convinco di averne riconosciuto il valore e non cambierò idea sul da farsi.

Venderli sarà difficilissimo, se potessi li terrei tutti nel mio armadio. Sono splendidi e trasmettono un'energia che va sentita e una luce che va compresa.

Il cellulare squilla.

Stacco il timer della macchina fotografica e guardo lo schermo. È un numero che non conosco, esito per i classici cinque secondi di titubanza.

Troppe cose sono in ballo e troppi biglietti da visita sono stati consegnati. Non posso sapere se è una compagnia telefonica con l'offerta dell'ultima ora o uno standista della fiera di Padova che ha cambiato idea.

«Pronto...»

«Glo! Sono Martina.»

«Martina...»

«La Marti... di Mozzano!»

«Oh Marti! Ciao!»

«Ciao! Mi sono fatta dare il numero da tuo padre, l'ho appena chiamato in negozio.»

«Hai fatto benissimo! Come stai? Novità per la vendita della casa?»

«È appunto per questo che ti chiamo. Non ci crederai ma siamo riusciti a venderla in tempi da record.»

«Non so se essere felice o meno, aspetta che ci rifletto...»

Non ho bisogno di riflettere. Non lo sono per nulla.

«Dài, sciocca! Io ho pianto un'ora quando mi hanno comunicato che la vendita è andata in porto, ma poi, se posso essere sincera, mi sono sentita alleggerita di un peso gigantesco...»

«Immagino, o meglio, posso immaginare... Mi perdoni se non faccio i salti di gioia?»

«Certo che ti perdono e faccio di più: ho una proposta. È un'idea dell'ultimo minuto ma spero accetterai.»

«Dimmi!»

«Oggi vengo a Parma per l'incontro finale e intanto che ci sono, volevo proporti una pizza a casa mia stasera... Vorrei darle l'addio che si merita. Vieni a Mozzano con me?»

«Stasera?»

«Sì, stasera! Scusa il poco preavviso ma ci ho pensato ora.»

Eccoci. Lo sapevo, sempre così. Giorni e giorni, serate e serate senza programmi, e ovviamente gli unici due impegni per me irrinunciabili si accavallano nelle stesse ore.

Martina mi sta chiedendo di accompagnarla in una delle cose emotivamente più difficili da affrontare, e io ho proposto a Leonardo di vederci stasera perché non ho la pazienza di aspettare altre ventiquattr'ore.

Odio questi bivi. Li odio. Ma, nonostante tutto, la mia scelta è scontata.

«Certo che vengo con te.»

«Oh grazie, grazie, grazie! Avevo pensato di andare alla casa nel tardo pomeriggio, ti aspetto lì. Non preoccuparti per l'orario, fai tutto quello che devi fare e poi ci mangiamo una pizza scaldandola all'ultimo momento. Che ne dici?»

«Dico che è perfetto!»

Sento già il magone in gola. Sarà il caso di portare una confezione intera di Kleenex.

«Marti...»

«Dimmi.»

«… No, niente.»

«Sì, lo so.»

«Sai cosa?»

«Che sarà dura non uscire da quella casa con gli occhi gonfi.»

«Esattamente…»

«Ma lo faremo insieme, per mano e con il sorriso, come quelle due bimbe che uscivano dal cancello per andare alla fontana dei grandi. Stavolta però ci siederemo su quei gradini e ci fumeremo una sigaretta senza che nessuno possa cacciarci. Ora ne abbiamo tutto il diritto, no?»

Nel silenzio che segue immagino che stia sorridendo come me. Terremo quest'ultima immagine come chiusura della nostra conversazione.

«A dopo, Glo!»

«A dopo, Marti!»

Il tempo di appoggiare il cellulare e in un attimo sono di nuovo bambina.

* * *

«Gloria! Cosa fai seduta sui gradini con quella faccia?»

La nonna Dina era arrivata da dietro le mie spalle. Aveva interrotto la sua sessione di giardinaggio in terrazza quando, buttando lo sguardo sulle scale, mi aveva vista rannicchiata, con i gomiti sulle ginocchia e le mani che sorreggevano un viso imbronciato.

«Ho litigato con Martina.»

«E perché mai?»

«Perché non vuole giocare con me ma andare in paese con gli altri bambini.»

«E allora vai con lei, no?»

«No. Io voglio giocare con lei e basta, nella casa che abbiamo costruito sotto al pino.»

«Fammi spazio che mi siedo qui con te...»

Lo stretto gradino era diventato una scomoda panchina per due.

«Perché non vuoi andare a giocare con gli altri bambini?»

«Non li conosco e con me non vogliono giocare.»

«Ma se non provi, non lo saprai mai. Magari ti stanno simpatici...»

«Non m'interessa. Io voglio solo Martina, ma lei non vuole me.»

«Non è vero che non ti vuole, non dire così.»

«Sì, invece.»

La nonna Dina si era tolta i guanti per accarezzarmi il viso con la stessa delicatezza con cui accarezzava i suoi fiori.

«Dov'è Martina ora?»

«In casa. Sta piangendo anche lei.»

«E come lo sai?»

«Guarda!» dissi indicando la facciata della casa che dava sulle nostre scale. «Spunta dalla finestra, mi guarda con il broncio e poi sparisce dietro le tende. Mi sono seduta qui così vede che sono arrabbiata e triste anch'io.»

«Perché non vai a parlarle?»

«No. È lei che deve venire da me a chiedermi scusa.»

«Chiederti scusa per cosa?»

«Per non voler giocare con me!»

La nonna Dina sorrideva cercando di non farsi vedere, per non offendermi. Quell'assurda conversazione per lei era un siparietto molto divertente.

«Cosa vi siete dette?»

«Io le ho detto che se non vuole giocare con me, allora non siamo più amiche e lei mi ha detto che non voleva giocare. Lo vedi? Non siamo più amiche.»

«Allora perché tutte e due siete tristi e vi state guardando da lontano? Due bambine che non sono più amiche non stanno male l'una per l'altra...»

Continuavo a tenere il broncio e a piangere, non perdendo mai di vista la finestra della casa di Martina. Ogni due minuti la vedevo spostare la tenda e guardarmi con aria arrabbiata. Non avrei mai fatto il primo passo e forse nemmeno lei, ma continuavo a sperare di vederla uscire dalla porta e corrermi incontro.

«Io non voglio chiederle scusa perché non ho fatto niente. Volevo solo giocare con lei.»

«Tu le hai dato un ultimatum, tesoro. Sai cos'è?»

«No.»

«L'hai costretta a decidere e non le hai lasciato la libertà di farlo. Se non gioca con te non è più tua amica? Che discorsi sono? Magari oggi lei voleva fare un giro, o andare a prendere un gelato. Tu l'hai obbligata a scegliere te!»

«E lei non lo ha fatto lo stesso...»

«Non ha creduto al tuo ricatto.»

«Cosa vuol dire?»

«Vuol dire che sapeva benissimo che sareste rimaste amiche anche se oggi non avrebbe giocato con te.»

«Be', si sbagliava. Io ero seria.»

Era diventato impossibile non accorgersi della risata della nonna.

«Io piango e tu ridi?»

«Tesoro, rido perché siete proprio due femmine. Cocciute e orgogliose. Ho capito che qui serve una terapia d'urto.»

Abbracciandomi e continuando a ridere, la nonna vide il papà di Martina che in quel momento era spuntato dal portico.

«Abbiamo un problema!» la nonna Dina si era messa a urlare in modo che lui la sentisse.

«Quale?» Il papà di Martina aveva risposto da lontano e poi piano piano si era avvicinato alla rete che separava le scale dal loro cortile.

«Le due bimbe non sono più amiche!»

«Ah, davvero? Un brutto litigio?»

«Eh sì. E ora non si parleranno più… mai più!»

Guardavo il papà di Martina con timore. L'avevo sempre visto come un gigante buono, ma lì dal basso, seduta su quel gradino, sembrava ancora più grande e sapevo che non sarebbe stato dalla mia parte. Rimaneva in silenzio e guardava la nonna sorridendo.

A un certo punto le braccia di Martina erano spuntate senza che me ne accorgessi. Faceva capolino da dietro il gigante buono e mi guardava con gli occhi gonfi di lacrime.

«Eccoti! Martina, tesoro… Avete litigato?»

Nessuna delle due rispondeva ed entrambe eravamo concentrate a tenere lo sguardo basso

«Dina, sai cosa facciamo?» Il papà di Martina aveva deciso di prendere in mano la situazione. «Dato che non sono più amiche, mettiamo un bel lucchetto al cancellino che divide i nostri cortili. Tanto, a questo punto, il passaggio comodo per andare a giocare non serve più, no?»

«Ottima idea! Problema risolto. Una non viene a chiedere scusa, l'altra si rifiuta di fare il primo passo. Direi che nessuna delle due è intenzionata a varcarlo… mai più!»

«Perfetto. Vado a prendere il lucchetto. Due minuti e torno!»

Guardavo suo papà andare via, la nonna Dina alzarsi soddisfatta della soluzione e Martina impietrita che fissava il cancellino.

Avevamo capito che se una di noi non avesse ceduto sarebbe successo quello che nessuna delle due voleva. Eppure non muovevamo un passo, sembravamo inanimate.

«Gloria, Martina... Ora o mai più. Volete fare pace?»

Tornando dalla cantina a passo svelto, suo padre ci stava dando l'ultima occasione. Ma nemmeno quello stava funzionando.

Il rumore delle chiavi che saltavano sul suo palmo era ipnotico. Sembrava il timer di una bomba che stava per esplodere.

«Okay, basta» continuò il padre di Martina. «Non possiamo stare qui a guardarci negli occhi tutto il giorno. Decido io.»

Mentre lanciavo uno sguardo alla nonna Dina, che altro non era che una richiesta d'intervento, il rumore metallico del lucchetto che si chiudeva aveva decretato la fine dei giochi. La nonna aveva alzato le spalle come per dire: "Chi tace acconsente".

Tristi, quella sera tornammo ognuna nella propria casa, lasciando attaccati alla rete il cuore e l'orgoglio. Non avevamo più il nostro passaggio.

Quella notte fu impossibile addormentarmi. L'immagine di quel lucchetto incombeva nei miei pensieri e mi rigava le guance di lacrime silenziose.

«Non dormi ancora?» mi chiese la nonna a bassa voce aprendo la porta.

«No!»

«Allora intanto che sei sveglia, pensa a quale sarà la prima cosa che farai domani mattina. Pensa con il cuore. Quando avrai la risposta, ti addormenterai per far volare il tempo, svegliarti e correre a farla. Buonanotte, Stèla...»

L'unica cosa che avrei voluto fare appena sveglia, oltre mangiare latte e Pan di Stelle, era togliere quel maledetto lucchetto.

La mattina seguente sarei corsa fuori e avrei fatto le scale alla velocità della luce per poter aspettare Martina davanti alla rete. Le avrei chiesto scusa e l'avrei implorata di tornare a essere mia amica. Pensando a questo mi addormentai senza neanche accorgermene.

Quello che ancora non sapevo era che l'indomani l'avrei trovata attaccata alla rete che mi aspettava.

«Gloria...»

«Marti...»

«Io voglio giocare con te.»

«Anche io. Se scavalco andiamo a cercare le chiavi del lucchetto?»

«Eccole! Le ho rubate a mio papà ieri sera appena siamo entrati in casa.»

Scoppiammo a ridere. Corremmo ad aprire il cancello e ci abbracciammo, sicure che non ci sarebbe mai più stato bisogno di una chiave.

* * *

Leonardo, stasera non riesco. Ho un impegno che non posso rimandare.
Ti chiedo la cortesia di rispondere solo a una domanda.
Quello che devi dirmi cambia le dinamiche attuali?

No, non le cambia ma io ho bisogno di vederti.

Grazie per essere stato sincero sapendo cosa ti avrei risposto.
Non c'è bisogno di incontrarsi. Siamo a posto così.
Buona serata.

Glo, per favore. Io non ce la faccio più, ho bisogno di vederti e di guardarti negli occhi. Mi manchi.

Il rumore delle chiavi del lucchetto che saltano sul palmo della mia mano è ipnotico. Sembra essere il timer di una bomba che sta per esplodere… e io lo so.

Chi tace, acconsente.

Chiudo il lucchetto.

Le quattro tappe

Le luci delle scale sono accese. Anna è in casa.

È la prima volta che arrivo a Mozzano dopo il tramonto ed è la prima volta che vengo appositamente per non andare da lei.

Le finestre della casa di Martina sono illuminate e la sua auto è nel cortile.

Che silenzio. Non c'è nessuno a parte loro. Vorrei scattare una foto a queste due case che fanno luce su una collina abbandonata. Guarderei questa immagine per ore, ma posso fare di più ed entrarci dentro.

Parcheggio a bordo strada, poco oltre la casa, e scavalco il mio cancello. Ormai non posso più privarmi di questa entrata personalizzata.

Eccolo lì, il cancellino dell'amicizia. È socchiuso e questo mi fa pensare a due ipotesi. La prima è che Martina, arrivando in anticipo, si sia accertata che lo fosse, la seconda è che Anna lo abbia usato per andare nell'altra proprietà a tagliare la siepe, che oggi sembra essere finta tanto è perfetta.

Poco importa, il mio passaggio è garantito.

«Marti!» la chiamo con un bisbiglio spingendo la porta d'ingresso. La mia voce sembra amplificata dal vuoto di quelle mura, quasi come se stessi entrando in una chiesa.

«Vieni, sali!»

Non calpesto questi gradini da vent'anni. Mi sembrano più piccoli e opachi.

Il salone è maestoso come lo ricordavo e ha lo stesso odore delle serate di agosto in collina. Il lungo tavolo dove da bambine cenavamo con nonni, genitori e sorelle, sembra si sia preparato a riceverci.

«Ehi! Vieni, ho messo due pizze in forno! E guarda qui!» dice con un sorriso smagliante, agitando una confezione di birra da sei.

«Hai preso le birre anche tu? Anch'io le ho portate! Cosa ce ne facciamo di due confezioni ora?»

«Cosa ce ne facciamo? Tranquilla. Ci accompagneranno nelle tappe!»

«Quali tappe?»

«Dunque, vediamo… le birre sono dodici… noi siamo due. Sei tappe!»

Non ho idea di cosa significhi, ma mi piace.

«E poi non le ho comprate! Le ho barattate con delle candele!»

«In che senso?»

«Mentre ti aspettavo sono uscita in cortile e la donna che abita nella tua casa mi ha salutata e si è presentata. Anna, vero?»

«Sì, Anna.»

«Le ho detto che saresti venuta e che avremmo passato la serata qui. Mi sono permessa anche di chiederle se voleva venire per il caffè ma lei mi ha detto che aveva ospiti e che…»

«Ospiti?»

«Sì. A proposito… Tieni!»

Martina si sfila dalla tasca un foglietto. Sembra uno di quelli presi da un blocchetto "premio fedeltà" che ti regalano per Natale dal meccanico o dall'assicuratore.

Ho seguito il tuo consiglio e stasera ho preparato una sorpresa a mio marito. Sta arrivando e, sperando che la serata vada come ho programmato, rinuncio al caffè con voi. Potrai perdonarmi.
Anna

«Fantastico!»

«Cosa? Che Anna ha seguito il tuo consiglio?» Martina ammicca con una espressione di colpevolezza. «Scusa, non ho resistito. Magari c'era scritto: "Come è antipatica la tua vicina, col cazzo vengo a bere il caffè!".»

Mi siedo sul divano, Martina va in cucina per controllare le pizze e prendere l'apribottiglie.

«Quindi non ho capito, hai barattato sei birre per delle candele? Con te c'è da perderci, eh?»

«Perderci? Non hai idea di quante candele le ho dato! C'è la possibilità che quei due non siano gli unici ad andare a fuoco stasera, anche la tua casa rischia!»

«Sciocca!» Martina mi fa troppo ridere.

«Scherzi a parte, non sapevo se le avresti portate e io me le ero dimenticate. Mentre stavamo chiacchierando le ho chiesto se ne aveva. Ironia della sorte, lei non beve birra, ma le ha comprate per suo marito!»

«E cosa c'entrano le candele?»

«Ah, quelle gliel'ho date io per ringraziarla. Era tra i pochi oggetti che avevo in casa e mi è sembrata l'unica cosa che le servisse... oltre a un bel completino intimo nuovo di zecca che sventolava nella borsa di Intimissimi, capisci cosa intendo?»

«Sì, capisco cosa intendi. Che noi faremo sei tappe ubriache mentre loro faranno sei giri sulla giostra dell'amore.»

Sono felice per Anna, che abbia ascoltato il mio consiglio e che si sia lanciata in qualcosa che non credeva fosse possibile. Ma sto provando una punta d'invidia. Brutta bestia l'invidia.

La immagino in cucina mentre prepara una cenetta che verrà consumata sotto il portico, illuminato dalle candele e pieno di fiori. La immagino mentre accompagna suo marito a fare una passeggiata in giardino e gli presenta quel mondo che le regala pace ed equilibrio. E lui, rapito dal momento e dall'atmosfera, che si chiede perché diavolo non lo ha fatto prima, e poi il finale, su quel letto che mi ha vista crescere e sognare di vivere per sempre in quella casa con l'amore della mia vita.

Immagino lei fare tutto quello che vorrei fare io.

«*Uuuh*... che acidità! Cos'è questo tono scocciato?»

«Niente, forse solo un po' di sana invidia.»

«Sana invidia? No, dico! Guarda che serata stiamo per fare io e te! Da sole, nella nostra casa...»

«Nostra ancora per poco...»

«Gloria, te lo dico... cambia subito *mood*! Risintonizzati su di noi e lascia perdere il resto. Questo è un festeggiamento, non un addio. E le invitate, nonché protagoniste, siamo solo io e te. Tutto il resto rimane fuori dal cancello. Okay?»

Non fa una piega.

«Hai ragione. *Cin*.»

«Brava. Alla prima tappa. *Cin*.»

«E cioè?»

«Il presente!»

Io che di solito parlo per ore, alla fine della prima birra da settantacinque, ho già aggiornato Martina su tutto. Della fine della relazione con Tommaso, del ritorno a Parma, dell'idea di Attilio Vintage, di Leonardo, di Anna.

Lei idem. Mi ha parlato del suo matrimonio e del suo compagno, della sua nuova vita sulla Riviera romagnola, della morte di suo padre. Di tutto.

«Glo, dimmi l'ultima cosa prima di passare alla seconda tappa. Ma tu sei felice?»

«Onesta? Sento che sto per esserlo. In questo momento troppi pensieri e preoccupazioni mi distolgono dal godermi la felicità che mi sto piano piano costruendo. Mi ritengo una persona estremamente fortunata e me ne rendo conto ogni volta che mi guardo allo specchio. Ho tanto, quasi tutto. So che c'è spazio per altro e al momento quello spazio è vuoto. Ma sto cercando di non farci caso. Ci sono giorni in cui è facile, e quasi me ne dimentico. Altri, invece, mi sembra di avere un trapano nella testa che mi ricorda quanto rumoroso possa essere il silenzio. Questa storia con Leonardo mi sta prendendo tanta energia e non me ne restituisce nemmeno la metà. Ho passato giornate a chiedermi se ci avevo visto giusto ed era solo il momento sbagliato o se era tutto un'illusione. Sta di fatto che fino a ora lui non mi ha scelto e non posso permettermi di pensare che lo farà domani. Finora la sua unica traccia sono state due parole buttate su uno schermo tra tre puntini di sospensione e un "Mi manchi".»

Che frase stupida e falsa. Perché non hanno le palle di scrivere: "continuo a gestire la tua mancanza" o "la tua mancanza è irrilevante rispetto al resto. Baci baci, ciao".

Se qualcuno ti manca e la morte o la distanza fisica non t'impediscono di agire, cosa aspetti ad andare a prenderti quello che vuoi?

«Okay, capito. Era una domanda azzardata. Effettivamente non sono riusciti ad arrivare a una definizione concreta di felicità in anni di studi e ricerche all'università di 'sta ceppa, figurati se saremo in grado di farlo noi stasera!»

«Infatti, anche te… che domande fai?»

Martina si alza per stappare un'altra bottiglia.

«Passiamo alla seconda tappa?»

«Esattamente!» dice allungandomi la birra. «E cioè: il futuro. Andiamo!»

«Andiamo dove?»

«Alla fontana dei grandi. Non vorrai mica berla qui, in questa stanza contaminata di attualità emotiva. No, no. Vieni, scendiamo!»

Proprio come allora, solo il rumore dei nostri passi disturba la quiete della collinetta.

«Quante volte abbiamo camminato su questa strada?»

Non riesco a trattenere la nostalgia che mi scorre nel sangue a ogni centimetro che calpesto di questo paese.

«Tante. L'abbiamo consumata. Ti ricordi quando andavamo a piedi fino alla casa del ragazzo che piaceva a me?»

«Oddio, sì. Il figlio dell'elettricista!»

«Sì, lui. Non mi ricordo nemmeno il nome, ma che mi piaceva tantissimo!»

«Io ricordo che ti cantavo una canzoncina insopportabile, era qualcosa tipo: *Tra rose e fior e tulipan / Martina e "non me lo ricordo" si vanno a sposar / Lei dice sì lui fa così / e con un bacio la festa finì.*»

«Insopportabile, Glo!»

«Lo so!» e il rumore del cin echeggia nella strada deserta.

«Vai, a te la scelta del gradino!»

«Voglio lui! Il più alto, quello che ha avuto l'onore di guardarsi tutti i culi più fighi di Mozzano!» Lo indico come indicherei un cannolo nella vetrina di una pasticceria, senza alcuna indecisione.

«Ora sì che la birra ha il sapore giusto, vero, Glo?»

«Già! Quanto lo abbiamo sognato e temuto questo posto?»

«Sapevamo che ci sarebbe spettato di diritto e poi...»

«E poi lo abbiamo dimenticato. Dici che ormai abbiamo perso il turno?»

«Non è detto. Guardati intorno. Vedi qualcuno che lo reclama?»

«Vedo un paese meraviglioso che è stato dimenticato. Se ripenso a quanta gente ballava e cantava in piazza sotto il tendone delle feste... Ma te lo ricordi?»

«Me lo ricordo sì, e tu ti ricordi quante macchine c'erano in questo parcheggio e quanti scooter erano vicini al muro della fontana?»

La birra è già a metà e i pensieri cominciano a sciogliersi. Il tempo sta volando via e non c'è bisogno di sapere che ore sono. Non so dove sia il cellulare e non m'interessa. Martina è l'unica persona che voglio avere accanto.

«A quest'ora, in un ipotetico mondo parallelo, sarei sotto il mio portico a bere un bicchiere di vino con l'uomo della mia vita? Mio figlio sarebbe in camera a dormire con il suo peluche? Dovrei innaffiare i tulipani la mattina prima di andare in città a fare la spesa?»

«Sì e poi? La famiglia del Mulino Bianco come vicini di casa?»

«Ma chi la vuole quando posso avere te? Dài cazzo, ripensa alla vendita e rendiamo questa strada viva ed entusiasmante come Wisteria Lane!»

«Fantastica! Compresa di omicidi?»

«Compresa di giardinieri e idraulici da copertina di *Vogue*!»

«Mi piace!»

«Mozzano, la nuova ambita meta delle *Desperate Housewives*!»

Dopo aver finito anche la seconda birra Martina diventa seria. I suoi occhi si sono riempiti di malinconia, il *mood* è cambiato. Preme Pausa accendendosi una sigaretta e io faccio lo stesso.

«Ti è piaciuta la tappa "futuro"?»

«Hai mischiato le carte. Il futuro che abbiamo aspettato in passato è diventato il presente di una notte.»

«Certo, lo sguardo al futuro veniva dal 1992!»

La condivisione di questo momento è il regalo più bello che Martina potesse farmi prima di dare le chiavi della sua casa a qualche estraneo. E lei lo sa, lo capisco da come mi guarda.

«Senti, Gabrielle Solis, io qui sto finendo la birra e vorrei capire se le rimanenti quattro tappe sono alcoliche o meno, perché guidare fino a Parma potrebbe essere un problema!»

«Ah, ma tu a Parma non ci vai. Dormi qui, ho già fatto i letti!»

Senza contraddirla mi alzo e la seguo. Torniamo a casa un po' barcollanti ma più lucide che mai.

«Vieni, andiamo con la terza tappa. Il passato!» Martina si siede sul divano e mi fa segno di accomodarmi accanto a lei.

«Marti, pensavo, perché non facciamo il condizionale passato?»

«Ti piace complicarti la vita, eh?»

«Il condizionale passato è più stimolante. Il passato lo lasciamo stare, o meglio lo accettiamo. È da dove veniamo ed è quello che è stato fatto, detto e scelto. Il condizionale passato ci costringe a chiederci cosa si può riprendere in mano e cosa si deve abbandonare per la strada. Se poi ci mettiamo un bel punto di domanda alla fine, il gioco diventa più divertente e le risposte arrivano senza sforzo!»

«Okay, complichiamoci la vita. Inizio io lo *sliding doors*! Ma prima le regole: un sorso a ogni “sì” e si dice solo “sì” o “no”, niente spiegazioni. Okay?»

«Okay. Birre alla mano e che il ping pong abbia inizio!»

«Tornando indietro, avresti fatto altre scelte a vent’anni, Glo?»

Non bere significherebbe mentire. La curiosità di sapere come sarebbe andata se a vent’anni avessi fatto scelte diverse, si merita un onesto *cin*.

«Avresti trascorso più tempo in questa casa?»

Martina non tocca la bottiglia. Significa no. Non me l’aspettavo. Vorrei chiederle perché, ma rispetto i patti.

«Avresti chiuso prima la tua relazione con Tommaso?»

Resto immobile.

No, non lo avrei fatto. Nemmeno se avessi letto una sceneggiatura precisa con tanto di finale. Non avrei cambiato nulla.

«Avresti trascorso più tempo con la tua famiglia?»

Martina si attacca alla bottiglia e gli occhi le diventano lucidi. Ho giocato facile. Quello è il sorso del rimpianto che ognuno di noi ha e si porta dietro per tutta la vita. Le faccio compagnia e bevo anch’io.

«Quando l’hai conosciuta, avresti voluto cacciare Anna di casa a calci, vero?»

Martina ride della sua stessa domanda e io guardo la bottiglia.

Sì, quanto avrei voluto! Senza nemmeno stare a discutere con mio padre. Il fastidio di quella presenza rimarrà nella mia testa, e il fatto di averlo superato non significa che non ci sia una minuscola parte di me che ancora fatica ad accettare questa situazione.

Bevo senza poter fare a meno di guardare la finestra e immaginare quello che sta succedendo dentro le mura di casa mia.

Leonardo, arrogante e inopportuno come sempre, irrompe nella mia testa, assumendo l'identità del marito di Anna, mentre io interpreto lei. Mi estraneo quella manciata di secondi che basta per un cortometraggio con lieto fine: noi due in casa, che stiamo cenando sotto il portico e, come calamite, entriamo avvinghiati, appoggiandoci a ogni parete, baciandoci fino alla camera da letto.

«Glo!» Fine del cortometraggio. «Sei qui con me?»

«Sì. Okay basta. Ultima domanda: tornando indietro, avresti fatto il primo passo per impedire a tuo padre di mettere il lucchetto al cancellino?»

«E tu?»

La sua risposta mi fa capire che quel ricordo è vivo anche in lei. Eccolo il vero *cin* al condizionale passato. Fanculo il resto. A distanza di più di vent'anni ci stiamo dicendo che non basta certo il tempo, un lucchetto e l'orgoglio a dividere due strade che portano allo stesso incrocio.

Ma questa serata è il nostro incrocio con semaforo rosso. Io di qua, lei di là. Ci si ferma giusto un attimo, per poi proseguire.

Usciamo per prendere un po' d'aria e perché Martina ha insistito per fare un ultimo giro intorno alla casa.

«Io sono ubriaca» dico, accendendomi una sigaretta e sedendomi su uno dei muretti che confinano con casa mia.

«Vuoi scavalcare e andare a spiare i due amanti?»

«Ma sei impazzita?»

«Scherzavo! Anche se sarebbe divertente! Ma lui lo hai visto?»

«No! Non viene mai qui, lei è sempre sola!»

«*Uuuh*... che mistero! Allora aspettiamo qui... Magari esce!»

«Ma perché? Che te ne frega di com'è lui?»

«Sono curiosa, va bene? E so che lo sei anche tu!»

Sì, lo sono. Tanto. Sono curiosa di dare un volto al protagonista maschile dei racconti di Anna e sono curiosa di sapere chi è questo Gabriele che ha avuto il privilegio di entrare in casa mia. Ma da lì al mettermi a spiare due persone ce ne passa...

Nel silenzio della collina, riconosco il rumore della porta a vetri di casa mia che si apre.

Uno dei due deve averlo fatto con un filo di prepotenza.

Martina mi afferra la mano e rischia di bruciarsi con la sigaretta.

«Gloria! Vieni, andiamo!» bisbiglia trascinandomi via dal muretto sul quale ci avrebbero subito viste.

«Dove vai? Cosa stai facendo?» sussurro.

«Dietro la siepe! Vieni! Muoviti, se no ti vedono!»

Siamo come due bambine che si nascondono dopo aver fatto una marachella.

«Abbiamo trent'anni. Cosa stiamo facendo?»

«*Sssh*, zitta! Uno dei due è incazzato. Non hai sentito con che potenza ha aperto la porta? Chi è uscito? Lei o lui?»

Martina s'infila tra le foglie della siepe di alloro sperando di assistere a una discussione o forse a un omicidio in diretta, io invece voglio solo andare a controllare che nessuno abbia rotto la porta.

Siamo troppo distanti e la siepe è troppo fitta per vedere qualcosa e le voci sono lontane e non riconoscibili.

«Marti, per favore possiamo lasciar perdere e andare in casa?» dico trascinandola senza troppa fatica, data l'alta quantità di alcol presente nel suo corpo.

«Adesso rimaniamo accovacciate qui e beviamo un'altra birra. Perfetta situazione per la quarta tappa!»

«Marti, io sono ubriaca. Dimmi che la prossima tappa non è il coma etilico!»

«*Sssh!* La quarta tappa è la confessione.»

«Cosa?»

«La confessione. Solo una, sceglila bene!»

«La confessione di cosa?»

«Di un pensiero, di un segreto, di una vergogna, decidi tu. Confessiamoci una cosa che non ci siamo mai dette!»

«E dobbiamo farlo qui, ubriache dentro l'alloro?»

«Avrei voluto farlo sul muretto delle chiacchiere, ma quei due ci hanno disturbate. Quindi sì, lo faremo qui!»

Quante ne avrei da fare. Troppe.

Probabilmente ci metterò più tempo a sceglierla che a dirla. Ma poi penso a Martina e mi viene in mente il senso di colpa più grande che ho nei suoi confronti. È arrivato il momento di mettere a rischio il nostro rapporto e di testare la nostra amicizia.

Okay. Ci sono.

«Marti… ti ho rubato un sacco di vestiti di Barbie!»

Martina, ricordandosi del motivo per cui siamo nascoste, si tappa subito la bocca con la mano soffocando una risata.

«Lo sapevo! L'ho sempre saputo! Ogni volta che venivo via da Mozzano, il guardaroba delle mie Barbie si dimezzava! Brutta stronza che non sei altro!»

«Avevo un problema con i vestiti di Barbie. Li rubavo a tutte le mie amiche, mi dispiace che anche tu sia stata vittima di questa mia fase di acuta cleptomania!»

«Ora tocca a me…» Martina inspira.

«Vai! Sono pronta!»

«Ti ho rubato un sacco di Barbie!»

È difficile trattenere le risate in questo assurdo dialogo. E infatti non ci riusciamo.

La collina buia e silenziosa viene ufficialmente disturbata da due ubriache che ridono sguaiate dentro una siepe. Non ci preoccupiamo più che Anna e il marito ci sentano, non ce ne frega nulla.

«Cosa? Ma come è possibile che non me ne sia mai accorta?»

«Ecco, vedi? Per questo... Tu ne avevi troppe e io solo due. Non lo sopportavo...»

È come se ci fossimo tolte un masso dallo stomaco. Quello che oggi ci fa ridere, vent'anni fa era una ribellione alla prima lezione che ti dà la vita: si vuole sempre ciò che non si ha.

«Ragazze, tutto bene?»

Anna si avvicina alla siepe.

Io e Martina ci guardiamo e io le faccio segno di stare zitta.

«Ragazze, lo so che siete lì. Vi sento ridere.»

Anna con un tono divertito spunta dalla siepe.

«Quindi? Chi aveva tante Barbie e chi tanti outfit che spaccavano! L'erba del vicino è sempre più verde, allora è vero?»

«Ma che ci fai qui tu? Dov'è lui?» dico.

«È dentro!»

«Tutto bene? Prima ho sentito la porta che...»

«Oh, sì, sì. Tutto bene! Ero io. Avevo bisogno di prendere aria.»

«Ma la maniglia è...»

«A posto. Ho solo esagerato con la forza. Ora vado in casa. Lui stanotte rimane qui» dice guardandomi.

«Oh! Bene!» le rispondo sempre soffocando quella maledetta invidia che tutta questa birra non riesce ad affogare del tutto.

Quindi un uomo che non è Ken dormirà tra le mie lenzuola, abbracciato a una donna che non sono io e che non è Barbie.

Anna ha cambiato espressione. Sembra triste, seria o forse solo preoccupata. Ma io sono ubriaca e non ho la lucidità per compiere un'analisi comportamentale di donna-in-controluce-oltre-la-siepe.

«Tutto bene, Anna?» chiede Martina che, evidentemente, ha avuto la mia stessa impressione. «Mi sembri… strana!»

«Tutto bene, certo. Piuttosto, voi due? Non avete mica intenzione di guidare stasera, vero?»

Entrambe facciamo segno di no con la testa.

«Bene. Vado, prima che lui esca dalla doccia. Buonanotte, ragazze!»

«Ciao, Anna!» rispondiamo in coro.

Appena si allontana dal nostro mancato nascondiglio, Martina si trasforma in Bea.

«*Mmm*, non me la racconta giusta.»

Eccola, un'altra cacciatrice di gossip.

«In primis, cosa esci di casa con il marito sotto la doccia? Fiondati in bagno e dacci dentro, sorella! E poi ti ha guardata male, Glo… Ho avuto una strana sensazione.»

«Ma cosa stai dicendo? Forse la serata non sta andando proprio come l'aveva immaginata.»

«È solo un'impressione ma quando ti ha detto che lui rimaneva a dormire, l'ha fatto con un tono di voce che sembrava quasi una minaccia. Non credi?»

«Ma quale minaccia! Sono stata io a consigliarle di fare tutto questo!»

«Lo so ma, ti ripeto, mi è sembrata strana…»

«Con tutte queste birre e tutte queste tappe le strane siamo noi. Andiamo in casa?»

«Andiamo, andiamo!»

«Marti, il lettone dei tuoi genitori è comodissimo!»

«Marcia come sei, anche un materassino gonfiabile da cinque euro e novanta lo sarebbe.»

«Questo viaggio a tappe è stato fantastico. Non ho la forza

di alzarmi, dimmi che le ultime due possiamo farle da sdraiate e senza toccare la birra...»

Martina si gira e si rannicchia vicino a me.

«Glo, facciamo che per ora le tappe sono quattro» dice sbadigliando e con gli occhi già praticamente chiusi.

Io, invece, non riesco a dormire. Mentre sono immobilizzata e come risucchiata dal materasso, tutto mi gira intorno.

Nel silenzio della notte e con la finestra spalancata vengo riscossa da un rumore. È di nuovo la porta a vetri di casa mia che si apre e subito si richiude.

Che ore sono? Non lo so e non m'interessa.

Sento dei passi sulle scale. Qualcuno scende e ha in mano delle chiavi. Il tintinnio si allontana sempre di più.

La curiosità di affacciarmi supera la fatica di scollare il corpo dal materasso. Mi alzo e vado a vedere.

Eccolo. È lui, il marito di Anna sta scendendo le scale.

Ne intravedo solo la sagoma alla luce del lampione. E poi non ho gli occhiali e ancora troppi litri di birra da smaltire in corpo.

Si ferma a metà e io, con la coscienza colpevole, mi tiro indietro sperando che non si sia accorto della mia inappropriata presenza.

Ma che sto facendo? E soprattutto perché?

Insisto, ormai sono in ballo e quindi balliamo. Mi riaffaccio.

Lui si è seduto sui gradini e ha in mano il telefono.

Brutto segno. Stai a vedere che aveva ragione Bea. Qui c'è sotto qualcosa, o meglio qualcuno che ora, scommetto cento euro, non si trova a Mozzano.

Si alza, mette il telefono in tasca e sparisce nel buio.

Non si è fermato a dormire qui. Chi sarà stato a cambiare idea, lei o lui? Allora Anna non esagerava quando mi diceva che non è amante di collina e silenzi. Si vede che ha sentito l'imminente bisogno di rientrare in città, o almeno me lo auguro. Non le dirò nulla. Non ho il diritto di farlo e soprattutto non c'è possibilità che lei sappia che ho visto questa ambigua scena del loro film.

Il rumore dell'auto che si allontana disturba il silenzio.

Mi corico di nuovo. Che ore sono? Il cellulare è in salotto, non ho sveglie da inserire e quindi esco di scena anch'io e dico buonanotte al mondo.

Martina è un sasso. Non si è accorta di nulla. Io mi addormento nel silenzio di una casa che nei nostri ricordi farà rumore ancora per tanto tempo.

Sono monouso, non sprecarli!

«Apri! Sono io!» dico bussando alla porta di vetro, ancora fortunatamente intatta, di casa dei miei nonni.

«Che ci fai già in piedi? Avrei scommesso che nemmeno una bomba vi avrebbe svegliate stamani!»

«Mi scoppia la testa, ma devo andare a Parma. Oggi ho degli appuntamenti che non posso rimandare.»

Bugia. Non devo fare assolutamente nulla, voglio solo tornare a casa e oziare sul divano tutto il giorno.

«Tieni, Anna, ti ho portato un caffè. Martina in casa aveva solo quello solubile e ne ho approfittato per farne una tazza in più.»

«Grazie.»

Anna chiude la porta alle sue spalle e si siede al tavolo. Mi invita ad accomodarmi.

«Allora... tra quanto mi chiederai perché mio marito se n'è andato?!»

«Cosa?»

«Non serve che tu finga. Ti ho vista.»

«Vista?» ripeto per prendere tempo.

«Alla finestra, ieri notte.»

Che imbarazzo!

«Mi ha svegliato il rumore della porta. A dire il vero non stavo dormendo e quindi...»

«E quindi hai pensato di non farti gli affari tuoi…»

«Anna, non c'è bisogno di usare questo tono. Non stavo facendo nulla di male… Stavo solo…»

«Facendoti gli affari miei. Ho capito.»

«Non sono venuta qui per farti domande, volevo solo salutarti prima di tornare in città.»

«Faccio finta di crederti.»

Anna mi guarda con la stessa espressione che ha insospettito Martina poche ore prima e che ora sta cominciando a insospettire anche me.

Il suo tono è parecchio irritante. È chiaro che la serata non è andata come aveva previsto ed è chiaro che non è stata una buona idea portarle il caffè. Quando qualcuno non gradisce la tua presenza, le opzioni sono due: o finge o te lo fa capire.

«Okay, allora ti lascio finire il caffè in pace. Io vado…»

«Bene.»

Anna me lo ha fatto capire.

Sono ufficialmente una presenza scomoda. Non ho idea di cosa sia successo per aver meritato questo ruolo. So solo che non ho voglia di fare domande e alzare i tacchi mi sembra la scelta più appropriata.

«Non sono di buon umore stamani» puntualizza, come a scusarsi, mentre inizio a scendere i gradini.

«Va bene, infatti sto andando via.»

«Non volevo essere scortese con te.»

«Ma lo sei stata. Porta la tazza a Martina quando hai finito. Lei rimane qui tutto il giorno.»

Anna barcolla tra il voler sfogare la rabbia e il restare impenetrabile. Ma io non sono nelle condizioni per fingere di sopportare chi mi tratta male gratuitamente. Non oggi.

Evidentemente si sente in imbarazzo perché ha davanti una

persona che ha visto qualcosa che non doveva vedere. Forse la sta vivendo come un'umiliazione, anche se in realtà non lo è. Potrei dirglielo, ma credo sia meglio andare.

Arrivata in fondo alle scale, mi giro. La sedia è vuota, la tazza è sul tavolo e di Anna non c'è più alcuna traccia. Vengo investita da un senso d'inquietudine e non ne comprendo il motivo.

«Gloria!» Martina interrompe i miei pensieri urlando dalla finestra. «Hai lasciato qui il cellulare! Aspettami che scendo e te lo porto!»

Seduta sul muretto del cortile, finisco il caffè e l'aspetto. Esce dalla porta con passo lento e ancora addormentato, sbandiera il cellulare in una mano e la caraffa di caffè nell'altra.

«Tieni.»

«Ah, grazie! Ma sarei salita in casa per salutarti e lo avrei preso.»

«Sì certo, come no? Sai dov'era? In modalità silenziosa e in mezzo ai cuscini del divano. Non lo avresti mai trovato! Anna? Ha gradito il caffè?»

«*Mmm*... direi di no.»

«Cioè?»

«Praticamente mi ha cacciato di casa. Deve avere le palle girate. Ci sta, stanotte suo marito è andato via. L'ho visto.»

«Come lo hai visto?»

«Sì, ho sentito il rumore della porta e mi sono affacciata. E in tutto questo... Anna ha visto me. Quindi la mia innocente curiosità mi ha trasformata in una invadente ficcanaso.»

«Anna spiava te che spiavi suo marito? E io in tutto questo dov'ero?»

«Collassata a letto che russavi come un trattore!»

«Ah, già! Se fossi stata sveglia lo avrei fatto anch'io. E quindi? Perché è andato via?!»

«Non lo so e non l'ho chiesto. Non sapevo di essere stata beccata, quindi non avrei toccato l'argomento!»

«Io sì, lo avrei fatto di brutto!»

«La tua tazza è sul tavolo del mio portico, se vuoi fare l'impicciona hai anche il pretesto, ma io mi ritiro dalle indagini e vado!»

«Vabbe', ora ci penso! Allora… Cosa fai? Non lo leggi?»

«Cosa?»

«Il messaggio che ti è arrivato… Leonardo ti ha scritto!»

«Ti sei messa a guardare il mio cellulare di nascosto?»

«Tu guardi i mariti delle altre e io non posso sbirciare la home del tuo telefono?»

«Colpita e affondata.»

«Dài su!» Mi tira una spallata e si sporge per leggere in tempo reale.

Domani vengo a casa tua.

Non te lo sto chiedendo.

Utopico pensare che in ventiquattr'ore qualcosa sia cambiato. Non credo di dover modificare le mie attualmente bassissime aspettative. Non so nemmeno se rispondere e quindi semplicemente non lo farò. Domani è domani. Oggi è oggi.

«Dài rispondi!»

«Non ce n'è motivo.»

«Giusto! Fai quello che fa stare bene te…»

«Lo so.»

«No. Non hai capito… Fai quello che fa stare bene te e basta. Non puoi farti carico delle situazioni complicate degli altri. Cosa provi per quest'uomo?»

«Curiosità.»

«Curiosità si prova verso lo shampoo che la tua influencer preferita sponsorizza. Cosa provi davvero per lui?»

«Mi sono invaghita, Marti. Come una stupida. E l'ho fatto senza accorgermene, a scatola chiusa. E ora sono nella merda...»

«Allora basta... Vai a vedere se dentro quella merda c'è il diamante che ti sembra di aver visto!»

«La fai facile tu.»

«No, non la faccio facile per niente. Per trovarlo devi scavare, bella mia. Sai quante volte vorrai lavarti le mani? E il puzzo rimarrà per tanto tanto tempo.»

«Certo che con le metafore ci vai leggera tu...»

«Non sono l'amica che ti dice "scappa, chiudi, basta, è uno stronzo, un traditore, un verme"!»

«Ora ti sei messa a fare anche le vocine?»

«Mi spiace ma non sono neanche la psicologa che ti dice "inconsciamente credi di meritarti l'attesa perché da piccola hai sempre avuto subito tutte le Barbie che volevi"...»

«Questa storia delle Barbie proprio non ti va giù, eh?»

«No, bastarda! Non mi va giù! Non sono la donna che ti dice "non puoi fartela con uno sposato, non si fa! Non è etico", ma non sono nemmeno quella che ti dice che non farà male... Farà malissimo. Solo i coraggiosi si mettono l'armatura e proseguono. E se, nel momento in cui lo avrai davanti, il tuo cuore batterà talmente forte da scoppiare, non ci saranno circostanze che tengano. Lanciati e vai a cercare quel cazzo di diamante. Se c'è, vedi di tenerlo stretto. Se non c'è... uscirne pulita sarà più facile di quanto tu creda.»

Martina chiude il suo non-richiesto-monologo con un occhiolino.

Non so perché ma ho la sensazione che in fondo mi stia

consigliando di liberarmi davvero. E per farlo, devo affrontare l'idea che ho di lui e accettare che possa non diventare reale.

«Marti...» dico alzandomi e facendole segno che è arrivato il tempo dei saluti.

«No. Niente addii. Non voglio nemmeno un ciao. Tieni! Usa una protezione!» dice sfilando dalla tasca un paio di guanti di gomma.

«Sono monouso. Non sprecarli.»

Mi guarda ridendo e mi saluta con la mano senza dire "ciao".

«Mi chiamerai?» grido.

«No. E non lo farai neanche tu, ma va bene così!» urla.

Esco per l'ultima volta da quel cortile che ci ha viste complici e amiche fin da quando nessuna delle due sapeva ancora cosa significasse.

L'artificiere

«Chi è?»

«Leo.»

«Cosa vuoi?»

«Salire.»

«Perché?»

«Devo dirlo a un citofono?»

Venti secondi. Li sto contando.

Uno, due, tre... Apri quella porta.

Quattro, cinque, sei... Non farlo.

Sette, otto, nove... Ha chiuso con lei e vuole dirmelo.

Dieci, undici, dodici... Ma se non lo ha fatto?

Tredici, quattordici, quindici... Puoi affrontarlo. Puoi affrontare tutto.

Sedici, diciassette, diciotto... Il diamante nella merda.

Diciannove... Sai gestirne le conseguenze?

Venti... Probabilmente no. Ma apro lo stesso.

Schiaccio il tasto dell'apertura portone con lo stesso panico dell'artificiere che deve scegliere quali fili tagliare per disinnescare una bomba. È sempre l'esperto a doverlo fare ma poi, non si sa per quale motivo, davanti a quella responsabilità decade ogni competenza e sembra sempre che tutto dipenda dall'istinto, dall'improvvisazione e dalla fortuna.

Eccomi, uguale. L'artificiere.

Sono mesi che studio il copione di un eventuale incontro e ogni giorno faccio patetiche prove tecniche davanti allo specchio, attenendomi alla sceneggiatura, ma davanti al campanello che suona davvero, tutto si azzera e perdo la memoria.

Mi ha colta alla sprovvista con ventiquattr'ore di anticipo.

Sono in tuta, struccata e mi sembra di non poter contare su una corazza che, preparata ore prima, potrebbe aiutarmi. Punto tutto sull'atteggiamento, non ho altra scelta.

Se i fili sono quelli giusti, lo saprò tra sei piani di ascensore.

«Ciao, Gloria.»

«Ciao, Leo.»

Lui è immobile sul pianerottolo e io non mi sposto dall'entrata. Tento di immedesimarmi nella mia porta blindata: impenetrabile, sicura e chiusa a chiave con doppia mandata.

«Hai voluto giocare sull'effetto sorpresa?» l'attacco è la migliore arma di difesa.

«Cioè?»

«Mi hai scritto che saresti passato domani.»

«L'ho scritto ieri notte. Non riuscivo a dormire. Non guardi l'orario dei messaggi che ti arrivano?»

«Non stavolta. Non ci ho pensato.»

«Mi fai entrare o no?»

Nella mia casa, nella mia vita, nel mio cuore, nei miei incubi. Dove lo sto facendo entrare? Non lo so nemmeno io.

Con un gesto, il più banale, gli concedo il permesso di varcare la soglia. Uma non si è nemmeno alzata dal divano. Non ha fatto la guardia e non lo ha accolto. È rimasta col muso sul plaid, accanto al quaderno giallo. Ho appena finito di leggere il racconto dei miei nonni e ho ancora gli occhi gonfi. Sono emotivamente scossa.

La romantica che è in me, colei che prende ogni cosa come un segno, crede che questo *misunderstanding* temporale non sia una coincidenza. Avrebbe potuto suonare il campanello mentre ero al lavoro o mentre ero in bagno, e invece lo ha fatto appena ho letto l'ultima frase del racconto che ho lasciato in sospeso per mesi. In pratica, sono sotto l'effetto di una dose di romanticismo da cavallo!

Guardo Leonardo negli occhi, per un attimo mi perdo, ma mi riprendo subito e cerco di nascondere il panico dell'artificiere.

La loro storia d'amore ebbe inizio.
Ogni giorno, feriale o festivo che fosse, i due trovavano il modo di passare del tempo insieme. A volte solo dieci minuti, altre ore intere.
Che ci fosse pioggia, neve, sole o nebbia, prima di entrare al lavoro, Dina passava a salutarlo all'officina, dove Attilio trascorreva le giornate anche se, essendo ancora convalescente, non faceva altro che stare seduto a chiacchierare.
Con puntualità svizzera, la ragazza scendeva dalla sella della sua fedele bicicletta, si ravviava i capelli, entrava e gli dava un bacio. Un solo bacio sulla guancia ed era pronta ad affrontare la giornata.
«Aspettami. Tornerò da te il prima possibile!» diceva lei.
«E dove vuoi che vada?» rispondeva lui.

«Hai una bella casa.»

«Grazie.»

Leonardo è seduto al tavolo della mia cucina, ha capito che non mi butterò a bomba da questa scogliera ed è in ansia da introduzione. Manca solo che si metta a parlare del tempo.

«Assomiglia a te. È esattamente come la immaginavo.»

Non rispondo, lui beve un sorso del caffè che gli ho appena offerto.

«Bella la parete gialla. È stata tua l'idea o…»

«Leonardo, cosa sei venuto a fare?» Devo interrompere questa scenetta da programma televisivo su Real Time.

«Mi manchi…»

«E quindi?»

«E quindi avevo bisogno di vederti.»

«Tutto qui? Fatto. Se lo avessi saputo prima, non avrei neanche aperto la porta. Mi fai sentire come se fossi un caricabatterie dell'iPhone.»

«Smettila, dài. Come stai?»

«Bene, grazie. Tutto procede.»

«Non c'è bisogno di essere telegrafica.»

«Leonardo, te lo chiedo per l'ultima volta. Cosa vuoi da me?»

«Io… Io… Voglio…»

«Voglio, voglio cosa?»

Un giorno Dina decise che era arrivato il momento di presentare Attilio alla sua numerosa famiglia. Non appena fosse guarito del tutto e avesse potuto ricominciare a pedalare, i due sarebbero andati insieme a casa di lei.

Così fu. Una domenica mattina Attilio, dopo essere andato a messa con i suoi tre migliori amici, lasciò i compagni dicendo: «Ragazzi, oggi non posso rimanere a fare due palleggi, vado a farmi bello. Sono invitato a pranzo a casa della Dina!».

Attilio abitava proprio di fronte alla chiesa di San Leonardo e non appena uscì di casa trovò Dina in piedi, appoggiata alla sua bicicletta, che lo aspettava.

«Ma perché sei venuta fin qui? Non potevi aspettarmi a casa tua?»
«Te l'avevo detto che volevo fare la strada insieme a te!»
«Ma oggi potevi riposarti, sarei venuto io...»
«Non volevo aspettare...» e così dicendo si avvicinò e gli diede un bacio.
Il sole splendeva e l'argine del fiume faceva da sfondo a questa lunga pedalata, che sembrava meno faticosa del solito. A metà si fermarono, scesero dalle bici e si abbracciarono. Si diedero un altro bacio veloce e rimontarono subito in sella.
Attilio, di solito sicuro di sé, sembrava agitato.
«Piacerò alla tua famiglia?»
«Che domande, Attilio... Certo. E poi, piaci a me. Tutto il resto non conta!»
«Hai già parlato di me a tuo padre?»
«Certo... anche alle mie sorelle. Sono tutti in attesa. Dài, andiamo!»
La famiglia di Dina lo accolse come un figlio e poco dopo la famiglia di Attilio fece lo stesso con lei. Nessuno si oppose alla forza dei due giovani innamorati.

«Okay. Inizio io. Mi hai lasciata andare.»

«Non l'ho fatto.»

«Allora, visto che sono già passati dei mesi, hai lasciato tua moglie?»

«No, non ho fatto nemmeno questo. Gloria, per favore...»

«Se sei venuto qui per parlare, parliamo.»

«Non sono riuscito a trovare il momento giusto... o le parole giuste.»

«O il coraggio.»

«Io voglio stare con te. Voglio te.»

«Io sono qui, Leonardo, e sono libera.»

«Ma io non sono libero...»

«Sì, che lo sei, come tutti. Sei libero di prendere le tue decisioni. E stai scegliendo di rimanere immobile.»

«Ti ho detto che arriverò!»

«Non m'interessa. Oggi non ci sei.»

«So che anche tu vuoi quello che voglio io.»

«Tu vuoi tenere due situazioni in mano, in equilibrio su un filo, pensando che entrambe abbiano lo stesso peso. Ma non è così. Stai giocando con la vita di tre persone.»

«Non sto giocando. Sono solo in tilt.»

«Ti aiuto io a sbloccarti. Ti tolgo un peso: la mia vita non ti riguarda più.»

«...»

«Non esiste un momento giusto. Esiste ciò che vuoi e la forza per prendertelo. Esistono le scelte.»

Filo rosso o filo blu?

Tra il lavoro, le famiglie, le domeniche sull'argine e questo amore appena nato, la vita procedette tranquilla fino a che Attilio venne chiamato per il servizio militare. All'epoca era obbligatorio e quindi fu irrilevante che fosse contrario alle armi e che non volesse lasciare Parma e la sua amata Dina. La guerra era ormai alle porte. Il clima era teso.

Lo sconforto dei giorni che precedettero la partenza mise a dura prova la qualità del tempo che i due trascorrevano insieme: la paura della separazione e dell'ignoto li terrorizzava e monopolizzava le loro conversazioni. Impotenti davanti a questo obbligo, i due si salutarono alla stazione

di Parma e si lasciarono con la promessa di amarsi e di resistere alla distanza, giorno dopo giorno.
«Aspettami. Tornerò da te il prima possibile!» disse stavolta Attilio.
«E dove vuoi che vada?» rispose Dina.
Le loro strade e le loro storie per un po' si dovettero separare.

Arrivato a Bologna, Attilio si diresse all'ufficio accoglienza per la visita medica obbligatoria. Appena si sedette alla scrivania entrò il medico e, con grande sorpresa di entrambi, i due si riconobbero.
«Ma lei è...»
«Non posso crederci...»
«Attilio!»
«Salve, come sta? Non ci vediamo dal giorno in cui... mi ha investito con l'auto!»
«Dal giorno in cui tu sei sbucato da un angolo senza guardare, vuoi dire!»
Ebbene sì. Il medico addetto alla visita era colui che aveva investito Attilio il giorno dell'appuntamento con Dina.
I due cominciarono a parlare di come erano andate le cose. Grazie a Dio Attilio non aveva più alcun malessere e non ebbe difficoltà ad ammettere di essere stato in torto. La storia della sua folle corsa per amore, raccontata tra una battuta e l'altra, creò tra i due un clima di cordiale confidenza e portò il medico a fargli un favore non richiesto. Lo fece arruolare in foresteria con il compito di magazziniere. Sapeva perfettamente di dargli una posizione privilegiata, e soprattutto meno pericolosa rispetto ad altre, e lo fece con gioia.
Attilio, da sempre contrario alle armi e, come tutti, spa-

ventato dalla guerra, accettò senza porsi tante domande e iniziò a svolgere il suo compito.
Qualche mese dopo, alcuni giovani studenti si presentarono alla base di Bologna. Erano volontari che volevano combattere per la Patria. Attilio quel giorno era nell'ufficio accoglienza e, mentre attendeva di parlare con i suoi superiori, riconobbe uno di loro. Era di Parma, del suo quartiere. Non si ricordava il nome, ma era certo di averlo visto in San Leonardo.
Gli andò incontro, si presentò e venne riconosciuto. Il giovane gli raccontò di non aver ricevuto la chiamata e di volersi arruolare spontaneamente per andare al fronte a combattere. Attilio, sconcertato da questa confessione, fece di tutto per convincerlo a desistere, ma ovviamente non venne ascoltato.
Qualche tempo dopo, però, il giovane fu preso dal panico e pensando alle potenziali conseguenze del suo gesto, decise di mettere da parte l'orgoglio e chiedere aiuto ad Attilio, che in tempi brevi contattò i suoi superiori e assicurò un posto in foresteria anche a lui.

Nell'agosto 1944 Attilio ricevette una lettera dalla famiglia, in cui gli veniva annunciata l'imminente morte di uno dei suoi fratelli, Otello, il più piccolo. Chiese un permesso di quarantotto ore per rientrare a casa, salì sul primo treno per Parma e mentre era in viaggio prese un'insindacabile e rischiosa decisione.
Una volta arrivato andò subito dal fratello. Riuscì a vederlo e a dirgli addio. Sembrò che lo avesse aspettato perché Otello morì poche ore dopo.
Dina era stata avvertita, sia del ritorno di Attilio, che delle

condizioni del fratello, e sapeva di avere solo un giorno per incontrare il suo amore prima del ritorno a Bologna. Partì all'alba ma il buio dell'argine non le fece paura. Il fanale della sua bici illuminava giusto qualche metro davanti a lei. L'aria era fredda e l'umidità sembrava entrarle nelle ossa, ma niente la turbava. Anzi, pedalava veloce come non mai perché sapeva che, alla fine di quel buio spaventoso, avrebbe finalmente riabbracciato il suo Attilio.

Si videro da lontano, Dina lanciò la sua bici a terra e gli corse incontro. L'abbraccio durò minuti interi, i due non riuscivano a credere di essere di nuovo vicini.

«Amore mio» bisbigliò Dina.

«Amore mio» replicò Attilio.

Ripeterono queste parole mille volte, senza mai staccarsi.

«Mi sei mancato come mai avrei immaginato...»

«Sei stata nei miei pensieri ogni giorno, ogni ora, ogni minuto.»

Seduti sul muretto della chiesa di San Leonardo i due si raccontarono tutto ma quando arrivarono a parlare del futuro, Attilio dovette confessarle la decisione che aveva preso sul treno.

«Io non torno.»

«Cosa significa che non torni?»

«Io non torno più a Bologna.»

«Ma non puoi, Attilio...»

«Posso decidere e ho deciso. Mi unisco ai partigiani.»

«Attilio, ti prego...»

«No, Dina. Non pregarmi. Io non torno. Andrò sulle colline con i miei compagni e porteremo avanti i nostri ideali lontano da tutto. Può sembrare codardia ma non lo è, dietro c'è molto di più.»

«Che significa? Attilio, ti prego!»

«Stammi a sentire... So dove andare, non devi preoccuparti. Non posso stare in città, ma in questi mesi ho conosciuto tante persone e prima di prendere questa decisione ci ho pensato bene. Una cosa è certa: a Bologna non torno.»

Dina sapeva che l'unica cosa che avrebbe potuto fare era assecondarlo. Attilio era testardo, irremovibile, e non avrebbe mai cambiato idea.

«Riuscirò a dirti esattamente dove sono e riusciremo a vederci.»

«Sarà impossibile, Attilio.»

«No, non lo sarà. Ho pensato a tutto. Tu ora devi solo stare tranquilla e fidarti di me.»

«Mi fido di te.»

«Allora non devi avere paura.»

«Farò di tutto per riabbracciarti.»

«E io farò di tutto perché questo accada.»

«Io ho scelto di aspettarti, Leonardo. Ho preso quel taxi con tanta rabbia ma anche con tanta fiducia. Se pensi che la mia sia una posizione passiva, come la maggior parte della gente crede, ti sbagli. Aspettare qualcuno, non vederlo arrivare ma continuare a farlo, è una scelta. Ma il tempo passa e le scelte si possono mettere in discussione.»

«Non devi mettere in discussione i miei sentimenti per te.»

«Certo che lo faccio. Hai idea di quanto possa essere grande la potenza di un sentimento?»

«Credi sia facile? Credi che questa sia una situazione semplice?»

«Sì, lo è. Sei tu che la stai complicando e non ti accorgi di quanto patetico e ridicolo sia il tuo atteggiamento da vittima.»

«I sensi di colpa mi stanno uccidendo. Li ho sottovalutati e non riesco a uscire da questo vortice che mi tiene incollato…»

«Allora rimani fermo. L'occhio del ciclone è la zona più sicura. Lì, le mucche non volano e le case non si scoperchiano…»

«Io sono serio.»

«Ti sto prendendo talmente sul serio da essere terrorizzata da ciò che stai dicendo.»

Faccio un respiro; è un dialogo così banale, da non poter essere trascritto nemmeno in un romanzo di seconda categoria.

«Finché continuerai a vedermi come la fonte del tuo senso di colpa, non riuscirai mai a raggiungermi. È questione di focus: o sono l'obiettivo o sono il problema. Credo tu debba iniziare a schiarirti le idee. Ma io non sono qui per convincerti, non è il mio ruolo e non sprecherò tempo a farlo. Non so niente di te e del tuo matrimonio. Non voglio sapere niente. Non è mio diritto chiedere e non è tuo dovere dirmi nulla. L'unica cosa di cui prendo atto è che sono passati mesi da quando mi hai vista andare via e ogni giorno mi sono chiesta se avresti bussato alla mia porta.»

«E l'ho fatto oggi…»

«E per cosa? Per dirmi che ti manco? Per marcare il territorio? E io che ho anche aperto la porta, che illusa!»

Sto sudando.

Il giorno successivo, subito dopo il funerale del fratello, Attilio disse alla famiglia che sarebbe andato a rifugiarsi sulle montagne insieme ad altri ragazzi conosciuti a Bologna. Si sarebbe unito a un gruppo di partigiani dalle parti di Schia. Non diede altre informazioni.

La famiglia non seppe come reagire, ma nessuno si mise contro la volontà di Attilio.

Prima di uscire di casa lasciò sul tavolo della cucina una busta contenente una fotografia e una lettera per Dina. Diede l'ordine di non aprirla e di consegnargliela appena possibile.
Una settimana dopo la partenza, Dina decise di andare a casa di Attilio per salutare sua madre e per sapere se avevano notizie di lui.
Le venne consegnata la lettera. Uscì di casa e una volta arrivata sul punto dell'argine in cui si fermavano sempre per baciarsi, scese dalla bici e si sedette per leggerla.

Mio dolce amore,
scrivo queste righe sapendo già che ci incontreremo molto prima di quanto immagini. Anche se non mi vedi, io non sono lontano.
Sto per chiederti un grande gesto di coraggio.
Questa nostra foto è la mia preferita. La scattammo il giorno in cui venni per la prima volta a casa dei tuoi genitori. Guarda quanto sei bella. Guarda quanto siamo belli. Ora gira la foto e leggi. Come vedi non ci sono frasi d'amore o promesse, ci sono solo un luogo e dei numeri. Tutti penseranno che quello sia il posto in cui è stata scattata la foto e i numeri sembreranno una data.

Schia, 13.10.39

Alle tredici in punto, ogni dieci giorni a partire dal giorno in cui ho scritto questa lettera, mi nasconderò al civico 39 della strada che conduce all'ingresso di Schia. Sono quattro ore di bicicletta. È pesante e pericoloso. Potresti trovare posti di blocco e non sempre il tempo ti permetterà di venire.

Non importa, non devi preoccuparti se per un qualsiasi motivo non ci riuscirai. Nei giorni e nell'orario stabilito, io sarò lì, e rimarrò ad aspettarti. Se non dovessi arrivare, ricomincerò a contare. Mi basta la speranza di vederti per affrontare questi infiniti giorni di lontananza.
Leggi queste parole, memorizzale e poi distruggi la lettera. Conta bene e non dimenticarti mai che ti amo...

Per sempre tuo,
Attilio

Gli occhi di Dina si riempirono di lacrime. Non sapeva se stava piangendo per la gioia o per la paura di non riuscire a essere abbastanza coraggiosa. Ma la possibilità concreta di rivedere il suo amore eclissò completamente il pericolo che avrebbe dovuto affrontare
«Ore tredici, ogni dieci giorni, civico trentanove» ripeté quella frase mentre in lacrime strappava la lettera in mille pezzi. Alla fine, quando si trovò tra le mani una manciata di coriandoli, si alzò e li lanciò nel fiume.
Baciò la fotografia e la ripose nella borsetta. Pedalando verso casa, disse ad alta voce alla sua bici: «Bella mia, avrai tre giorni di tempo per riposarti, prima del viaggio più lungo che tu abbia mai affrontato. Andiamo!».
Il coraggio dei due giovani innamorati sfidò il tempo, la distanza e le circostanze. Dina riuscì a raggiungere il luogo concordato e i loro incontri clandestini si ripeterono per mesi. Mai una volta uno dei due mancò.
Attilio le raccontava dei partigiani, dei loro rifugi segreti sulle montagne, lei gli portava notizie da Parma, gli aneddoti degli amici e del quartiere. Le poche ore che avevano

da condividere volavano e Dina e Attilio, innamorati più che mai, mantennero il loro appuntamento fino all'annuncio della fine della guerra.

«Non avrei voluto che passasse una sola ora senza rivederti.»

«Ma ne sono passate un centinaio! Visto, come cambiano i piani, eh?»

«Ogni singolo giorno ho tentato di trovare il coraggio per dirglielo...»

«Ci sono già troppi verbi in quello che dici.»

«Ho paura di spezzare il cuore a una persona cui voglio bene, lo capisci?»

«Sarebbe bello se non ci fossero vittime, vero? Se fossimo entrambi liberi, indipendenti e senza responsabilità. Tutto facile e chiavi in mano.»

«...»

«Cosa vuoi fare, Leonardo? Ti basta l'idea di un futuro o cominci a prenderti il presente?»

«Cosa vuoi che ti dica, Gloria?»

«La verità. Quella so affrontarla meglio di qualsiasi altra cosa.»

Mi trema la mano.

Nel 1945 la guerra finì e Attilio poté finalmente rientrare a Parma.

Trascorsi i primi mesi di assestamento e di ritorno alla normalità, i due giovani cominciarono a sentire l'esigenza di crearsi una vera vita di coppia. Entrambi venivano da famiglie numerose e avevano sempre più voglia di rendersi indipendenti e avere un nido tutto per loro. Ma lo stipendio da Borsarina e il salario da meccanico non bastavano

certo per acquistare una casa, quindi si sarebbero dovuti rimboccare le maniche.
Attilio cominciò a lavorare insieme al padre. Anche se durante il conflitto avevano perso la bottega, distrutta da una delle prime bombe cadute sulla città, avevano comunque una licenza da ambulante. L'avrebbero sfruttata per il tempo che ci sarebbe voluto per creare una nuova attività. Ripartendo da zero, con l'aiuto di tutti i figli, la famiglia Mussi tornò sulle piazze della città e presto la merceria ambulante cominciò a dare i propri frutti.
Dina, nel frattempo, continuava con il suo impiego in fabbrica, ma si era fatta aumentare le ore rinunciando quindi a parte del tempo libero che prima dedicava al fidanzato.

Un giorno, Attilio stava uscendo dalla bottega del meccanico quando andò a sbattere contro un ragazzo. Si chiesero scusa a vicenda e non appena si guardarono meglio, si riconobbero.
Era Pietro, il ragazzo che Attilio aveva incontrato a Bologna e che aveva aiutato a entrare in foresteria.
«Ciao, Attilio, come sono felice di vederti. Come stai?»
«Bene, questo incubo sembra essere finito. Tu invece, cosa mi racconti?»
«Sono in giro con mio padre per commissioni, aspetta che te lo presento!»
Il ragazzo si rivolse all'uomo col cappello che si era fermato a parlare con l'edicolante.
«Papà, lui è il famoso Attilio!»
«Oh, per la miseria! Attilio… Che piacere!» disse porgendogli la mano. «Ho sentito tanto parlare di te…»

«Salve, il piacere è mio. Ho avuto la fortuna di conoscere Pietro a Bologna...»
«È stato lui il fortunato! Se non fosse stato per te probabilmente ora non sarebbe qui. Non sai quanto piansi quando partì. Ero convinto di non rivederlo mai più...»
Gli occhi dell'uomo diventarono lucidi e Attilio capì che la sua stretta di mano era sincera e piena di gratitudine. Decisero di festeggiare il fortuito incontro andando al bar più vicino. Il tempo passò in chiacchiere tra un bicchiere di Lambrusco e una sigaretta. Quando Attilio si alzò per congedarsi, il padre s'illuminò all'improvviso e disse: «Attilio, vorrei farti una proposta. Potresti rimanere altri cinque minuti?».
«Ma certamente» rispose, anche se guardando l'orologio si accorse di essere in ritardo e sapeva che avrebbe dovuto affrontare l'ira del padre che lo stava aspettando al lavoro.
«Senti, non ci voglio girare tanto intorno, conosco i tuoi genitori, siete una famiglia numerosa e siete conosciuti per essere dei grandi lavoratori. Io sono nel commercio di formaggi da sempre e ultimamente ho investito in immobili sparsi qua e là nel quartiere di San Leonardo. Prima mi hai detto che ti piacerebbe aprire una piccola attività con la tua compagna e io stavo pensando che potrei avere lo spazio giusto per voi...»
«Oh, io la ringrazio... È vero, ne abbiamo parlato, ma al momento non siamo in grado né di sostenere spese di avviamento né di permetterci un affitto. Non siamo nemmeno sposati...»
«Non c'è fretta, Attilio. Ogni cosa a suo tempo. Non proporrò questo spazio a nessun altro. Lo sto offrendo a te, in via eccezionale e con una priorità garantita. Non sto tenendo

in considerazione il fattore tempo. Consideralo una forma di ringraziamento.»

«Un ringraziamento?»

«Devo ricordarti che hai salvato la vita a mio figlio?»

«Oh no, Signore, io non posso accettare...»

«Sì che puoi. Non è un regalo. Ovviamente mi pagherai un affitto. Ma non voglio neanche una lira per il primo anno di attività. Non lo propongo a nessun altro, piuttosto lo lascio sfitto. Mettiti in regola, fai tutto ciò che devi fare e poi ricontattami.»

Attilio non seppe cosa dire se non: «Grazie, signore, sarebbe un sogno aprire un'attività nella via dove sono cresciuto. Provvederò a parlarne con tutte le persone coinvolte e la ricontatterò il prima possibile!».

«Ci conto!»

Attilio prese la bicicletta e corse all'entrata della fabbrica di profumi. Aspettò Dina, come da accordi, e insieme andarono verso il Parco Ducale.

«Dina, fermati!»

«Perché? Siamo quasi arrivati al parco!»

«Scendi, qui.»

«Sul ponte?»

«Sì!»

«Devo ricordarti quanto io lo odi?»

«No, non serve...» disse Attilio con un sorriso contagioso. «Dina, abbiamo un'occasione irripetibile e non possiamo non coglierla!»

«Cos'è successo?»

«Sposami e ti dirò tutto!»

Dina rimase immobile e a bocca aperta qualche secondo e poi rispose: «Ti sembra questo il modo di chiedermi in moglie?».

«Perché? Cosa ho detto di sbagliato?»
«Non è una domanda!»
«Infatti non vuole esserlo!»
«Mi stai dicendo che non riceverò la classica domanda?»
«Sì, cioè no… Che importa la domanda, se sappiamo già la risposta?!»
«Brutto arrogante che non sei altro…»
«Cosa? Arrogante? Ma sei impazzita?»
«Chiedimelo!»
«Oooh… andiamo!»
«Chiedimelo… In ginocchio!»
Attilio, sbuffando, si inginocchiò, mentre un gruppo di passanti che aveva sentito Dina obbligarlo a fare la proposta ma non il resto, lo prendeva in giro.
«Dina… vuoi sposarmi?»
Dina si inginocchiò a sua volta, esattamente nel punto in cui era rimasta per ore ad aspettarlo il giorno del loro primo appuntamento. Lo guardò negli occhi e disse: «Sì, amore mio. Voglio sposarti».
Lui sorrise e dopo averla baciata aggiunse, sempre sbuffando: «E c'era bisogno di questo teatrino?».

«Mi sono innamorato di te nel secondo in cui ho incrociato il tuo sguardo, anzi no, prima, quando avevi i Ray-Ban e non sapevo nemmeno di che colore fossero i tuoi occhi. Mi hai rapito. Mi hai lasciato senza parole. Ti ho pensata per ore dopo che sei uscita dal mio studio. Non ti stavo cercando. Ti ho trovata. Avevo dimenticato di poter provare quelle sensazioni. Mi hai ricordato ciò che si dovrebbe sentire per la persona che si sceglie. E io, in quel momento, ti ho scelta.»

«...»

«Mi fai ridere, sei bellissima. Sei ironica e intraprendente. Sei una bomba di energia. Sei coraggiosa e sei forte. Sei romantica.»

«...»

«Ma non posso ribaltare un tavolo con della cristalleria sopra. Sono bloccato tra ciò che voglio e ciò che devo fare. Non penso di essere l'unico al mondo a sentirsi sopraffatto da questa situazione...»

«...»

Di nuovo le parole *posso* e *devo*.

Sto per tagliare quello rosso.

* * *

L'annuncio alle famiglie avvenne poco dopo.

Lo dissero prima a quella di Dina che fu entusiasta della notizia. Appoggiarono la loro decisione e, seppur a corto di denaro, cercarono di aiutarli. Il padre della ragazza contattò un amico carrettiere che aveva un piccolissimo appartamento in San Leonardo, se fosse stato disponibile sarebbe stato perfetto per una giovane coppia. I due uscirono di casa felici di aver avuto non solo la benedizione ma anche un piccolo aiuto per iniziare il loro percorso.

Al contrario, l'incontro con la famiglia di Attilio non andò esattamente come se lo aspettavano. I genitori di lui non la presero bene.

Innanzitutto, Attilio non era il primogenito e in quanto tale non si sarebbe dovuto sposare prima degli altri. E in secondo luogo, il padre ribadì più volte che era trascorso troppo poco tempo dalla recente scomparsa del fratello Otello, e soprattutto che le disponibilità della famiglia

non gli permettevano di dare loro nessun aiuto economico. Attilio, che già prima di affrontare la discussione aveva le idee chiare sul da farsi, prese coraggio e chiese al padre solo una cosa.
«Papà, io e la Dina ci sposiamo. Faremo tutto con le nostre forze, non ti chiedo una lira per il matrimonio. L'unica cosa che ti chiedo è una delle tue licenze da merciaio.»
«Cosa?»
«Hai capito benissimo. Dammi una delle tue licenze, permettimi di iniziare un'attività tutta mia e giuro che non ti chiederò mai più nulla.»
«Attilio, stai andando contro il sogno di tua madre di vedere tutti voi fratelli uniti in un'unica attività. Te ne rendi conto?»
«Lo so, papà e mi spiace, ma ora il mio sogno è quello di aprire un negozio come il vostro insieme a mia moglie, arrivare a fine mese con le nostre forze e costruire una famiglia. Non è un affronto a voi, è una sola e semplice richiesta… di libertà!»
«Stai sbagliando, Attilio, ma non sarò certo io a bloccare il tuo sogno. Sappi solo una cosa, mettitela in testa e non dimenticarla… Avrai la licenza, e niente altro. Noi non ci siamo più. Sei andato contro a tutto, al nostro consiglio di aspettare, al sogno di tua madre, alle regole della società e io mi sento offeso e ferito.»
Il padre di Attilio si alzò, andò nello studio e ritornò pochi secondi dopo con la licenza.
«Non si torna indietro. La vuoi davvero?»
I secondi che passarono tra quella difficile domanda e la coraggiosa risposta di Attilio tolsero il fiato a ogni componente della famiglia intorno a quel tavolo.

Dina e Attilio si guardarono negli occhi e si parlarono senza dire nulla. Non era la prima situazione difficile che dovevano affrontare, ma nei loro occhi brillava una forza che nessuno avrebbe arrestato.
«La voglio.»
La licenza passò nelle mani di Attilio e con essa anche la responsabilità di aver creato una situazione spiacevole all'interno della famiglia. Scegliere di rinunciare al loro appoggio era il pesante prezzo da pagare per iniziare ad assaporare la libertà che Attilio e Dina sapevano di meritare.
I due uscirono di casa, stavolta senza benedizione né approvazione, ma con il primo pezzo del loro futuro tra le mani.

«Se solo sapessi cosa è in grado di fare un uomo innamorato davvero...» dico pensando al nonno Attilio. «Non puoi? Devi? Un tavolo con la cristalleria? Hai quarant'anni e non riesci ad affrontare due donne. Stai mancando di rispetto a entrambe. E per finire, e apri bene le orecchie perché questa è la cosa più triste, non ti accorgi che la prima persona a cui stai mancando di rispetto, alla quale stai rubando tempo e che non hai le palle di affrontare sei proprio tu. Parli, parli, e ti accontenti d'intenzioni che muoiono sul nascere. Sei patetico e io più di te. Sono qui a farti da psicologa, quando l'unica cosa che dovrei fare è accompagnarti alla porta e dirti addio.»
«Gloria, io voglio arrivare da te...»
Ma forse taglierò quello blu.

Da lì a poco i due si sposarono e dopo un'umile cerimonia, con parenti e amici stretti, senza rinfresco né grandi festeggiamenti, partirono in bicicletta per il loro viaggio di nozze a Sala Baganza, un paesino in provincia di Parma. Adesso

erano finalmente marito e moglie e potevano cominciare la loro vita insieme.
Nell'arco di pochissimo tempo Attilio contattò il padre del ragazzo conosciuto a Bologna e accettò di prendere in affitto il piccolo fondo commerciale al centro del quartiere. Come da accordi, per il primo anno di attività non avrebbe pagato neanche una lira, l'anno successivo avrebbero rivisto i piani contrattuali. Lo spazio era piccolissimo ma Dina e Attilio lo trovarono perfetto.
Negli stessi giorni riuscirono anche ad avere una casa tutta per loro e si trasferirono nel sottotetto dell'amico carrettiere del padre di Dina. L'affitto era modesto e, risparmiando su tutto ciò che potevano, riuscirono a pagarlo senza troppa fatica.
L'8 ottobre del 1946 la Merceria Mussi di Attilio e Dina, in via Trento a Parma, aprì le porte.
I clienti arrivarono numerosi. In quartiere tutti si conoscevano e c'era chi passava dalla bottega per curiosità, chi per complimentarsi del matrimonio e della nuova attività, chi per acquistare gli articoli che i due avevano accuratamente selezionato e acquistato con le loro finanze.
Fin dall'inizio la merceria Mussi diventò un punto di riferimento. Il nome che si portava dietro era già simbolo di garanzia e, con i loro sforzi e tanti sacrifici, Attilio e Dina riuscirono a esserne all'altezza. In pochi anni aumentarono la proposta e cominciarono a vendere automatici, bottoni, nastri, fettucce, spolette di cotone e matasse di lana. Gli scaffali si riempirono di articoli di minuteria. In città si sparse la voce e di lì a poco, sarte, magliaie e camiciaie diventarono clienti fisse della bottega.

«Ora non posso… Aspettami, ti prego.»

«Tempo scaduto.»

Ho raggiunto il punto di non ritorno. Mi alzo, apro la porta e aspetto che esca dalla cucina.

Leonardo si avvicina ma senza guardarmi negli occhi. Come potrebbe? Solo chi non ha nulla di cui vergognarsi lo fa, e questo non è il suo caso.

Sto chiudendo qualcosa che si nutrirebbe solo di parole e di rinvii e che mi toglierebbe energia, giorno dopo giorno, senza mai arrivare.

Avevano ragione tutti. Tutti tranne me. Ci ho creduto finché ho potuto e ora non posso e non voglio colpevolizzarmi per essere arrivata a questo punto.

Senza dire una sola parola, Leonardo varca la soglia di casa mia e torna a essere un estraneo.

Non c'era nessun diamante. Non ho nemmeno dovuto usare guanti, mi è bastato dare un'occhiata per capire che era tutta un'illusione.

Mi sono invaghita di una possibilità, un'idea troppo bella per essere vera. Solo ora lo vedo per quello che è: debole e senza palle. Leonardo è un codardo travestito da vittima.

Non voglio un uomo così. Non mi piace un uomo così. Non credo alle sue parole.

Lo guardo ed è incolore. Un monotono sulle tinte del grigio. Prima era bianco, splendente. Gli altri avevano visto il calzino nero incastrato in un angolo della lavatrice, ma io ho voluto comunque premere Start. Pensavo fosse irrilevante perché nulla avrebbe mai potuto sfumarne la luminosità. E invece… grigio topo.

Mani in tasca, testa bassa. Reprime tutto, come da copione.

«Perdonami…» quasi sussurra a un metro di distanza.

«Sai cosa mi dice sempre mia sorella? Che il perdono è una

roba brutta. Mette uno dei due in una posizione più alta. Perdonare significa azzerare e lasciare la possibilità di ripetere. Il perdono non esiste. Ne prendo atto. E sai di cos'altro prendo atto, Leonardo? Del fatto che io valgo molto più di un senso di colpa che tiene bloccate tutte le persone coinvolte in questa scenetta vista e rivista.»

«Mi stai davvero dicendo che è ora o mai più?»

«Non ti sto dando un ultimatum. Quello che tu chiami *ora*, è durato anche troppo ed è finito in questo momento e, dato che, se non ricordo male, entrambi siamo d'accordo che il *per sempre* e il *mai più* sono concetti da non tirare in ballo in nessuna occasione, direi che il discorso può chiudersi qui. La persona che dice di essersi innamorata di me sta accettando la possibilità di perdermi. Mi basta questo. Puoi dire quello che vuoi, ma nulla eclissa questo dato di fatto.»

«Io non voglio perderti...»

«... Disse lui tornando a casa da sua moglie...»

«...»

«Ah, colgo l'occasione. Ho visto il film...»

«...»

«Non esiste incantesimo che non si voglia spezzare. "Voglia", non possa. Buona vita da lupo.»

Dina e Attilio cominciarono a vedere non solo i frutti del loro lavoro ma anche quelli del loro amore. Un anno dopo l'apertura della merceria, in un giorno di ottobre, nacque Otello.

La nascita del piccolo permise di mettere da parte i vecchi rancori e riunificò la famiglia Mussi.

Dina e Attilio combatterono sempre per il loro amore, dal primo giorno e per tutti gli anni a venire.

Nulla fu mai scontato né facile, ma scegliendosi, i due crearono il loro spazio e, senza mai pestare i piedi a nessuno, rimasero fedeli ai loro sentimenti, alle loro vittorie e alla loro libertà.
Non c'è incidente, guerra, distanza, famiglia, ideologia, orgoglio o resa che possa distruggere la forza di due persone che si amano. Vinceranno sempre. Insieme.
«Dina... Siamo stati bravi, eh?»
«Attilio, mi serve una bicicletta nuova.»

Tutto questo fa male, talmente male da rendermi incredibilmente forte.

Ripenso ai miei nonni. Non posso fare a meno di paragonare due storie che non hanno niente in comune se non un punto di inizio. In fondo, è facile affrontare le difficoltà quando si sa perché lo si fa.

Faccio un passo indietro per fare un salto in avanti.

Taglio il filo.

«Ciao, Leonardo.»

Era quello giusto.

Attraccare

Il porto di Piombino non ha un colore preciso. Ogni volta che arrivo alla rotonda che divide il centro dalla zona portuale, non so mai che filtro Instagram mi troverò davanti.

Non è vero che è grigio.

Oggi, per esempio, mi sembra più azzurro che mai. Persino il suo *skyline* sembra essere disegnato con tinte celesti. Il fumo, che esce dalle fabbriche che quasi toccano il mare, si confonde con le nuvole lontane che arriveranno con lo scirocco.

Parcheggio l'auto al molo otto, dove attracca la nave per Rio Marina, e apro la portiera per respirare quell'aria pesante che ritrovavo ogni volta che mi lasciavo alle spalle la leggerezza dell'isola.

Il porto è stato partenza e arrivo. L'ho guardato da prua e l'ho salutato da poppa.

Ognuno di noi ha un luogo indefinito e indefinibile, che non è né un paradiso né un inferno. Ecco, per me quel luogo è il porto di Piombino. Sto scappando e lui lo sa e ride perché non è la prima volta che è testimone delle mie fughe.

Dopo la serata con Martina, non sono più tornata a Mozzano. Avrei voluto riappacificarmi con Anna e archiviare il nostro ultimo incontro. Avevo deciso di andarci questo weekend, l'avrei aggiornata su Leonardo e le avrei dato modo di spiegarmi cosa è andato storto quella notte. Ma poi la voglia d'isolarmi sullo scoglio ha avuto la meglio.

I chiarimenti li lascio per il ritorno. Faccio raffreddare tutto come quella tazza di caffè che immagino ancora appoggiata sul tavolo del portico: Anna, Leonardo, il mondo del vintage...

Partire senza avvertire mi regala una ventata di libertà.

Ed eccomi qui, sulla nave, con una felpa sulle spalle, sotto questa maledetta aria condizionata a meno venti gradi, Uma che fa finta di dormire con il muso sui miei piedi.

È agosto, fa caldo, e non ho fretta di tornare in città.

Provo a lasciare tutto sulla terraferma, facendo un passo indietro. Ho bisogno di rientrare nella mia comfort zone, in uno spazio di cui si conosce ogni centimetro. Come dice Martin Brody nello *Squalo*: "Un'isola è un'isola solo se la si guarda dal mare". Ed è realmente così.

Ho appuntamento con Tommaso. Sarà la prima persona che rivedrò sbarcando, e ne sono felice.

Ci siamo sentiti pochi giorni fa e abbiamo espresso entrambi il desiderio di incontrarci, così ci berremo un caffè al solito bar di Rio Marina.

Non so se si può essere amiche del proprio ex, ma so che si può essere amiche del passato. Credo ci voglia intelligenza, forza e consapevolezza per farlo.

Eccola lì. Al massimo dieci minuti e sbarco di nuovo. Se è *Alcatraz, Shutter, Amity* o l'*Isola che non c'è,* non lo si capisce quando si arriva, lo si scopre solo quando si riparte.

«Uma, piano! Non tirare!»

M'illudo che capisca, mentre come una slitta mi trascina davanti ai turisti seduti al bar del porto. Fingo di avere tutto sotto controllo, quando è chiaro che la sua forza supera di gran lunga la mia.

Lo ha visto. Lo ha riconosciuto. È incontenibile.

«Uma!» le urlo.

Tommaso viene travolto da cinquanta chili di cane. Lo sapevo che sarebbe impazzito per lei e che io sarei venuta per seconda.

«Quanto mi sei mancata, amore mio! Amore! Uma dolce!» dice accarezzandola.

Che tenerezza! A me non ha mai detto "amore mio" in dieci anni. Okay. Avevo messo in preventivo anche questo.

«Ehi!»

«Ciao Tommaso...»

«Vieni, mettiamoci là in fondo! La tengo io Uma!»

Prende il guinzaglio e la porta verso il tavolo più vicino al mare. Rimango un passo indietro a guardare una scena che non vedevo da tanto. La lega alla sedia, la fa sedere e poi viene ad abbracciarmi. Forte. Per alcuni secondi. Tanti secondi.

«Come stai? Ti vedo in forma!» dico.

«Aspetta che vado a prendere due caffè e una ciotola per la belva! Vuoi anche una bottiglietta d'acqua, come sempre?»

"Come sempre" mi fa sorridere. Avrebbe potuto dire "come prima".

«Sì, grazie... Come sempre... frizzante!»

«Lo so.»

Torna dopo qualche minuto con l'ordinazione e si siede vicino a me.

«Sei già stata a casa?»

«Sì, prima di venire qui da te.»

«Come l'hai trovata?»

«Immobile. Umida. Abbandonata. Il giardino sembra una foresta...»

«Dovresti iniziare a pensare di chiedere a qualcuno di farti da custode. Almeno, quando arrivi, trovi tutto perfetto. Il prato, le siepi e l'esterno. Altrimenti, se fai tutto da sola, ci perdi giornate intere.»

Il suo tono ha un che di amareggiato. Non riesce a togliersi i sensi di colpa di dosso.

«Ma poi, parliamoci chiaro, Gloria. Non sei in grado. Tu e il giardinaggio siete due pianeti distanti anni luce.»

«Maledetto sia il giorno in cui abbiamo deciso di trasferirci lì...»

«Diciamo che avremmo potuto essere un po' più umili, col senno di poi, e scegliere una casa meno impegnativa.»

«Non lo era, Tommaso. Lo è diventata. Senti ma, facciamo che parliamo di cose belle... Io sono in ferie!»

Meglio tornare sulla strada giusta. Non abbiamo le gomme adatte per affrontare quella sterrata, a picco sul mare, con massi e buche dietro ogni curva.

«Ferie... ma se non stai ancora facendo un cazzo!»

«Dato che non posso ribattere alla tua accusa, chiamiamole ferie anticipate!»

«Ecco, meglio.»

«Al rientro parto con il mio progetto. Ho già un market in programma. Il sito Internet è troppo carino anche se le foto sono un po' arrangiate, ma non è il momento per perfezionare, è il momento d'iniziare!»

Tommaso non m'interrompe e sorride. So che è felice di vedermi così.

«Sei stata brava!»

«Grazie!»

«Non che abbia mai messo in dubbio le tue capacità... Ricordo quando me ne parlasti la prima volta... Le leggendarie cantine.»

«Te lo ricordi davvero?»

«Certo! E pensa che in dieci anni non mi ci hai mai portato!»

«È vero! Tu non le hai mai viste...»

«Eh no...»

Tante cose non hai visto, mio caro Tommaso. Per la Gloria di oggi perderesti la testa, sono sicura.

Conosco i tuoi gusti. Ti piace essere amato, quasi sempre da donne insicure che non richiedono il minimo sforzo per essere ipnotizzate. Tu sei ipnotico e lo sai. Però sei anche molto egoista in amore, e sicuramente sei quello che vive meglio il rapporto. Non lo fai apposta o con cattiveria, è semplicemente il tuo carattere. Finora hai avuto la fortuna di trovare chi subisce il tuo fascino e non sente la necessità di essere al centro della tua attenzione.

Non sei cattivo. Non sei stronzo. Sei solo un lupo solitario che si accontenta di far parte di un branco. Si adatta a situazioni che non appartengono alla sua natura, finché non ne resta soffocato e comincia a ululare.

Credo che con me tu abbia battuto ogni record, sarà difficile una replica. A meno che tu non apra il tuo cuore.

Non sei capace di lasciare. Sei capace di portare all'esasperazione, quello sì. Sei pratico e per nulla romantico. Buono, ma non dolce. A tuo modo sai essere premuroso. Non baci mai per primo.

Odiavi tutte le manifestazioni di affetto in pubblico, ma ti preoccupavi sempre di come stavo. Se pur a distanza. Con gli occhi non mi perdevi mai di vista. E sorridevi. Sorridevi sempre senza farti vedere da nessuno. L'uomo che non deve chiedere mai non può mostrare un lato marshmallow.

«Glo... ci sei?»

«...»

«Glo...»

«Sì. Scusa... mi sono persa...»

«In cosa?»

«In niente, come al solito.»

Mi accendo una sigaretta. È arrivato il momento di dirgli ciò che ho capito nell'ultimo periodo.

«Posso vuotare il sacco, Tommaso?»

«Mi fai paura...»

«Sparire dal radar è stato uno dei gesti più corretti che tu abbia mai fatto nei miei confronti.»

«Gloria, mi dispiace...»

«Non devi. Sono seria. Oggi lo capisco.»

«Mi sono torturato per non rispondere al telefono e mi sono odiato per non essermi fatto trovare.»

«Lo so.»

«I sensi di colpa mi divorano.»

«Basta. Ti sto dicendo che sei stato corretto. Sono io che dovrei chiederti scusa per le urla e gli insulti e i milioni di messaggi che non avrei dovuto mandare. E lo faccio oggi, a distanza di più di un anno. In quel momento non avrei potuto fare altro.»

«Non te l'ho mai fatto pesare, capivo e capisco.»

«Continuavo a chiedermi come potessi non avere mai un momento di debolezza, come fosse possibile non cedere alla voglia di sentirmi, e ti accusavo di fregartene di me e dei dieci anni che avevamo costruito pezzo dopo pezzo.»

«Ne ho avuti tanti, Glo, tantissimi...»

«Fammi finire, ci tengo...»

«...»

«Sei andato via e non ti sei mai voltato indietro. Sapevi che se avessi fatto anche solo un gesto nella mia direzione, mi ci sarei aggrappata e non ne sarei mai uscita. Sei stato coerente e hai lasciato che ognuno di noi gestisse il suo dolore lontano dall'altro. Credo ci voglia forza anche per questo. Io al tuo posto avrei ceduto ma tu non lo hai fatto. E anche se ti chiamavo stronzo, egoista di merda, figlio di p...»

«Sì, ho capito...»

«E in quei giorni consideravo i tuoi silenzi una mancanza di rispetto nei miei confronti, oggi so che è stato un gesto di forza, e te lo riconosco.»

«...»

«Era da un po' che volevo dirtelo.»

«Ti ringrazio. Questo non cambia ciò che provo verso me stesso, ma grazie.»

«Questi sono fatti tuoi, io ci tenevo a farti capire che non c'è rabbia e non c'è rancore per come sono andate le cose. Oggi sono dove voglio essere e questo è accaduto dopo che tu... mi hai liberata. Io non lo avrei mai fatto e sarei rimasta nella tua ombra, probabilmente per sempre.»

«Tu non eri in ombra...»

«Oh, sì, altroché. Ma va bene così. Mentre lo ero, vivevo serena quindi non ho nulla per cui colpevolizzare te o me. Mancavano tanti elementi tra di noi, Tommaso. Allora non lo sapevo, l'ho capito solo dopo. Non è colpa tua se è finita. Doveva finire.»

«Sulla porta ti dissi che non stavi perdendo niente, Glo...»

«Ricordo... Ti ho odiato per averlo detto perché continuavo a proiettarla su di te e non volevo credere che tu chiamassi *niente* quello su cui avevo investito dieci anni della mia vita. Be', avevi ragione. Ho interpretato male la tua affermazione per mesi, fino a quando non ne ho capito davvero il significato.»

«...»

«Come vedi, non ho perso neanche te...»

«No. Non mi hai perso.»

«Lo so.»

Asciugo le lacrime prima che spuntino dalla montatura dei miei inseparabili Ray-Ban a specchio.

Sono lacrime di gioia. Siamo uno davanti all'altra e ci stiamo dicendo che ci vogliamo bene. Ci stiamo chiedendo scusa per quegli inevitabili fraintendimenti che solo il passare del tempo può smascherare.

«Okay, bene. Tutti e due sappiamo tutto. Ottima base per andare oltre. Vado un attimo in bagno, torno subito.»

Mi allontano con la scusa più banale e mentre raggiungo il bancone prendo fiato. Mi volto e lo guardo mentre accarezza Uma e tenendole il muso tra le mani le dice qualcosa. Le labbra si muovono ma non riesco a sentire cosa le stia dicendo. Potrebbero essere le solite frasi da "rincoglionimento coccole", ma ho la sensazione che le stia chiedendo scusa. Lo conosco. Sente di aver abbandonato anche lei. Non ho dubbi.

Rimango distante e indugiando gli lascio il tempo che gli serve.

«Tommaso, io vado a casa, grazie per il caffè.»

«È solo un caffè... e una bottiglietta d'acqua!»

«Non è solo quello...»

Prendo il guinzaglio di Uma dalle sue mani e lo abbraccio più forte che mai.

Ripenso ad Anna, a quando mi disse che un giorno gli avrei detto il "ti ho amato" più grande di sempre.

«E mi raccomando...» dico.

«Cosa?»

«Basta sensi di colpa.»

«Ti voglio bene!»

«Ti voglio bene anch'io!»

Ora l'estate che ci meritiamo può iniziare.

Aspettative in trasferta

«Pronto, Bea!»

«Eccola! Sei viva! Non farti sentire per un'estate intera, non c'è problema!»

Quando simula la voce da finta indispettita mi fa ridere. Perché non ci riesce, non è credibile.

«Oh, smettila! Non mi sembra di aver visto tante chiamate perse col tuo nome!»

«Hai ragione, ma lo sai che la prima che lo rinfaccia all'altra vince, no?!»

«A questo giro allora il punto è tuo!»

«Su, dimmi. Come è andato il primo market?»

* * *

La mia testa viaggia più veloce del furgone che ho noleggiato per andare a Cesena e che è carichissimo, quasi quanto me. Non c'è spazio per i ripensamenti. L'ho riempito fino al tettuccio.

Oggi mi aiuta mio cognato Mauro; il fortunato ha un posto in prima fila per assistere al trionfo della mia idea. Lui guida e sembra essere tranquillo, io, al contrario, ho il cuore che batte troppo forte per non sentirlo nonostante la radio accesa al massimo del volume. Penso e ripenso a cosa succederà una volta che mi esporrò definitivamente ed entrerò a far parte di questo mondo.

Riuscire a emergere nel mercato vintage non è impossibile, ma è estremamente difficile. Nessuno sembra avere più bisogno di nulla. Eppure, non posso fare a meno di pensare di avere in mano un prodotto vincente. Nel negozio che sto creando ci sono sì i maglioni di pura lana vergine, ma la storia che li ha accompagnati fin qui non è secondaria. Non deve essere uno dei tanti acquisti che finisce in fondo all'armadio e del quale ci si dimentica nel giro di una stagione.

Voglio che la nostalgia sia protagonista.

La nostalgia è sempre stata mia amica. Non capisco perché la si associa a una sensazione di mancanza e le si dà sempre un tono triste. Se dovessi dare un colore alla nostalgia, io sceglierei il giallo, il mio giallo.

La nostalgia è luce. Chi la prova è fortunato, significa che nel passato ha qualcosa di bello che, se stimolato, può riaffiorare da un momento all'altro. Un profumo può ricordarti una persona che hai amato, un luogo può riportarti a una giornata felice, una canzone può farti provare la stessa gioia di quando l'hai ascoltata per la prima volta.

Io voglio lavorare con la nostalgia e voglio che le persone capiscano quanto sia bello provarla. Non è vero che tutto ciò che è passato non torna. Lo fa, ma sotto un'altra forma. E io voglio esserne il tramite.

Qualcosa dentro di me mi dice che questa è la mia strada.

Il parcheggio è vuoto. Siamo arrivati con un anticipo ingiustificato. È il mio primo market, la mia prima vera prova sul campo. Sento che sarà un successo.

* * *

«Bea, è stato un disastro.»

«Tutto mi sarei aspettata tranne questa risposta!»

«A chi lo dici…»

* * *

Alle dieci e trenta in punto si sono aperte le porte.

Tra gli espositori c'è già chi si sta lamentando del fatto che sia una giornata di sole, troppo calda per stare al chiuso, troppo bella per rinunciare alla spiaggia. Non è passata nemmeno un'ora e circolano pronostici catastrofici ma io non mi farò demoralizzare dal meteo.

Durante l'allestimento ho fatto amicizia con i miei vicini di stand. Mi sono presentata sprigionando l'energia che solo chi ha appena iniziato può avere. Non esiste fatica e non esistono sconfitte.

«Questo è il mio primo market!» dico in *repeat* a chiunque mi rivolga la parola.

Confrontarsi con loro a porte chiuse è stato l'ennesimo passo che aspettavo di fare da tanto tempo. Ripenso a Padova, a quello che mi è stato detto e a quanto avrei voluto essere nel ruolo di coloro a cui proponevo una collaborazione. Finalmente sono nella loro stessa identica posizione e posso mettermi alla prova da sola, senza intermediari.

Al centro del mio stand, impossibile non notarla, c'è l'insegna originale della merceria. Venne sostituita intorno al 2000 e mio padre, una volta smontata, la conservò nel solaio. Pesa un quintale e caricarla sul furgone è stata un'impresa, ma è il simbolo delle origini di tutto questo e non potevo non dedicarle uno spazio adeguato al suo valore. Nell'angolo ho messo la poltrona gialla; una lampada stile industriale illumina la pila di jeans anni Ottanta e l'insegna con il mio logo. Ho riempito il pavimento di tappeti persiani. Adesso sembra un negozio di altri tempi. Chi varca la soglia dello stand deve sentirsi avvolto dalla confortevole atmosfera del passato, deve rimanere incantato, deve uscire con il desiderio di portarsi a casa un pezzo della bella storia che io in persona gli racconterò.

Ho controllato che lo spazio tra una gruccia e l'altra fosse identico su ogni stendino. Si chiama *finger space*. L'ho imparato a Londra andando a trovare un'amica che lavorava in una boutique di Oxford Street. Mi disse che passava le ore a mettere le dita in mezzo alle grucce in modo da lasciare tra ognuna la stessa distanza, esattamente quella di un dito. Non l'ho mai dimenticato e oggi mi sembra un modo per aumentare la professionalità dell'esposizione. Ogni gruccia è girata dalla parte giusta e i colori dei capi si armonizzano l'uno con l'altro.

«Sei agitata?» Mauro mi guarda, seduto dietro il bancone mentre piega le cravatte.

«Tantissimo. Si vede, vero?» Ogni parte del mio corpo manifesta tensione.

«Stai tranquilla. Lo stand è invitante e accogliente. Una perfetta cornice per un dipinto di valore!»

«Infatti, è così. Sono solo un po' preoccupata. Prima sono andata a fare un giro e non ho potuto non notare che siamo gli unici con prezzi così alti.»

«La maggior parte degli abiti esposti negli altri stand sono usati.»

«Lo so, ma ho trovato giacche in pelle a cinquanta euro. Le nostre sono prezzate duecento. Fino a ieri mi sembrava fin troppo poco, ma ora… non saprei!»

«Gloria, ti faccio una domanda. Quando li hai prezzati, tenendo in considerazione ogni fattore, compreso il valore assegnato dall'esperto che li ha stimati, il fatto che siano cartellinati e non di seconda mano, che siano pezzi unici e che provengano da un magazzino che ha quantità limitate, eri titubante?»

«Sapevo che non sarebbero stati alla portata di tutti, ma no, anzi. Ora, inseriti in un contesto così diverso dalle mie aspettative, ho paura che non batterò nemmeno uno scontrino!»

«Allora abbassali!»

«Ma così li svaluterei... Non voglio andare contro ciò che ho difeso fino a ora!»

Ripenso a mio padre e alla nostra discussione. Abbassare i prezzi significa temere di non essere all'altezza del valore che hanno. Non è così e non voglio farlo.

«Non essere irremovibile sulle aspettative. Oggi per te è un banco di prova. E comunque aspetta, è trascorsa solo un'ora.»

«Sì, ma in quest'ora sono passate dieci persone, otto hanno guardato gli abiti e i quattro che hanno detto "bellissimo questo!" hanno letto il cartellino e sono andati via. Nessuno di loro mi ha fatto domande. Possibile che non si siano chiesti il perché di quel prezzo?»

«Non a tutti interessa. I market, soprattutto questi, richiamano un target di persone molto ampio, all'interno del quale c'è anche chi cerca solo il buon affare e ovviamente non intende spendere cifre come quelle da noi proposte, anche se il motivo che le accompagna giustifica la spesa. Tu questa cosa devi accettarla e chiederti: voglio solo vendere il capo o voglio vendere il capo a chi s'interessa della storia? Nel primo caso dovrai fare un compromesso e scendere di prezzo, nel secondo puoi mantenerlo invariato e gioire dei pochi che approcceranno nel modo in cui speri tu.»

«Il nonno non ha mai giocato sulle quantità» dico a voce

alta ciò a cui sto pensando da un po' e che mi offre una sponda durante questo difficile inizio.

«Ma tuo padre sì. Quelli che ti hanno preceduta sono due esempi di imprenditoria che hanno funzionato, ognuno a proprio modo. Sei fortunata! Puoi analizzarli entrambi e da entrambi prendere il meglio, evitando di ripeterne gli errori e mantenendo solo i punti di forza!»

È vero. Mauro sa sempre qual è la cosa giusta da dire.

«Gioca la partita con le carte che hai in mano, non cambiare nulla.»

«Okay. Lo faccio. Ma se sono tutte sbagliate?»

«Perderai. E domani ti siederai a un altro tavolo e inizierai una nuova partita. Tutto qui.»

Tutto qui, dice. Ma una sconfitta al primo *game* ucciderebbe il mio entusiasmo. Questo lo so, non posso fingere con me stessa.

«Okay, giochiamo! Le mie carte sono vincenti e voglio tornare a casa con metà stand vuoto!»

* * *

«Non ho venduto nulla. Un disastro ti dico.»

«Dài non ci credo, è impossibile.»

«Giuro. Se va bene, in tre giorni avrò incassato trecento euro. Calze da dieci euro e sciarpe da venti. Non ho venduto un solo maglione, e ne ho portati più di cinquanta.»

«Be', sempre meglio di niente!»

«Ma *è* niente. Ho speso mille euro solo per partecipare! E poi aggiungici il furgone a noleggio e l'hotel a quattro stelle, maledetta me!»

«A cosa diavolo ti serve un hotel a quattro stelle se devi solo dormirci?»

«Appunto! A ricordarmi quanto sono cogliona. La prossima volta spendo venti euro in una bettola con il bagno in comune e mi tengo tutto il resto!»

«Guarda il lato positivo, Glo e non odiarmi per la banalità che sto per dire ma… Sbagliando s'impara!»

«E se stessi sbagliando tutto?»

«Eccoci! Ci siamo! La Bilancia che è in te sta facendo capolino! Hai preso male le misure per un'esperienza che non avevi mai fatto, capita… Non farti sopraffare dalle paranoie e non arrivare a conclusioni catastrofiche. È un market. Cosa ti aspettavi?»

«Mi aspettavo ci fosse più curiosità, invece mi hanno snobbata di netto. Ho fatto uno stand troppo bello, sembrava un negozio, ed è stato tutto inutile perché non è servito a niente! Tre carrelli buttati con le grucce della lavanderia avrebbero attirato molto di più, è assurdo!»

«Tu non sei una bancarella, tu sei una boutique itinerante. Chiaro? Se questo è quello che vogliono, significa che semplicemente quello non è il tuo pubblico.»

* * *

Tutti passano, guardano da lontano e se ne vanno. È come se avessero timore ad avvicinarsi. Non capisco, ci abbiamo messo ore per farlo diventare così, mi sembrava di aver fatto una magia e invece devo aver lanciato il mantello dell'invisibilità di Harry Potter sul mio stand.

Ora basta. Con l'entusiasmo di una diciassettenne che nel weekend fa la PR del Cocoricò di Riccione, mi metto in mezzo alla corsia e invoglio tutti a entrare.

«Buongiorno, i capi che vede provengono dalla storica merceria della mia fami… Niente, arrivederci!»

«Questi capi sono tutti originali e non sono di seconda mano!»

«Ci mancherebbe, con questi prezzi!» Risposta che mi spiazza.

«Vuole provarlo? Abbiamo il camerino!»

«No, grazie!»

«Posso aiutarla?»

«Questo è un Burberry?» mi chiede senza nemmeno guardarmi negli occhi.

«No, è Incom, un brand italiano.»

«Non lo conosco. E questo è il prezzo?»

«Sì, esatto. È anni Ottanta e...»

«Non m'interessa.»

Inizio a sentirmi a disagio e mi si legge in viso. Prima regola: quando sei al lavoro i problemi restano fuori. Ma se il problema sei tu? L'energia non la freghi. Devo allontanarmi per un po', il tempo di una sigaretta, per lasciare fuori le ansie e ritornare con il sorriso.

Ho lasciato Mauro da solo per mezz'ora.

«Allora, quanti capi hai venduto mentre io non c'ero?»

«Una sciarpa!»

«Oh, bene, così almeno ci possiamo permettere un panino!»

«No, quello ci è già stato offerto!»

«Da chi?»

«Da tuo padre. È arrivato pochi minuti fa!»

Oh no. No. No.

L'unica persona al mondo che fino a poche ore fa avrei voluto accanto e che ora *non* voglio qui.

«Ehi, Glory! Allora, come va? Che bello il vostro stand. Hai fatto un lavoro egregio!»

«Ciao papà!» dico talmente entusiasta da sembrare un'attrice di serie C in una sitcom anni Novanta.

«Hai già venduto qualcosa?»

«Sì, sì. Qualche accessorio da inverno, sciarpe, calze...»

«Ah, bene.»

«Hai visto che bella l'insegna al centro e...»

«Mi scusi, signorina!»

Una donna di una certa età m'interrompe e mi richiama verso il carrello da cui ha sfilato un cappotto. È lo stesso che mio padre guardava quella mattina in studio e del quale ha criticato il prezzo. Coincidenza? Io non credo!

«Mi dica!»

«Questo cappotto è bellissimo! Ma c'è un buco!»

«Un buco?»

«Sì. Qui sulla manica, vede?»

«Già. Mi spiace, non lo avevo visto. Meno male che è piccolo e facilmente riparabile. Vuole provarlo comunque?»

«Sì, lo provo ma lo compro solo se me lo mette a metà prezzo.»

Un buco impercettibile sulla manica equivale al cinquanta per cento del valore?

«Signora, posso venirle incontro, togliendole il costo della riparazione, ma non posso assecondare la sua richiesta!»

«Nessuno glielo compra con un buco, io sì, ma non a questo prezzo.»

Mio padre mi guarda da lontano, faticando a non dire nulla. Si sta sforzando di non intromettersi nella trattativa e lo apprezzo molto. So già cosa direbbe: acconsentirebbe alla richiesta solo per gioire di uno scontrino a tre cifre. Agisco senza lasciargli il tempo di avvicinarsi.

«Duecentocinquanta è l'ultimo prezzo, signora, quaranta euro di sconto per questo tipo di difetto mi sembrano più che generosi!»

«È una rapina! È una giacca con un buco sul polso.»

«Ha ragione, signora, ma questo difetto è riparabile. È il cappotto più bello della selezione, guardi i dettagli. È in pura lana vergine, ha mezzo secolo, è etichettato, creato da una ditta italiana che non c'è più, ha la fodera interna in seta e i bottoni sostitutivi nella tasca. Non trova che tutte queste caratteristiche eclissino il piccolo difetto?»

La signora non mi risponde e si sfila il cappotto che le calza perfettamente. Me lo appoggia tra le mani e senza dire una parola lascia lo stand.

Mio padre si avvicina e io devo solo sforzarmi di restare immobile e trattenere ogni tipo di reazione.

«Metti in discussione le tue scelte, Gloria.»

«L'ho fatto. Sono scesa di prezzo, hai sentito, no?»

«Avresti dovuto accettare!»

«Cosa? Stai scherzando, vero? Ma che richiesta era? Non mi stupirei se in tasca avesse delle forbici da unghie con le quali fa i buchi ai capi che vuole acquistare sottocosto.»

«Ma come ti vengono queste idee?»

«Non le si sono illuminati gli occhi papà? Non c'era cuore nella sua richiesta. Non voleva il cappotto, voleva tentare un affare. Io non sono qui per svendere ai furbi!»

Prendo il cappotto con la gruccia e lo metto in camerino.

«Ma cosa fai?»

«Lo nascondo!»

«Cosa significa?»

«Significa che questo cappotto con il buco sulla manica lo tengo io, va bene? Non lo vendo più. Non lo propongo più! Lo tirerò fuori al momento giusto con la persona giusta, che ne riconoscerà il valore e penserà a come riparare un'imperfezione al posto di approfittarne.»

Mio padre muove la bocca come per mordersi la lingua. Non è d'accordo e anche se non dice niente, ogni nervo del suo viso me lo sta dimostrando. Penso che tutto questo sia successo per un motivo. Qualcuno ha voluto mettere alla prova i nostri due mondi in uno scontro improvvisato su un territorio nuovo.

«Signorina!»

Il tempo di guardare mio padre negli occhi e spunta di nuovo lei dall'angolo dello stand.

«Ho cambiato idea, lo prendo. Va bene duecentocinquanta.»

«Mi spiace, signora, non è più disponibile!»

«Cosa significa?»

«Significa che mentre glielo descrivevo mi sono resa conto che avevo sbagliato a valutarlo, vale molto di più. Il doppio direi, quindi ho deciso di tenerlo per una collezione privata, e da questo momento non è più in vendita.»

«Sta scherzando?»

«Sono seria. Non si può cambiare idea? Anche lei lo ha appena fatto. Se vuole dare un'occhiata agli altri cappotti, magari ne trova uno che possa fare al caso suo!»

«Arrivederci!»

«A lei, signora!»

«Gloria... Così no...»

«Non me ne faccio nulla di duecentocinquanta euro... Non è quello che voglio, papà.»

* * *

«Tuo padre era lì? E ha visto tutto?»

«Esatto. E non è stata l'unica scena a cui ha assistito. Il mio incubo è andato avanti per ore. A un certo punto, una ragazza si è girata verso il fidanzato e l'ho sentita dire: "Come si fa a mettere un vecchio maglione a cento euro? È un fondo di magazzino, se va bene ne vale venti!".»

«Dimmi che le hai risposto...»

«Avrei voluto, ma non ci sono riuscita. Tra me e me ho pensato che fosse il classico commento fuori luogo, perché chi paga un biglietto per entrare in un mercato vintage dovrebbe avere la consapevolezza di ciò che troverà al suo interno. Se un maglione come quello per lei vale venti euro significa che non ha idea di cosa significhi la parola valore.»

«Almeno dimmi che l'hai fulminata con lo sguardo...»

«Nemmeno quello. Avevo la testa bassa e ho finto di non sentire. Volevo solo scappare via e mettermi a piangere. Non fa per me, Bea. Non ci riesco così.»

«Non hai nemmeno iniziato e hai già paura di un confronto?»

«E se quello che mi aspetta fosse sempre e solo questo? Se quella ragazza fosse la prima di mille altre? Io non reggo questo tipo di critica e mi conosci abbastanza per sapere che posso stare zitta una, dieci, cento volte, ma quando scoppio faccio danni. Sto mettendo in discussione tante cose e sono chiusa in casa da tre giorni.»

«Stai scherzando, vero?»

«No. Sono molto giù di morale, con te non voglio fingere.»

«Per il lavoro? O per qualcuno che non vuoi nominare?»

«Non mi trascinerai in un discorso che adesso non ho la forza di affrontare.»

«E invece lo faccio. Butta fuori tutto quello che ti stai tenendo dentro. Con me lo puoi fare...»

Scoppio a piangere al telefono.

Avevo semplicemente bisogno di una vittoria. Dopo la chiusura con Leonardo, avevo bisogno di ottenere la soddisfazione lavorativa per la quale mi ero impegnata tanto e sulla quale avevo puntato tutte le mie energie.

«Sto già provando ad accettare la delusione per Leonardo, non riesco a gestirne un'altra...»

«Stai unendo due delusioni che hanno basi totalmente diverse... Non fare il solito errore di mischiare i pensieri.»

«La base è la stessa: aspettative troppo alte e troppo in fretta.»

«Ma ben vengano! Meno male che c'è chi si butta a capofitto in qualcosa, che siano idee o sensazioni. Cosa mi stai dicendo? Che preferiresti essere una di quelle che non sbagliano mai perché non ascoltano l'entusiasmo dell'istinto? Per favore, non diciamo fesserie!»

«Non pestare una merda a ogni passo, sarebbe già un inizio!»

Lavorare sulle aspettative e la mancanza di pazienza. Dovrei attaccarmi un Post-it sul frigorifero.

«Ho chiesto un prestito di duemila euro a mio padre, Bea. Dicendogli che glieli avrei restituiti una volta tornata a casa, con un incasso da capogiro. Li ho persi tutti. Tutti.»

«E questo è il problema? Gloria, lui è nel commercio da sempre. Pensi davvero che non abbia mai affrontato decisioni sbagliate o investimenti azzardati?»

«Non capisci. Non è questo il punto. Il problema non sono i soldi, è il fatto che lui mi ha lasciata libera di scegliere e io ho fallito! Era l'ultima cosa che volevo!»

«Gloria, ci sarà un secondo passo che andrà a rimediare al primo. Devi solo prendere confidenza con l'ambiente in cui hai deciso di entrare.»

Tra ventiquattr'ore il mio sito Internet sarà visibile a tutti. L'ho pubblicizzato sui social e sto sperando che ci sia chi attende il lancio dello shop online come si attende il Natale, ma se non è così? La paura di un secondo buco nell'acqua è tanta.

Se nessuno fa domande? Se nessuno ascolta? E soprattutto, se quello che ho da dire non interessa?

«Cos'è questo silenzio singhiozzante? Quante domande ti frullano in quella testa...»

«Troppe!»

«Alzati, lavati, vestiti e mettiti subito alla ricerca del secondo market. Iscriviti e cambia completamente stile! Gioca con le possibilità. Fai un'altra prova e poi potrai trarre le prime conclusioni. Ti fidi di me?»

«E tu ti fidi di me?»

«Come di nessun altro al mondo. Ci sono oggi durante il tuo primo fallimento e sarò in prima fila per applaudire al tuo primo successo. È una promessa. Ma se non ti rimetti in gioco immediatamente, vengo lì e ti trascino fuori casa per i capelli!»

«...»

«Gloria!»

«Che c'è?»

«Stai lavorando con gli errori di tuo nonno e di tuo padre. Non scordarlo mai. Chiaro? Ripetitelo ogni volta che non ti sembra di essere all'altezza di chi ti ha preceduta. Se quel cappotto è lì, significa che non è stato venduto quando era nuovo. Punto. Il prezzo, la forma, il buco sulla manica, non importa. Lo hanno acquistato e non lo hanno venduto. Vedila in questo modo, tu stai dando una seconda possibilità ai capi con i quali loro hanno fallito.»

«Cazzo, Bea! Che chiave di lettura pazzesca mi hai appena regalato!»

«Visto? A volte il cinismo salva. Ora vai. Ci sentiamo domani! Ti chiamo io!»

«Grazie, amica...»

«Prego, amica. È da contratto, lo sai. Non sei sola!»

Sto lavorando con gli errori di mio nonno e di mio padre.

È così. Chissà se lui ci ha pensato. Sto provando a vendere capi già proposti in altre epoche. Abiti ai quali è stato detto di no, che non sono mai stati scelti e sono rimasti lì ad aspettare che qualcuno li notasse di nuovo. Io l'ho fatto e ora mi prendo la responsabilità di trasformarli da zucca in carrozza, senza la fretta di un orologio che batta la mezzanotte.

Ora che ci penso, qualcuno ha lasciato una "scarpetta" mentre io scappavo da quel difficile market... Il *ragazzo delle calze*!

Sono talmente focalizzata sul fallimento di questa esperienza, da non aver dato importanza al solo e unico incontro stupendo di quel mercatino. Svuoto la mente e torno a quel cenerentolesco: «Ciao!».

* * *

Tento di sembrare occupata rimettendo in ordine pantaloni che io stessa ho scombinato sul banco.

Mio padre è andato a fare un giro per il market, forse per lasciarmi il totale controllo dello stand o forse perché è incuriosito dal mondo di cui gli parlo da mesi.

Sono seria, non sorrido e questo non invita i clienti a entrare, lo so. Mauro sta bevendo un caffè al bar con mia mamma e in generale nella corsia del padiglione c'è poco movimento.

«Scusami, ciao!»

«Ciao!» Alzo gli occhi e mi trovo davanti un ragazzo che ha in mano il mio biglietto da visita. Già questo mi strappa un sorriso e mi dimentico del resto.

«Mi piacerebbe fare un po' di regali di Natale ai miei amici.»

«Wow! A settembre? Ti porti avanti!»

«Già! Posso chiederti quanto vengono le calze?»

«Tutte dieci euro!»

«Perfetto, allora te ne scelgo alcune, posso?»

«Ma certo!»

«Stavo leggendo la tua storia nel cartellone. È bellissima!»

«Grazie! Sì, lo è. Questo è il primo market che faccio! Ho appena iniziato a proporre il mio recupero! Diciamo che sono la novellina di turno! Sono tutti prodotti vintage originali, mai usati, che mio nonno e mio padre hanno conservato in magazzino invece di svenderli.»

«Credo tu sia una delle realtà più originali che io abbia mai visto in questo tipo di eventi, e io li giro tutti perché amo questo mondo. Complimenti per l'idea!»

La gentilezza di questo ragazzo è indescrivibile. Gli s'illuminano gli occhi davanti a ogni calza che sta toccando. Mi ha ascoltata raccontare la mia storia e non mi ha mai interrotta. Questo era quello che sognavo.

Perché mio padre non è qui ora, accidenti!

«Il totale è cento euro. I tuoi dieci pacchetti sono qui, ma mi farebbe piacere se tu scegliessi una calza in più per te, te la regalo io!»

«Grazie, ma non è necessario!»

«Ci tengo! È un grazie per aver ricaricato il mio entusiasmo. Davvero, scegli!»

«Amore!» Da dietro le sue spalle spunta una ragazza bellissima, con un sorriso dolcissimo, si avvicina e mi saluta. Lui la bacia e la stringe a sé, davanti al bancone con le mille calze tutte sparpagliate.

«Amore, vieni, lei è Gloria. Devi sentire che bella storia ha la sua famiglia. Fattela raccontare mentre io scelgo l'ultimo paio di calze...»

«Ciao, piacere Gloria!»

«Piacere, io mi chiamo Annalisa!»

Sorride e io inizio a fare ciò per cui sono davvero venuta qui oggi.

* * *

Quei due ragazzi sono inciampati nella mia realtà e se ne sono innamorati. Se è successo a loro, può capitare ad altri. Quei cento euro valgono come tremila. È solo questo il motivo per cui ora mi alzerò dal divano.

Farò di tutto per arrivare al cuore di chi decide di portarsi via un pezzo della mia storia. Girerò l'Italia e quando non potrò farlo io, i miei abiti lo faranno da soli. Arriverò ovunque con il mio shop online.

* * *

«Pronto! Ciao, Bea!»

«Allora, dài, dimmi! Quanti ordini dal sito oggi?»

«Zero!»

Un libro con la copertina di merda

Un libro non si giudica mai dalla copertina. Vero. Ma una giornata?

Ci sono giornate che sembrano pessime fin dal momento in cui ci si sveglia. Non ho idea di cosa possa succedere oggi per farmi ricredere di questa mia previsione. È una sensazione ma quando l'istinto mi dice che sarà una giornata di merda, statisticamente parlando, lo sarà.

Squilla il cellulare. Leggo il nome di Mattia.

Attenzione! Vuoi vedere che mi tocca contraddirmi subito?

«Sei telepatico!»

«Glo...»

Tre secondi di silenzio e il mio nome detto con questo tono di voce? Non è nemmeno iniziata, e ho la sensazione che questa sarà una telefonata di merda.

«Mattia, che c'è? È successo qualcosa?»

«È morto Marco...»

Marco.

Non lo vedevo e non lo sentivo da più di dieci anni. L'ultima volta ci eravamo incontrati per caso nel 2011 in una discoteca di Parma dove faceva il buttafuori. Non sapevo lavorasse lì e quando l'ho visto, gli sono corsa incontro come facevo appena uscita da scuola, dopo aver comprato un trancio di pizza e un

Estathé da dividerci. Ricordo ancora la gioia di quell'incontro casuale.

«Che ironia! Ora sei tu che butti fuori dal locale i casinari, eh?»

«Dici che è il karma?»

«Dico proprio di sì!»

«Ciao, Glo! Come stai? Cosa ci fai qui? Non vivi all'Isola d'Elba ora?»

«Sì, ma ogni tanto ho bisogno di un po' di nebbia e di rivedere facce amiche… Tu piuttosto come stai? Wow, hai fatto palestra? Sei il quadruplo rispetto a… Quando ci siamo visti l'ultima volta?»

«Non lo so, una vita fa?»

Che sorriso splendido!

«Ora entro, le altre mi aspettano… Quando stacchi un attimo vieni che ti offro un drink!»

«Uno? Sai quanti drink arretrati ci sono in dieci anni? A dopo, bellissima!»

Quel "a dopo, bellissima" mi rimane annodato in testa e ora non mi capacito che non sia esistito, e che non esisterà più.

Marco è morto?

Se fossimo nel flashback di un film, il suo personaggio sarebbe interpretato da un silenzioso e misterioso Scamarcio adolescente.

Era uno dei più fighi della compagnia. Di poche parole. Sembrava il classico stronzo che se la tira, e invece io ho sempre visto la timidezza che si nascondeva in ogni suo sguardo. Era marginale al gruppo, nel senso che non prendeva parte attiva alle decisioni come: in quale discoteca andare, cosa fare il sabato pomeriggio, dove andare a fare un giro. Non lo faceva quasi mai. Ascoltava le opzioni, valutava e poi decideva se partecipare o meno. E alla fine non succedeva quasi mai.

Era un solitario. Adorava passare ore nella sua camera davanti a Napster e scaricava tutte le canzoni che infuocavano le discoteche nei primi anni 2000. Era il nostro pusher di compilation. Lo avevamo soprannominato Picotto e la canzone che suona nella mia testa se penso a lui è *Komodo*. L'ascoltava continuamente. Alto, castano chiaro, occhi profondi. Negli anni d'oro aveva i capelli alla Nick Carter, come tutti d'altronde. Impiegava minuti interi a mettersi il casco integrale per non spettinarsi, e a dire il vero, quando la strada da fare era poca, vinceva il vanesio che era in lui e se lo metteva tra le gambe.

Il suo ricordo fa parte di quel periodo della vita in cui non esistono problemi, non esiste rabbia o dolore. Esistono prime volte, primi amori, prime confidenze e prime lacrime.

Non è possibile che a trentatré anni sia morto. No, è inaccettabile.

«Mattia, ma quando? Come?»

«Mi ha appena chiamato Emanuele e mi ha detto che ieri ha avuto un incidente d'auto. È morto sul colpo.»

Il silenzio parla per entrambi.

«Glo, sono sotto shock. Non posso pensare che sia vero...»

«L'hai visto di recente? Cioè, vi frequentavate?»

«No, ma non importa. Marco è Marco.»

«Già... Marco è Marco.»

«Non sapevo se fossi ancora in contatto con gli altri, quindi ti ho chiamata subito.»

«Hai fatto bene. Quando il funerale?»

«Domani sera. Ci vieni, vero?»

«Certo!»

«Faccio due chiamate e poi ti scrivo, okay?»

«Sì.»

Il silenzio parla per entrambi di nuovo.

«Passo a prenderti, così andiamo insieme.»

«Certo! Ciao, Matti...»

Mattia e Marco erano amici. Nemici per questione di donne, ma nulla che non fosse risolvibile con una birra e una pacca sulla spalla.

Si conoscevano dalle elementari e si sono persi di vista a vent'anni, quando ognuno di noi è andato per la sua strada senza immaginare che non ci sarebbe stata la possibilità di rincontrarsi. Non si sono mai detti addio.

Quel "non importa" è esattamente il riassunto di quello che penso io. Non ci si allontana mai da quel periodo della vita. Se a distanza di vent'anni c'inciampi per caso, il tempo si riavvolge senza fatica e tutto torna esattamente come quando lo hai lasciato. Se chiudi gli occhi, quando li riapri stai di nuovo ballando *Komodo* in un cortile, con il futuro in una mano e l'età più bella nell'altra.

È il primo a lasciarci. La compagnia storica è sparsa in giro per il mondo ma c'è ancora tutta. Non riesco a trattenere le lacrime. Mi precipito in camera e comincio a sfogliare gli album di foto.

Eccolo lì. Eccoci lì.

Guardare le foto e sfiorarle è il mio modo per comunicare con lui.

Che cazzo hai fatto? Stupido! Che cazzo hai fatto? Ti va bene che non ti ho davanti, altrimenti ti tirerei un pugno. Non hai giustificazioni! Ti sembra il modo di andartene? Così, bello, giovane e in forma? E noi qui a riempirci di rughe? Non è possibile!

Sono arrabbiata. Ho l'amaro in bocca. Mi fumo una sigaretta e cerco di non pensare troppo. Soffoco la tristezza che oggi rischia di soffocare me e rimando l'addio a domani sera.

Lo avevo detto che sarebbe stata una giornata di merda.

Mio padre ieri mi ha chiamata dicendomi che voleva parlarmi di persona. È mezzogiorno e devo vestirmi e precipitarmi a casa sua prima che vada a riposarsi. Per avere la sua completa attenzione, bisogna iniziare la discussione alle tredici e concluderla prima delle tredici e quarantacinque.

Non ho idea del perché voglia vedermi. Dal market non ci siamo più parlati. Ci siamo visti di sfuggita ma non abbiamo toccato l'argomento. Ho schivato per giorni il suo sguardo e mi sono rinchiusa in studio a continuare quel percorso che non credevo certo di mettere in discussione ancora prima di iniziare. Spero non si tratti di quello. Spero voglia dirmi tutt'altro. Direi che per oggi possono bastare le brutte notizie.

E questo cos'è?

Metto la mano nella tasca dei jeans e trovo il foglietto sul quale Leonardo mi aveva scritto il suo numero di telefono. In un attimo mi rendo conto che questi sono proprio i jeans che avevo addosso il giorno in cui ci siamo conosciuti. Non li ho mai lavati né mai più indossati. Li ho lanciati nell'armadio dimenticandoli.

«Cos'è, uno scherzo?» non so a chi lo sto dicendo, ma qualcuno dovrà pur sentirmi.

Leonardo è sparito. L'ho fatto sparire e non mi sembra che lui abbia fatto molto per impedirmelo.

Mettere un punto dopo un prologo non è cosa semplice. Forse è una delle più difficili che sto facendo. Il percorso è lungo. La vita non è la canzone *Erase/Rewind* dei Cardigans.

Magari lo fosse.

Perché di tutti jeans che potevo prendere a caso, ho scelto questo? Fanculo il biglietto, penso accartocciandolo e lanciandolo sul comò. È solo l'ennesima prova da superare in questa – l'ho già detto? – giornata di merda.

Ora ho altro a cui pensare.

«Glory, siediti.»

«Dimmi, papà. È successo qualcosa di grave?»

«No, tranquilla.»

«Scusa se te lo chiedo, ma oggi sembra che io attragga solo brutte notizie.»

Mio padre guarda la busta A4 che ha tra le mani e l'accarezza come se stesse cercando conforto, o forse lo fa solo per temporeggiare e trovare le parole.

«Dài, dimmi. Ti ascolto.»

«Però mi ascolti davvero?»

«Sì, papà.»

«Bene, ci ho pensato tanto e ho preso una decisione non semplice. Vorrei che tu capissi che non è facile per me…»

Cosa c'è in quella busta? Entrambi la guardiamo ma ho come la sensazione che solo per uno dei due nasconda brutte notizie e qualcosa mi dice che quel qualcuno potrei essere io.

«Papà, mi stai facendo preoccupare…»

«No, no. Non si tratta di salute. Si tratta… della casa di Mozzano.»

Elettroencefalogramma piatto. Non dico nulla.

«Ho un acquirente molto interessato e tra un mese abbiamo appuntamento dal notaio per la cessione. Qui ho già pronte le carte.»

È uno scherzo.

Divertente, per un attimo ci sono cascata.

«Glory, non sto scherzando… So che hai tante domande e…»

Inspiro e conto fino a… meno uno.

«Tante domande? Tante domande? No papà, ne ho solo una. Perché?»

«Sapevo che non l'avresti presa bene…»

«No, no, no. Prendere bene è una cosa, prendere male è un'altra e io non sto prendendo proprio niente. Ti vieto categoricamente di farlo.»

«Non puoi vietarmelo, Gloria, ho già deciso e non cambio idea.»

Cosa diavolo sta succedendo? Tutto insieme? Tutto oggi?

«No, non ti permetto di allontanarmi da quella casa.»

«Non posso più gestirla. L'ho fatto per anni e solo Dio sa quanto ami quel luogo, ma non posso più esserne il proprietario. Sto diventando vecchio e voglio chiudere dei cerchi. La casa di Mozzano è uno di questi.»

«Non devi azzardarti a pensare di chiuderlo. Dentro a quel cerchio ci sono anche io. Cosa significa che hai un appuntamento dal notaio? Chi diavolo è interessato a una casa in un paese che tra poco neanche compare su Google Maps?»

«È la persona giusta per rendere giustizia a quella casa...»

Io *sono la persona giusta per rendere giustizia a quella casa.*

«È Anna? Ti ha convinto a vendergliela?»

«Anna? No, no. Lei... ne parliamo in un altro momento.»

«No. Ne parliamo ora. Anna, cosa?»

«Anna è già stata avvertita.»

«Anna lo sapeva? Prima di me?»

Non la vedo dalla notte con Martina.

«Mi ha chiamato a fine agosto e ne ho approfittato per dirglielo. Era giusto che sapesse che, una volta cambiato il proprietario, non avrei più avuto voce in capitolo per quanto riguarda il suo soggiorno. Le ho detto che tu ancora non lo sapevi e che avrei voluto dirtelo io.»

«Va bene, non m'importa. Le scriverò. Ma la casa... Papà, la casa no. Non puoi venderla.»

I suoi occhi... Ha già deciso. Non c'è nulla che io possa dire in questo momento. Conosco quello sguardo. Sfidarlo è tempo perso. Rassegnarsi è d'obbligo.

«Non piangere, Gloria. Non darmi questo peso. Le tue lacrime sono macigni per me.»

Mi alzo, anche se mi tremano le gambe. Parlo, anche se la mia voce è strozzata.

«Ti conosco, papà. Non c'è motivo economico che possa averti convinto a lasciare andare quella casa. Non so cosa non mi stai dicendo, ma sono sicura che qualcosa c'è. Cosa può spingerti a farmi un torto simile? Avrei un mese di tempo per sperare che tu possa cambiare idea, ma se c'è una lezione che la vita mi ha dato ultimamente è che delegare le speranze agli altri è un rischio troppo grande, e sai cosa? Non me lo accollo. Oggi non ne ho la forza. Sia fatta la tua volontà.»

Lo sguardo di mio padre assorbe tutto ciò che provo. Vedo nei suoi occhi il riflesso del dolore che mi sta dando.

«Vorrei che mi accompagnassi dal notaio. Vieni con me a fare ciò che è difficile per entrambi?»

«Mi prendi in giro?»

«Sono serio. Voglio averti accanto.»

No. Non voglio. Non voglio, cazzo.

«Va bene. Vengo. Ma che ti sia ben chiara una cosa. Non lo faccio per te.»

«Lo capisco.»

«E semplicemente lo accetti, vero?»

«Lo accetto oggi, solo perché so che un giorno capirai il motivo per cui l'ho fatto.»

«Dubito.»

Devo andare via prima che la parola sbagliata mi sfugga dalla bocca. Ma non riesco a trattenere il pensiero che si è impossessato di me.

«Papà. Ti voglio bene. Ma se firmi per la vendita di quella casa, non te lo perdonerò mai» dico uscendo.

Credevo di sbattere il cancello e urlare. E invece, mentre do le spalle alla casa dei miei genitori, non ho le energie nemmeno per socchiuderlo. Mi sento prosciugata di ogni emozione. Oggi ne ho perse tante, troppe. Ed è solo l'una e mezza. Mi spaventa l'idea che manchino ancora undici ore alla fine di questa giornata da incubo.

C'è solo un posto dove voglio andare. Solo uno.

«Ehi. Ciao. Non cominciare a guardarmi con quegli occhi. Oggi non funziona. È una giornata di merda. Una di quelle dove il peggio non ha mai fine. Ho due domande, forse tre. La prima: lo sai di avere un figlio che a volte è una grandissima testa di cazzo? Bene, chi tace acconsente. Passiamo alla seconda. Sto sbagliando qualcosa? Ho il focus errato e tu sai quale può essere quello giusto? Non vorrei buttarti addosso responsabilità, ma ti ricordo che più di una volta hai scelto di palesarti lanciandomi briciole da seguire, e ora non so proprio cosa diavolo ti sia messo in testa di farmi capire. Riassumo, se per caso ti fossi distratto un attimo. Il market di Cesena è stato un flop totale e ho perso un sacco di soldi. Va bene, ho imparato la lezione. Devo avere pazienza. Ho saputo che un mio vecchio amico è morto e questo no, non lo comprendo né lo voglio analizzare. Il papà ha deciso di vendere la tua casa, e su questo ci soffermiamo tra qualche minuto. Infine Leonardo, l'uomo con il quale avevo fatto cadere ogni barriera, mi ha lasciata andare senza voltarsi indietro. Sono stufa. Cosa vuoi dirmi? Qual è il punto? Riflettici. Esco a fumare.»

All'ombra si sta bene e il gradino di marmo sotto al mio sedere è fresco.

Che silenzio. Adoro i cimiteri.

Se fossero spazi chiusi, l'atmosfera sarebbe pesantissima, invece, essendo all'aperto l'energia si libera e rimane alla nostra altezza solo quella positiva.

Nessuno passa mai di qui. La nostra cappella di famiglia è lontana dal viale principale. Meno male, altrimenti sentirebbero una pazza che discute con una lapide.

Non riesco a parlare con mio nonno solo col pensiero. Devo farlo ad alta voce, così tutto è più forte e diventa reale.

Mi stappo una birra e mi accendo una sigaretta.

Si potranno portare alcolici qui? Poco importa, nessuno di quelli che ho intorno può fare la spia. Black humor, forse fuori luogo, ma rido da sola.

«Me lo merito? Dimmi… Ah non dici niente» sorseggio la mia birretta e lo guardo.

«Ora tu spiegami cosa gli è scattato nella testa, così di punto in bianco senza consultarmi, per decidere di liberarsi di quella casa. Sono arrabbiata e triste. E davanti a questo mio malessere, lui non ha fatto neanche una piega. Nessun segno di ripensamento. Niente di niente. Mi sembra tutto molto strano. Avrei mille domande ma oggi non ho la forza di affrontare le risposte.»

Un altro sorso.

«Sai, non te l'ho mai detto ma sono mesi che penso che non appena avrei avuto la possibilità, avrei usato i miei primi guadagni per ristrutturare la casa. Avevo già in testa il disegno. Avrei mantenuto tutti gli elementi fondamentali e avrei rivoluzionato il resto. Vedevo già le travi a vista e un open space luminoso sul portico. La tua camera da letto sarebbe rimasta la padronale, ma avrei buttato giù il muro del corridoio e avrei allargato l'altra. Il bagno sarebbe diventato grande il doppio e…»

Un altro sorso.

«Non importa. Avrei messo un po' di me in quello che hai costruito tu, tutto qui. L'ho fatto con la merceria e avrei continuato con la casa di Mozzano. Faceva tutto parte di un unico disegno. Il recupero delle mie radici. E invece... Non si può avere tutto. Okay, capito. Messaggio consegnato.

Fra un mese dirò ufficialmente addio a un progetto nemmeno iniziato. Ora che mi ci fai pensare... Questa sembra essere una costante e bisogna fare in modo che non lo sia più, perché... Va bene, mi sono proprio stufata!»

Un altro sorso e il cellulare squilla.

«Scusa, nonno, devo rispondere. È Mattia. Te lo ricordi? Non importa... Pronto!»

«Glo! Ehi! Ti disturbo?»

«No, certo che no. Sono a chiacchierare con... un amico!»

«Ho sentito gli altri. Ci vediamo tutti in chiesa domani sera alle otto. Passo a prenderti una mezz'oretta prima, va bene?»

«Certo.»

«Glo, questa notizia mi ha prosciugato.»

«Lo so. È stato lo stesso per me. Domani stiamo un po' insieme...»

«... E buttiamo fuori parte del nervoso che oggi ci è piombato addosso, okay?»

«Matti, ora che mi ci fai pensare... Domani è...»

«Il mio compleanno.»

«Riusciremo a festeggiarlo, promesso.»

«Non voglio festeggiare. Mi basta fermarmi un momento e respirare. Lo fai con me?»

Una delle proposte più belle che abbia mai ricevuto.

«Certo che lo faccio.»

«Bene, ci speravo. Allora a domani...»

«A domani...»

Metto in borsa il cellulare con il sorriso sulle labbra.

«Dove eravamo rimasti, nonno? Ah già. Che mi sono proprio stufata! I piani falliscono, i rapporti vanno a puttane, prendi la macchina per tornare a casa e ti schianti. Fine. Eh no, non esiste al mondo!»

Sono arrabbiata. E quando mi arrabbio divento lucida e reagisco.

«Credo sia arrivato il momento di farti l'ennesima promessa: non rincorro più, non insisto più, non aspetto più. Ti giuro che non manderò a puttane l'idea più bella che mi sia mai venuta in mente, perché distratta da altro. E parlo di noi, di me e te, del mio lavoro e della nostra storia. La tua storia, quella che ha fatto sì che io oggi possa mantenere un'attività. Porterò avanti in parallelo tutto e cercherò di farlo senza distrazioni. Non esisterà nessun Leonardo che contamina le mie energie. Papà dovrà arrendersi davanti alla mia determinazione e spero che arrivi il giorno in cui comincerà a guardare anche tramite i miei occhi. Sono impotente davanti a tante cose ma non davanti alla gestione del mio tempo. Se crollo, vado a picco da sola. Ma se volo, non voglio ancore. Il tempo mi decreterà vincitrice delle mie battaglie? Non ne ho idea, e oggi non voglio saperlo. Nel frattempo sai che io sono in grado di vedere i segnali, quindi non arrenderti e continua a manifestarti.

«Lo so, non c'era bisogno di venire fin qui per dire ad alta voce cose che già pensavo, ma tu funzioni meglio di uno psicologo e mi costi solo una birra. Ti voglio bene, nonno! Ciao, vado a mettere in pratica tutto questo. Tornerò, tu aspettami. Scusa, di nuovo il black humor.»

Butto nella spazzatura la bottiglia. Il tappo l'ho lasciato sotto i fiori freschi nella cappellina. È un promemoria, una firma al patto che ho fatto con me stessa davanti al mio unico testimone.

Nel silenzio del viale principale, un bambino mi corre accanto e sparisce dietro un cespuglio di rose. Il papà da lontano lo richiama.

«Smettila, Marco! Non si corre qui!»

Vengo attraversata da un brivido.

Il bambino spunta dal cespuglio e, mettendo l'indice davanti alla bocca, mi fa segno di non fare la spia. Il papà, dietro le mie spalle, lo chiama di nuovo, ma lui mi sorride, scappa via correndo e sparisce.

Sai cosa? Hai ragione, piccolo Marco. Adesso corriamo.

La panchina dei desideri

«Siamo davvero entrati in quel periodo della vita?»

«Intendi quello in cui ci s'incontra ai funerali?»

«Sì, quello.»

«Fa schifo, vero?»

«Abbastanza. Vorrei posticiparlo di altri cent'anni, se siamo tutti d'accordo.»

«È stato… triste.»

«Sì, non c'è altra parola.»

Mattia parcheggia l'auto davanti all'entrata dei giardinetti e mi guarda mentre prende due lattine di birra.

«Andiamo, vieni…»

«Panchina numero tre?»

«Panchina numero tre!»

Testimone silenziosa di tante vite, la panchina dei giardinetti non invecchia. Rimane lì ferma nel tempo e assiste in prima fila. Ci ha visti nascere, crescere e giocare. Ci ha ascoltati ridere, piangere e confidare all'amica i nostri più profondi segreti. La numero tre è la nostra.

«Rieccoci qui!»

«Già. Tutte le strade portano a lei!»

Mattia stasera è bellissimo. Anche se per me lo è sempre stato…

Ha sempre avuto stile, anche nel periodo in cui la "tamarraggine" era dietro ogni angolo, e per cadere nella sua trappola bastavano degli occhiali troppo grandi e delle t-shirt con scritte discutibili. Lui era in perfetto equilibrio su quel filo sottile.

Tutti giocavano a calcio, lui faceva judo. Tutti ascoltavano Gigi D'Agostino, lui i Metallica. Tutti avevano scooter che mangiavano la strada, lui aveva lo Scarabeo.

È sempre stato un playboy. Ne ha fatte soffrire tante, e io da lontano le ho viste arrivare, fare la valigia e andarsene. Mattia lasciava sempre per primo.

Ironia della sorte, quando mandarono in onda *Dawson's Creek*, la serie TV che affrontava ogni sfumatura dell'adolescenza, quella divenne la nostra bibbia e ci fece impazzire tutti. Nei pomeriggi ai giardinetti, ci divertivamo a interpretarne i personaggi e a ognuno di noi venne affidata una parte.

Lui era identico a Dawson e io, se pur con qualche chilo in più, assomigliavo a Joey. Una volta ufficializzati, i ruoli ci rimasero appiccicati addosso per anni.

Questo gioco sembra non essere ancora finito.

«Glo, ti ricordi in Sardegna?»

«Secondo te?» dico con la nostalgia che nemmeno stasera mi lascia in pace.

«Ogni tanto ci ripenso, sai? Ti giuro che fare sesso con te era l'ultima cosa che avrei mai immaginato potesse accadere...»

«Oh, grazie!»

«No, ma cosa hai capito? Nel senso che non era programmato e per questo è stato ancora più bello!»

«Io ricordo perfettamente il momento in cui ho pensato: *mmm*... però... quasi, quasi.»

«Ah sì? E quando?» I suoi occhi si illuminano.

«In nave. All'andata. Tu eri fuori sul ponte con il sacco a pelo.

Avevo freddo e non volevo farmi la traversata all'aperto ma mi è venuta una gran voglia di abbracciarti e...»

«Sei uscita e mi hai chiesto se potevi infilarti nel sacco con me, e io ti ho fatto spazio.»

«Sì. Mi hai abbracciata e... il freddo, il vento e il rumore del motore della nave di colpo sono spariti. Ci siamo addormentati subito!»

Mattia mi guarda, beve un sorso di birra e sorride.

Si sta ricordando di quanto è stato bello...

«Con tutte le canne che mi ero fatto, mi sono addormentato, sì!»

Come non detto.

Era il 2005 e per l'atteso viaggio del diploma andammo in Sardegna per una settimana. Eravamo io, Mattia, la mia amica Elisa, il suo fidanzato Lele e Alessio, un altro nostro amico.

Mattia si era lasciato da pochi giorni con l'ennesima ragazza e io avevo fatto lo stesso con il mio primo ragazzo.

Una sera passammo tutta la notte in appartamento tra pizza, superalcolici e fumo. Un balcone, un posacenere, uno stereo, il mare davanti agli occhi, sembrava non ci servisse altro.

Non ricordo niente delle ore che hanno preceduto il «Vado a letto... Vieni, Glo?» ma quello lo ricordo bene.

«Glo... Ma la fuga di Alessio? Te la ricordi? Che ridere!»

«Che ridere sì! Là però non abbiamo riso tanto!»

«E poi la tua auto... Che disastro!»

«Quello era il karma, Mattia, quello era il karma.»

La mattina seguente, svegliandoci uno accanto all'altra, scoppiammo a ridere. Andammo in cucina per bere fiumi di caffè e, prima di preparare la moka, sul tavolo trovammo un biglietto:

Ho preso l'auto. Oggi vado a fare un giro da solo.
Ci si vede.
Alessio

Il quinto membro del gruppo era il migliore amico del mio ex, e questo dettaglio né io né Mattia lo avevamo tenuto in considerazione. Ci guardammo per qualche secondo e la leggerezza di quello che era capitato poche ore prima svanì immediatamente.

«Dici che abbiamo fatto una cazzata?»

«Dico che *se quello che è accaduto in Sardegna... rimanesse in Sardegna...* non sarebbe una brutta idea!» rispose il pragmatico Mattia.

Era come se su quel biglietto ci fosse scritto: *Non ho intenzione di assistere a una coltellata alla schiena al mio migliore amico. Non mi avrete come complice. Ci si vede.*

Poco dopo Elisa e il suo fidanzato si svegliarono. Vennero in cucina e scoppiarono a ridere, continuando a fare battute sulla prima volta di Dawson e Joey fino alla vista del biglietto di Alessio.

«Ma... che cazzo?» Quelle furono le prime parole di Lele, dopo aver riappoggiato il biglietto sul tavolo.

«Perché è andato via da solo?» Elisa, ancora addormentata e con zero intuito, mi guardò stupita.

«Non lo sappiamo, ma immagino che sia in difficoltà... Ha sentito l'ex del suo migliore amico fare sesso con l'amico del migliore amico...» Riassunsi per tutti, tanto il motivo era quello.

«E ci lascia qui? Senza macchina? E se ne va in giro per la Sardegna da solo?»

«Tranquilli, abbiamo la mia macchina» ricordai loro. «Facciamo così. Ora ci beviamo un bel caffè, ci prepariamo e andiamo in spiaggia. Lasciamo passare qualche ora e poi lo chiamiamo e gli proponiamo di raggiungerci. D'accordo?»

Annuirono tutti senza aggiungere altro.

Fui la prima a essere pronta e decisi di andare al parcheggio a prendere l'auto, in modo da accorciare un po' i tempi. Non feci in tempo ad accendermi una sigaretta e ad arrivare alla mia Peugeot 206, che m'inchiodai al marciapiede.

«Porca miseria… Ma che?…» dissi.

La portiera destra era disintegrata. Qualcuno, durante la notte, mi aveva sfondato la macchina.

Non volevo crederci. Nessun biglietto, solo una portiera distrutta. Gli altri arrivarono alle mie spalle.

«Porca troia…» Lele interruppe il silenzio.

«Dite che è stato Alessio?» si inserì Elisa.

«Ma sei scema, Eli? Ma secondo te?» risposi io.

«Raga… Ma ieri… abbiamo preso l'auto?» chiese Mattia.

«Il karma, Glo… Non si va a letto con uno dei tuoi migliori amici, no no!»

A distanza di anni è ancora impossibile non riderci sopra: quella catena di eventi ha reso quella notte di agosto memorabile.

«Alessio non ci parlò per tre giorni.»

«Io non mi sentivo in colpa per nulla, anzi.»

«Neanch'io, Matti. Forse avrei dovuto; invece, non solo mi è sembrata la cosa più naturale del mondo ma, mi tocca confessartelo a distanza di un decennio, ci pensai anche una volta tornati a casa.»

«Anch'io.»

«Cosa? E perché non mi hai mai chiesto di uscire?»

«Non lo so, forse perché eravamo rimasti con un patto stile Las Vegas!»

«Ho capito ma... un revival io l'avrei gradito! Tu però ne avevi già altre sottomano, me lo ricordo bene, bello mio!»

«Dài smettila!»

«E poi ero timida. Tu non ci hai mai provato e io non l'avrei fatto.»

«Sì, che ci ho provato!»

«Sì certo, tre anni dopo... Coglione!»

«E allora? Ho i miei tempi anch'io! E ricordo che non andò esattamente come avevo previsto... Cogliona!»

«Già...»

Mattia si sporge, mi abbraccia e mi dà un bacio sulla guancia.

«Posso dire di essere stata una delle poche a dirti di no.»

«Puoi anche dire di esserti pentita, se vuoi. E tutto questo per colpa dell'elbano!»

«In effetti... Se vogliamo dirla tutta, i dieci anni successivi confermano che quella sera avevo avuto ragione.»

«... Disse lei, tornata nella sua città con una relazione fallita alle spalle.»

«Touché.»

Con Mattia è tutto semplice. Sempre.

Credo che come fidanzato sarebbe un disastro, l'ho sempre pensato ma non ho mai avuto il coraggio di dirglielo. Come amico e complice, però, è il migliore. Chissà cosa pensa lui di me. Della Gloria di oggi e di quella di ieri. Chissà se quella che provo per lui è la stessa indefinita emozione che prova lui per me. Credo di sì, ma non ho il coraggio di chiederglielo.

«Ehi! È quasi mezzanotte. Che vogliamo fare?»

«Cioè?» chiede, anche se sa perfettamente che intendo festeggiare il suo compleanno.

«Non ho la torta e non ho le candeline ma un desiderio lo devi esprimere...»

«Io odio i compleanni.»

«Lo so, e so anche che la serata è stata pesante a causa di circostanze che ci hanno visti impotenti, ma è il tuo compleanno, Mattia.»

«Ti avevo detto che non volevo festeggiare…»

«E mi hai detto che volevi prenderti un attimo di respiro. È quello che abbiamo fatto finora. Non abbiamo parlato di nulla se non di noi e del passato. Ora il respiro fallo più lungo. Trattieni e… Ecco, soffia qui!»

Prendo il mio accendino e lo tengo all'altezza del mento di Mattia.

«Dài, cretina!»

«Sono seria. Come se fosse la candelina… Sei pronto?»

«Sono pronto!»

«Vai! Uno. Due. Tre.»

Tiene gli occhi chiusi e sembra stia davvero scegliendo un desiderio. Credevo che avrebbe finto, giusto per darmi la soddisfazione, ma qualcosa mi dice che lo scettico Mattia ha trovato qualcosa in cui sperare.

Soffia e spegne la fiamma. Apre gli occhi, mi toglie l'accendino dalle mani e lo riaccende.

«Tocca a te.»

«Io non devo, non compio gli anni oggi!»

«Lo so, li compi esattamente fra trentanove giorni, ma non m'interessa… Vai, esprimi un desiderio.»

Ne ho troppi. Non so quale scegliere. Mi servirebbero quei trentanove giorni in più per decidere. Ma chiudo gli occhi e tutto il caos magicamente scompare. In quel buio totale, vedo solo la fiamma che illumina ciò che voglio davvero.

Soffio.

Credo in quello che desidero come non ho mai fatto prima.

Lo urlo nella mia testa una sola volta e poi non lo ripeto neanche a me stessa, così per scaramanzia.

«Perché non stiamo insieme io e te?» se ne esce tutto a un tratto Mattia.

Mentre ride di ciò che ha appena detto, continua nervosamente a girare la birra nelle sue mani.

Io appoggio la mia bottiglia sulla panchina e mi giro verso di lui.

«Siamo insieme da sempre, che cazzo dici?»

«Sono serio. Guardami negli occhi e giurami di non esserti mai fatta questa domanda.»

Lo faccio. Lo guardo e non voglio mentire, non a lui.

«Sì. Me la sono fatta. Più volte. Ma come vedi, il tempo, senza sforzi, ci ha dato la risposta.»

«Ti basta questo?»

«Tanto da proteggerlo, Matti...»

Si alza di scatto e fa due passi dandomi le spalle. È agitato e devo ammettere che mi sto agitando anch'io. Sento la famosa onda di energia arrivare. Riconosco i segnali dentro di me e riesco a vederli anche addosso a lui. Quell'energia ha un colore indefinibile che sembra dipingerci. Ogni volta che tentiamo di soffocarla, lei aumenta. È sempre stato così. La vedo che ci sta colorando di nuovo.

«Tu m'incasini il cervello. Mi distrai, tutte le cazzo di volte! Dillo!»

«Dillo, cosa?»

Non lo dirò.

«Dillo, cazzo! Dillo che anche tu sai perfettamente perché torniamo sempre a questo punto!»

Non lo dirò.

«Dillo che, anche se non lo faremo mai, ti sembra una follia non andare oltre!»

Non lo dirò.

«Dillo che la stessa carica che sento io la senti anche tu!»

Non lo dirò.

«Gloria, se non dici immediatamente quello che stai pensando, io...»

Lo bacio.

Lo bacio come se fosse la prima e l'ultima volta. Come se sapessi che è talmente sbagliato da essere giusto. Come se il tempo si riavvolgesse e si fermasse a guardarci.

La stessa scena che si ripete ogni volta, a distanza di venti e poi dieci anni.

Siamo solo noi e il resto non esiste. Consapevoli di avere un timer inserito che tra pochi minuti scatterà riportandoci su strade parallele.

«Glo...»

«Che c'è?»

«Piuttosto di dirlo mi hai messo la lingua in bocca, te ne rendi conto?»

Non ci sarà un'evoluzione a questo bacio, lo sappiamo entrambi. Non è un passo indietro e non è un passo avanti. È l'ennesimo salto sul posto.

«La vedi la X qui per terra?» dico indicando i nostri piedi.

«Sei ubriaca?»

«Io la vedo e c'era già quando siamo arrivati e ci siamo seduti. Anzi no, c'è da quando ti ho chiamato dicendo: "Ehi, mi servono dei biglietti da visita per il mio nuovo progetto, me li fai?". Quella X è comparsa qui per terra in quel momento.»

«Okay. Sei ubriaca.»

«Inevitabile, come ogni volta che decidiamo di stare da soli, si è manifestata. È il punto in cui arriviamo, ci diciamo quanto ci vogliamo bene e poi ci salutiamo. Si è spostata mille volte, quattordici anni fa ha preso anche un traghetto, pensa. Lo sai tu e lo so io. Per vederla comparire e per avere la certezza che non si cancelli, io e te abbiamo la responsabilità di capire e gestire quello che proviamo l'uno per l'altra. E siamo sempre stati bravi. Non ho intenzione di rischiare di non vederla più. Io adoro questa X.»

«Io adoro te!»

«Certo che mi adori. Sono l'unica donna che non ti dà problemi. Che non chiede, non pretende, non interferisce. Sono l'unica che accetta ogni tuo difetto e ogni tua debolezza e che ti limona duro in cambio di una birra e una sigaretta.»

«Mi vuoi prendere sul serio, cazzo? Non ti lascerò decidere la definizione.»

«E io non ti lascerò *sbagliare* definizione.»

«Sei una stronza» dice avvolgendomi in un abbraccio.

«E tu sei un cazzone.» Lo guardo negli occhi e sorrido.

«Ti voglio bene.»

«E io di più.»

Io e Mattia siamo questo. Lo sappiamo tutti e tre. Io, lui e la panchina.

«Che desiderio hai espresso, Glo?»

«Te lo dirò sulla prossima X!»

Centoquarantadue euro e cinquanta centesimi

«Siamo veramente imbarazzanti» dice Bea.

«Parla per te. Io sto da dio!»

Ventiquattro. Due quattro. La voce all'altoparlante scandisce i numeri.

«Che ore sono?» mi chiede.

«Le 22,30 precise!»

Sessanta. Sei zero.

«Bea, tu come sei messa?»

«Male. Ho una sfiga…»

Quarantatré. Quattro tre.

«Mi manca un numero e faccio bingo!» dico guardando la cartella.

«Strano Glo!»

«Sto anche finendo il Gin Tonic. Quanto è buono?»

«Buonissimo!»

«Visto? Ti porto dove si beve da paura!»

Ottantacinque. Otto cinque.

«Grazie. Io mi faccio chilometri e ore di treno per raggiungerla il giorno del suo compleanno, e lei dove mi porta? Al Bingo!» Bea esprime il suo disappunto per la scelta del programma serale, usando il suo famoso tono sarcastico.

Cinquantuno. Cinque uno.

«Bingo!» urlo saltando in piedi e sbracciandomi per richiamare l'attenzione del responsabile di sala.

«Stai scherzando, Glo?»

«No, giuro! Guarda...» dico indicando la mia cartella piena di X.

Mentre il responsabile di sala si avvicina al nostro tavolo per controllare che il bingo sia effettivo, Bea beve il suo Gin Tonic e scuote la testa.

«Bingo confermato!» riferisce al microfono. Mentre ritorna in postazione, mi rendo conto che tutta la sala mi sta guardando male. Si guarda sempre male chi arriva prima, e a questo giro è toccato a me.

Mi alzo per andare alla cassa, Bea viene con me.

«Centoquarantadue euro e cinquanta centesimi. Dài, non male!» esclamo sventolando la mia vincita.

«Non male, no, ora paghi da bere tu. E fino alla fine!»

«Lo avrei fatto comunque, scema!»

«Mi sembra il minimo. Guarda dove hai scelto di festeggiare. Siamo io e te, delle settantenni, dei malati di gioco, degli ubriachi e siamo tutti avvolti in una cappa di fumo che sembra la nebbia in Val Padana a febbraio.»

«Quanto è rock'n'roll?»

«Ma va', Glo. Dài, l'ultimo e poi usciamo.»

«Ultima giocata?»

«Macché. Ultimo Gin Tonic!»

Sorseggiando il secondo drink, cerchiamo di capire quale sarà la nostra prossima tappa.

«Mio nonno diceva che i soldi vinti portano sfiga e impediva a mia nonna di giocare. Li considerava maledetti.»

«E tuo padre?»

«Ovviamente, cresciuto con quella storia nelle orecchie, non ha mai giocato.»

«E tua madre, invece?»

«Mia mamma è dal tabacchino un giorno sì e l'altro pure. Gioca al Lotto e vince sempre. Cifre minime, ma tutte le volte.»

«E tuo padre non lo sa, vero?»

«Certo che no!»

«Quindi stando a questa teoria, questi centoquarantadue euro e cinquanta come li investiamo?»

«Non dovrei proprio toccarli...»

«Dài, andiamo a fare un giro in centro!» propone Bea.

Il tempo di mettere i piedi fuori dal locale e il cellulare, che ho in mano per chiamare il taxi, squilla.

Bea nota che ho cambiato espressione. «Chi è?»

«Leonardo.»

«E cosa vuole?»

«Vedermi.»

«E tu vuoi vederlo?»

«No. Ho chiuso.»

«Bene, allora metti via quel cellulare.»

Cosa vuole ora?

«Bea... Ti devo dire una cosa.»

«Eccoci. Ci siamo. Lo sapevo. Me lo sentivo...»

Rimango in silenzio con il cellulare tra le mani.

«Ci sei andata a letto, vero?»

Il mio sguardo basso e immobile è un'ammissione silenziosa.

«Lo dicevo io che un'infatuazione così forte non poteva essere basata sul nulla. Ti conosco, bella, non mi freghi. Non ci sei mai riuscita. Quando è successo?»

«La sera del nostro primo e unico appuntamento.»

«Ma come? Mi avevi detto che avevi preso un taxi e che eri andata a casa. Mi hai detto una bugia?»

L'ho detta a tutti, forse anche a me stessa.

«Tecnicamente non era una bugia. È andata realmente così. Ma poi lui ha suonato il campanello, e...»

«Ed è venuto a casa tua?»

«No. Non volevo farlo entrare in casa... Mi ha chiesto di parlare in auto e sono andata.»

«Perché diavolo lo hai fatto?»

«Che domanda è "perché"? Volevo farlo. Sono scesa e lui era davanti all'ascensore. Non ci siamo detti nulla e mi ha baciata. È stato quello che mi ha convinta ad aspettare e sperare.»

«Aspettare e sperare. Tipico tuo. Aspettare chi? Sperare cosa? Cavolo, Gloria!»

«Siamo andati nel suo studio, dove ci siamo conosciuti. Sapevo che se avesse fatto un altro passo verso di me, sarei crollata. E poi...»

«E poi lo ha fatto!»

«Sì, lo ha fatto...»

Non voglio rivivere quel momento che è stato la causa di mesi di vana speranza. Non racconterò i dettagli di quella unione che mi ha intrappolata in una rete dalla quale era impossibile liberarsi. È successo e basta. Quando un uomo promette sapendo di non mantenere, e una donna rimane in attesa di fatti che dubita avverranno... Chi dei due è il debole?

«Si è fatto la scopata con la figa e poi a casa dalla moglie... Originale!»

«Smettila!»

«Eh no, non la smetto! Ora ti becchi tutto il mio "te l'avevo detto"!»

«Ci credevo, Bea. Punto. Mi sento già una stupida, non c'è bisogno d'infierire.»

«Gloria, ma cavolo... Che questo codardo non si sarebbe mai liberato per arrivare da te era palese da subito. Cosa ti ha fatto credere che sarebbe potuta andare diversamente?»

«Non lo so, Bea. Non lo so.»

«Devo crederti quando mi dici di esserne uscita?»

«Sì. Stavolta devi. È andata così e non posso tornare indietro per prendermi a pugni, anche se lo vorrei.»

«E allora, sai cosa ti dico?» Bea decide di non lasciare spazio a discorsi che potrebbero rovinare la serata. Apre la borsa e tira fuori due *plumcake*.

«È mezzanotte, amica. A quest'anno che sarà un nuovo inizio. Un nuovo capitolo, con nuovi personaggi, ma con una sola protagonista: tu. Spaccherai con il tuo progetto e, chi lo sa, quando non vorrai più saperne di uomini e relazioni, potrebbe arrivare il colpo di scena che ammutolirà il pubblico. Sei una forza, vedi di non dimenticarlo!»

Mi avvicino con il mascara che piano si sta facendo strada sulla mia guancia. Abbraccio sia lei che le sue parole. Sono dove voglio essere con la persona che voglio accanto.

«Buon compleanno, amica mia! Fanculo il resto!»

Il tempo è volato come ogni volta che siamo insieme.

«È tardissimo. Domani mattina alle cinque ho il treno per Genova. Sembrerò uno zombie al lavoro!» dice Bea, guardando il suo orologio da polso nuovo di zecca.

«Sei sicura che non vuoi fermarti a dormire da me?»

«Sicurissima. La mia sveglia suona troppo presto e tu domani hai un incontro troppo importante. Devi riposare e presentarti davanti a tuo padre nelle migliori condizioni possibili! Vai a casa e dormi!»

Chiamiamo un taxi che prima accompagna Bea in un hotel a due passi dalla stazione e poi mi riporta a casa.

Barcollo fino al portone e controllo di nuovo il cellulare. Blocco il contatto di Leonardo e salgo in ascensore.

Mi guardo allo specchio e sorrido mentre immagino la faccia del tassista che si ritroverà sul sedile posteriore centoquarantadue euro e cinquanta centesimi. Chi lo sa? Magari il mio gesto di rinuncia mi porterà bene.

Non me la sento di sfidare la sorte.

Non oggi e non ora.

Buon compleanno, Gloria!

E siamo a trentaquattro. Trenta più quattro.

Non mi piace il numero quattro. È insignificante, non mi trasmette energia. Eppure, punto tutte le mie future mosse su questo numero. Quest'anno deve essere l'anno della svolta.

Devo cominciare a zittire la Gloria dello specchio che mi chiama solo per dirmi: *Non sei esattamente dove pensavi di essere oggi, eh?* Accontentare le aspettative di quella maledetta con gli occhi giudicanti non è semplice. Non lo è mai stato. Ogni volta che ottengo ciò che voglio, lei mi guarda e aggiunge il "ma".

Non so se sono pronta ad alzarmi dal letto per andare a farle gli auguri. Siamo un po' in rotta. Mi colpevolizza per troppe cose, ultimamente. Mi vede debole e aspetta solo il momento in cui, fissandola negli occhi, crollerò davanti a tutti i "ma" accumulati in trenta più quattro anni.

Oggi poi, che è l'anniversario della nostra nascita, ha già pronto il mitra e non avrà paura a usarlo.

Ciao, buongiorno. Dormito bene? Dalle occhiaie non sembra! Troppi pensieri o troppi Gin Tonic? Te l'avevo detto ieri sera di fermarti al primo, ma tu, niente. Dovevi arrivare a mezzanotte e darci il colpo di grazia col Prosecco. Cosa c'è? Dài dillo. Cosa ti turba in questo giorno di festeggiamenti? Il fatto di esserti svegliata da sola? O di non essere riuscita a imporre il tuo volere al paparino, che oggi cederà una parte del tuo cuore a forma di casa in collina a qualche estraneo? Dolce e tenera creatura. Dici di avere accettato ogni tassello del puzzle, ma...

Stai zitta. Almeno oggi.

Rimpiazzo il caffè con la "perfetta colazione dell'hangover", ovvero una Coca e due Speedy Pizza infornate al momento.

Calcolando che tra meno di due ore dovrò presentarmi davanti al notaio, con mio padre, per fare l'unica cosa al mondo che non voglio fare, l'idea di avere ancora qualche goccia d'alcol in corpo non mi dispiace più di tanto.

Mi scoppia la testa e non ho nemmeno la forza di aprire il computer per vedere se ci sono mail. Facebook non esiste. Non voglio vedere emoji di orsi con palloncini con il numero 34 sopra, e non voglio leggere "Auguri" da chi fino a ieri non mi ha mai chiesto nemmeno "Come stai?".

Non voglio approcci con il mondo. Farò ciò che devo e che ho promesso di fare, per poi rinchiudermi in casa e staccare tutto.

Il telefono è pieno di SMS.

Ho sempre amato il mio compleanno e oggi, anche se so che non è davvero così, mi sento più sola che mai.

Ennesimo messaggio. È un numero che non conosco.

Rispondi al telefono se ti chiamo?
Leonardo

Che si fotta!

Devo vestirmi a lutto e incontrarmi con mio padre tra meno di un'ora. Vorrei non doverlo fare.

Maglione oversize nero, jeans, cappello nero. Questo incontro non si merita colori. Mi sembra l'outfit perfetto per dire addio.

Piove. Giustamente.

«Sei in ritardo, dài andiamo!» con il suo ombrello tutto scassato, mio padre mi aspetta davanti al portone di uno dei palazzi più belli del centro di Parma.

«Nient'altro da dirmi oggi, papà?»

«Cioè?»

«Buon compleanno, per esempio?»

«Glory, lo sai che con le date non sono bravo.»

«Ho capito, ma dài...»

«Su andiamo! Poi ti farò gli auguri con calma...»

Lo studio del notaio è freddo. L'aria è pesante e mi schiaccia a terra su un costosissimo tappeto persiano. Non riesco ad accennare nemmeno un sorriso.

L'idea di perdere quel luogo mi ferisce. Mi sembra di avere un serpente nello stomaco che mangia i minuti e diventa sempre più grande, come quello di *Snake,* il gioco del Nokia di qualche decennio fa.

Guardo mio padre, seduto in silenzio sulla sedia accanto alla mia nella sala d'aspetto, e lo vedo preoccupato. Tiene gli occhi bassi, come se sapesse che incrociare i miei sarebbe un'emozione troppo forte da gestire, un rischio da evitare. Sembra si sia accorto che lo sto fissando in attesa di un colpo di scena dell'ultimo momento.

«Papà...»

«Dimmi!»

«Non farlo!» tento per l'ultima volta.

«Gloria, ho preso la mia decisione. Accettala!»

«Non farlo!»

«Otello, prego! Entrate pure...» Il notaio, uscendo dalla porta del suo studio, interrompe questo mio misero tentativo di ritirata.

Mio padre si alza e mi allunga la mano.

Ha bisogno della mia mano, più di quanto io abbia bisogno della sua. Lo sento e, nonostante io sia avvilita e affranta, afferro la mano dell'uomo più importante della mia vita e lo seguo.

«Allora, Gloria. Suo padre mi stava dicendo che è contraria alla sua decisione di cedere la proprietà di Mozzano.»

Sono contraria e ancora sbronza. Accoppiata letale per avere una risposta in tasca che non sia del tutto priva di filtri.

«Contraria, totalmente. Ma impotente. Quindi... Cosa altro posso fare?»

La segretaria bussa alla porta. «Sono arrivate le signore, le faccio entrare?»

«Certo!» risponde il notaio.

Mia mamma e mia sorella entrano nello studio.

«Qui anche voi?»

«Buongiorno a tutti!» Mamma Lucy, sempre sul pezzo, saluta prima ancora di togliersi l'impermeabile.

«Bene! Tutta la famiglia riunita per l'attesissimo addio. Che bello!» Il mio tono non lascia spazio a fraintendimenti. «Avete portato lo champagne?»

«Buongiorno anche a te, Gloria!» ribatte mia sorella.

Mentre si accomodano nelle poltrone alle nostre spalle, non riesco a trattenermi e girandomi chiedo: «Non avete nient'altro da dirmi oggi, oltre al buongiorno?».

Restano entrambe in silenzio.

«Va bene. Mi arrendo. Papà, procedi.»

Le carte che tiene in mano non sono solo fogli. Sono il nostro passato, i nostri ricordi, le nostre radici. Nero su bianco, ci sono il profumo dei tulipani, il sapore del caffellatte di mia madre, il rumore dell'altalena nel parco. Sono i gradini della fontana, il camino in pietra davanti al quale mangiavamo la sera. Sono il rumore del Ciao di mia sorella, le chiacchiere della nonna Dina con i suoi fiori, le lenzuola fresche della domenica e la risata del nonno Attilio.

Siamo noi. Anzi, *eravamo* noi.

«Ti ricordi cosa ti dissi tempo fa, Gloria?»

La voce di mio padre è talmente dolce da placare per un attimo la mia rabbia.

«Il valore sentimentale non è il fattore che devi considerare quando decidi di gestire un immobile… Te lo ricordi?»

«Sì, papà. Me lo ricordo.»

«Questa casa non ha grosso valore commerciale, non ne usufruiamo da anni e per me sono solo spese. Capisci perché dovrei disfarmene?»

«Se la metti così, come è possibile darti torto?»

«Bene, allora ti faccio un'altra domanda. Qual è il regalo più grande che il nonno mi fece? L'insegnamento che mi diede quando ero giovane e che io ho cercato di tramandare a te e a tua sorella?»

«La famosa *libertà di sbagliare.* Ironico ricordarmelo proprio ora.»

Mio padre sorride. Come se mi avesse messa alla prova e avessi azzeccato la risposta al primo colpo, anche se con una punta di sarcasmo che infastidisce.

Allunga la mano verso il notaio che, con un sorriso velato, gli porge il contratto che sta per mettere fine a un capitolo della nostra vita. Lo guarda e lo stringe tra le mani. L'appoggia sulla scrivania e, dal taschino della sua camicia, tira fuori la sua biro, quella con la quale ha firmato ogni decisione da tempi immemori, sempre la stessa.

Mentre sigla l'ultima pagina, un sorriso gli si dipinge sul volto. Il silenzio di questi secondi è devastante. Con la coda dell'occhio vedo il suo nome scritto e sento una fitta allo stomaco.

Appoggia la biro sui fogli e, piano piano, li fa slittare davanti a me.

«Mi sono preso la responsabilità di lasciare questa casa a qualcuno che la possa amare tanto quanto l'ho amata io... Leggi.»

«Non serve, papà. Non voglio leggere niente. Tanto nessuno la potrà amare più di me.»

«Lo so. Leggi.»

«Se leggo, la facciamo finita e andiamo a casa?»

«Certo!»

«Bene» dico prendendo in mano il maledetto documento con il nome di chi ci vivrà al mio posto.

«Tieni, ti servirà anche questa» dice passandomi la penna. La prendo tra le mani senza capire il motivo di questo gesto.

Tutti nella stanza sorridono tranne me. Mi sento quasi presa in giro. Non mi capacito di come possano lasciare andare con così tanta leggerezza il nostro passato.

«Ma... qui c'è il mio nome.»

«...»

«Perché c'è il mio nome, papà?»

«Perché ora tocca a te.»

Non è un atto di vendita.

Non è un atto di vendita.

Non è un atto di vendita.

«Buon compleanno, Gloria.»

È una donazione e la beneficiaria sono io!

«Stai donando la proprietà della casa di Mozzano a me?»

«Avevo deciso di venderla ma poi ho cambiato idea. So che sto sbagliando da un punto di vista commerciale, ma mi prendo la libertà di farlo.»

«Papà... io... non so cosa dire...»

«Quando ne abbiamo parlato hai mescolato le carte. Sono

tornato sulla mia decisione. L'ho fatto per almeno nove notti consecutive. Poi ho chiesto un consiglio a tua madre e a tua sorella, e insieme abbiamo pensato che, prima di venderla, le si poteva dare un'altra possibilità. Volevo farti una sorpresa per il tuo compleanno, scusami se ti ho fatto passare momenti difficili. Sapevo che poi mi avresti perdonato tutto…»

«E voi, lo sapevate!» dico guardando mia mamma che sorride alle mie spalle.

«Sì, certo. E siamo d'accordo con il papà. La casa ora è tua.»

«Anche tu sei d'accordo? Tu l'hai vissuta più di me e so quanto la ami…»

Mia sorella si alza e si avvicina a me. «So anche quanto tu ne abbia bisogno. Sei adulta, Gloria. Stai prendendo tante responsabilità, una dopo l'altra e tutte ora. Hai scelto la tua direzione e non ti ho mai vista così convinta. Abbiamo piena fiducia nella tua gestione e nella tua visione. È giusto che questa casa rimanga a te, che l'hai vissuta meno di noi e che la ami quanto basta da farci capire che te ne prenderai cura.»

Mi stringe le mani e sento tutta l'energia che accompagna le sue parole. I nostri genitori ci guardano e la serenità nel loro volto è la ciliegina su questa inaspettata torta di compleanno.

«Quando davanti a un caffè mi hai raccontato che avresti voluto usare i tuoi primi guadagni per ristrutturarla, ti ho immaginata con le chiavi in mano salire i gradini contornati di tulipani, appoggiare le borse della spesa dopo una giornata di lavoro, e baciare l'uomo dei tuoi sogni che ti aspetta davanti al camino. Anche tu visualizzi questo, vero?»

«Come non mai…»

«E allora firma! Noi abbiamo scritto la nostra storia, tu hai appena iniziato a scrivere la tua… Per il tuo compleanno ti regaliamo il posto più bello del mondo per farlo.»

Il mio nome prende forma sul foglio e tutto ciò che ho immaginato, e che ho creduto di aver perso, ha di nuovo la possibilità di diventare reale. Mi trema la mano, ma sento che qualcuno la sta muovendo per me, lo stesso qualcuno che ha mosso tutti i fili invisibili finora.

«Fatto!» Sospiro.

«Perfetto signorina Mussi. Lei è ufficialmente l'intestataria della casa, e questa è la sua copia dell'atto di proprietà» conclude il notaio.

Ho finalmente il mio castello.

La mia favola continua.

Magia e tulipani

Un cerchio si chiude, un finale perfetto di una storia perfetta.

«Anna! Anna!»

Tutto tace, è immobile, ma lo era anche quando ci siamo conosciute. Gli scuri sono chiusi e il ruggito lontano del temporale in arrivo è l'unico rumore che interrompe il fruscio degli abeti.

«Anna!» urlo girando l'angolo della casa, sperando di ripetere il nostro primo incontro.

La casetta degli attrezzi è vuota. Lei non c'è.

Il prato è tagliato, i cespugli di salvia e di rosmarino hanno una forma perfetta. Il dehor è pulito, deve averlo spazzato da poco, altrimenti con questo vento ora sarebbe già un tappeto di foglie. Sullo stendi panni c'è appeso lo zerbino dell'entrata.

Quello non è il suo posto, ci penso io.

Mi avvicino e lo prendo prima che il temporale arrivi e lo inzuppi.

Io e Anna non ci vediamo da quella mattina. Nell'arco di pochi mesi ho chiuso una relazione tossica, ho iniziato un'attività e sono diventata proprietaria della casa più bella del mondo. Sono qui per dirle tutto. E lei? Mi chiedo se avrà qualcosa da raccontarmi.

«Anna!»

Continuo a chiamarla mentre costeggio il perimetro della

casa ma passo dopo passo mi sto rassegnando al fatto che possa non esserci.

Decido di sedermi sotto il portico e per qualche minuto nutro la speranza che rientri da un momento all'altro. Il vento mi fa compagnia e mi ruba la sigaretta accesa un attimo fa.

«Quanto sei bella casetta mia. Sei *mia*, capito?»

Mentre lo dico ad alta voce penso ai miei nonni. Inevitabile. Vorrei chiedere loro cosa hanno provato nello scegliere questa casa. Mi sembra di avere la possibilità di riviverli ogni giorno. Con il mio nuovo lavoro, con questa casa, con i racconti di mio padre, sono nel pieno del mio personale viaggio nel tempo.

Mi sembra che ci siano sempre, che siano qui con me anche in questo momento.

Faccio un respiro profondo e mi lascio trasportare dall'immagine che si crea davanti ai miei occhi…

«Erano gli anni Settanta. Immagina la terra senza alberi e immagina il muretto senza la siepe. Cancella dal disegno che stai guardando il dondolo, i vasi, i fiori e i cespugli. Elimina il tavolo, le sedie e i cuscini. Guarda la casa, guarda le pareti. Togli tutti gli elementi che associ a me e alla nonna. Ripulisci il quadro dai ricordi, dai profumi. Parti da zero. L'hai fatto?»

«Sì nonno. Lo sto facendo…»

«Brava. Adesso a queste pareti aggiungi un sogno.»

Respiro e gli ologrammi sembrano diventare reali. Mi sembra di vedere persino l'ombra di mio nonno appoggiato al vaso della terrazza.

«Tu e la nonna cosa avete provato quando siete arrivati davanti al cancello per la prima volta?»

«Ci siamo stretti la mano, mentre guardavamo entrambi in avanti. Abbiamo visto tutto quello che tu vedi oggi, anche se ancora non c'era. Abbiamo pensato che fosse il castello che sapevamo di meritarci.»

«Nonno…»

«Dimmi…»

«Ho trovato il tuo tesoro?»

«Io non ti ho lasciato alcun tesoro. Ti ho lasciato una mappa. E al tesoro non ci si arriva se non si è in grado di trovare, leggere e interpretare correttamente la mappa. Altrimenti sarebbe troppo facile, non credi? Non posso sapere cosa ti riserverà il futuro, come non potevo sapere cosa avrebbe riservato a me, so che il tempo vola e che ogni giorno accade qualcosa che ci ricorda che il quanto non lo scegliamo noi, ma possiamo scegliere il come. Hai preso la decisione di proseguire con l'attività che io ho creato e se fossi vivo ti abbraccerei per dirti grazie. Lo stai facendo a modo tuo e non sei che all'inizio. Sbaglierai, inciamperai, perderai scommesse e l'umore non sarà sempre alle stelle, ne hai avuto già la prova. C'è chi arriverà e deciderà di rimanere e c'è chi non troverà magia e interesse in quello che proponi. Tu prosegui. Non fermarti. E quando hai bisogno di silenzio e di risposte, vieni qui. Questa casa è tua.»

«Vorrei che tu fossi qui. Ho troppe domande da farti, troppo tempo da recuperare. Non ci siamo nemmeno detti addio…»

«Non lo faremo mai. Non è più possibile farlo. Sono andato via troppo presto, o tu sei arrivata troppo tardi. Ma gli anni passati assieme li ricordo tutti… E tu? Li ricordi?»

«No, nonno. Non li ricordo e ti prego non infierire su questo mio dolore.»

«Poco importa. Non li ricordi ma li senti, basta questo. Accetta che sia così e vieni da me quando vuoi. Ti ho vista, sai, con la tua birra in mano a lamentarti di tutto quello che stava succedendo. Quel giorno ne avevi una per tutti. Hai visto cosa ha fatto quel genio di mio figlio? Io sapevo già tutto ma, anche volendo, non avrei potuto spifferarti il suo piano. Sono rimasto muto come una tomba, a proposito di black humor...»

Si può ridere della battuta di un ologramma?

La nonna Dina si avvicina al vaso sul quale è seduto il nonno Attilio, gli mette la mano sulla spalla e lo richiama a sé.

«In questa casa non entravamo solo io e il nonno, c'era tutto il nostro percorso. L'amore, la famiglia, le scommesse e le vittorie. Aprivo il cancellino e tutto questo entrava qui con noi. Non lasciavo fuori nulla che non fosse stato fondamentale per permetterci di essere qui. Cosa porti con te oltre il cancello?»

«... Porto un sogno, o forse più di uno. Porto uno stradario di carta, consumato da tutte le volte in cui è stato preso in mano per controllare che il percorso fosse giusto. Porto i passi che mi hanno fatto arrivare dove sono oggi. La voglia di continuare sul sentiero sul quale mi sono trovata, e sul quale ogni giorno scelgo di rimanere.

«I ricordi, quelli non mi lasciano e mi accorgo che spesso, sono più presenti del presente stesso. Lascio entrare la consapevolezza di essere da sola. Porto quindi la luce dell'indipendenza, ma anche l'inevitabile peso della solitudine. Porto l'entusiasmo di far parte di una macchina che funziona, e grazie a me funzionerà ancora per tanto tempo. Porto la famiglia. Il sogno dell'amore vero, che arriverà o non arriverà, ma io voglio stringere la possibilità di incontrarlo e voglio credere che, assieme a lui, porterò oltre il cancello la condivisione di una vita. Porterò i risultati del mio lavoro e li trasformerò in tulipani. Per tutto questo mi servirà una grande valigia?»

«La nonna ti ha chiesto cosa porterai, ma è ciò che deciderai di lasciare fuori dal cancello l'importante. Non permettere mai che entri. Vieta l'ingresso a tutti coloro che non meritano il tuo tempo e la tua energia. Lascia fuori chi ti ruba il sorriso e chi ti dà per scontata. Qui non entrerà la paura di non essere abbastanza o di non fare abbastanza. Chiudi fuori i malesseri, i risentimenti e il rancore. Lo hai già fatto, so che ne sei in grado. Ma porta gli errori. Quelli portali tutti e falli accomodare. Mettili nella vetrinetta in salotto e ricordali. Una volta ogni tanto spolverali e falli brillare. E quando te la sentirai... Ringraziali. Ricordati che sei libera. Libera anche di...»

«... Sbagliare. Lo so, nonno.»

«Saperlo e sentirti in grado di farlo sono due cose diverse. Arriverai a distinguerle e in quel momento la tua energia esploderà. Impara a non aver paura degli errori. Questo ti auguro...»

Una folata di vento fa volare via l'atto di proprietà che ho appoggiato sul tavolo e nel frattempo solleva della polvere che mi entra negli occhi.

Li chiudo e li riapro. Sono da sola. Di nuovo.

Non faccio in tempo ad alzarmi che i fogli si sono sparsi sotto gli abeti. Corro a raccoglierli più in fretta che posso.

Mentre mi guardo attorno controllando di non averne perso nemmeno uno, vedo un rettangolo bianco un po' più piccolo di un foglio A4, ed è proprio sotto l'albero davanti al portico.

Mi avvicino.

È una busta.

C'è scritto: *Per Gloria.*

Prima le cose importanti.

La tua casa è in ordine e, se stai leggendo questa lettera, significa che hai trovato lo zerbino steso e, come avevo previsto, lo stai rimettendo al suo posto. Ho appoggiato la lettera davanti alla porta non a caso. È il punto in cui ti ho lasciata sola, dove mi

sono messa da parte per farti entrare in un luogo che era tuo, anche se a viverlo ero io. Ricordi?
Le stoviglie sono lavate, i letti sono fatti. Ho ordinato gli armadi e ora la biancheria profuma esattamente come nei tuoi amati anni Novanta. La cappa del camino è pulita, pronta per affrontare questo freddo inverno, che sembra avere fretta di arrivare. Accanto alla casetta degli attrezzi ti ho lasciato una montagna di legna e l'ho coperta per evitare che s'inumidisca. Il bagno brilla. Ho ridipinto le pareti e ho lavato le mattonelle del pavimento. Tutte le finestre sono state aggiustate.
Ho passato l'estate a prendermi cura della tua casa, come avevo promesso.
Sì, ho già scritto due volte la parola "tua" perché ho ricevuto la notizia da Otello. Mi ha chiamata a inizio settembre. Immagino tu stia sorridendo mentre leggi queste righe, seduta sotto il portico che ci ha viste nemiche per otto minuti e amiche per otto mesi.
Sono in partenza per una vacanza. Una vacanza molto lunga. Non avrò occasione di vederti, ma non posso sparire senza averti detto ciò che non ho avuto il coraggio di confessarti davanti al caffè che mi hai portato quella mattina.
Ho scoperto che mio marito si è innamorato di un'altra donna. Non ci giro intorno e inizio da qui. Ne avevo avuto il sospetto, ma ho fatto finta di nulla per mesi. Ho aspettato e sperato in silenzio che fosse un'infatuazione passeggera e, avendo vissuto in prima persona quel ruolo, giustificavo l'ingiustificabile.
Quando venivo qui, chiudevo fuori tutto, come ti ho sempre detto, compresi i sospetti e la realtà.
Ricordi quando soprappensiero usai la parola "soluzione" e tu mi facesti notare che esiste solo se collegata al termine "problema"? Mentre io non volevo ammetterlo, tu già avevi capito.

C'è una cosa che devi sapere, forse più di una, ma partiamo dalla più importante.
Gabriele non è il nome di mio marito.
Gabriele è l'unico grande amore della mia vita. Se stai pensando che ti ho mentito, fai mente locale e ricorda cosa ci stavamo dicendo quel giorno, in quel momento di indimenticabile confidenza e confronto. Tu mi chiedesti il nome del mio grande amore, e io ti risposi il vero. In quella conversazione li coinvolsi entrambi, lui e mio marito, e l'ho fatto perché avevo una gran voglia di parlare di Gabriele, come se farlo potesse riportarlo a me, anche solo per pochi minuti. Tu ovviamente non potevi saperlo.
Dopo anni di relazione all'ombra di un matrimonio che non funzionava, trovai il coraggio di lasciare il mio primo marito per Gabriele ma probabilmente, nello stesso momento, il destino decise che era troppo tardi.
Lui morì poco dopo a causa di un brutto incidente. Riuscimmo a stare insieme pochi giorni e poi tutto finì. Persi anni della mia vita a trovare la forza di lasciare il niente, e ci misi un attimo a perdere tutto.
Arrivò la depressione e mi trascinò a fondo. Su quel fondo, in un giorno di pioggia di qualche anno dopo, incontrai colui che divenne il mio secondo marito e che mi è rimasto accanto da allora. Ci appoggiammo l'uno all'altra, le confidenze divennero affetto, l'affetto si trasformò in dipendenza e la decisione di sposarci arrivò abbastanza rapidamente.
Non era passione, era bisogno. Entrambi avevamo l'esigenza di avere qualcuno accanto. E semplicemente scegliemmo di farlo.
Credo sia arrivato il momento delle presentazioni ufficiali.
Mio marito si chiama Leonardo.
E ora dimmi… l'uomo che non ha il coraggio di lasciare la moglie per stare con te, come si chiama?

Sai, Gloria, tutti i pezzi del puzzle si sono uniti la notte in cui tu spensierata ridevi tra i cespugli con la tua amica.
Tu stavi festeggiando il passato e io, a pochi metri da te, stavo affrontando il presente che ci vedeva protagoniste inconsapevoli dello stesso film. L'uomo che spiavi dal buio della tua finestra era l'uomo che stavi aspettando. L'uomo per il quale ti avevo consigliato di non perdere nemmeno un giorno della tua vita era qui, nella tua casa, ma con me.
Mentre tu guardavi lui, io guardavo te e mi chiedevo quanto tempo avresti impiegato a capire quanto è ironica la vita.
Quella notte, dopo aver fatto l'amore, lui andò a fare la doccia. Io rimasi a letto ma mi venne voglia di fumare una sigaretta e così scesi in salotto. Presi l'accendino che avevo appoggiato sul tavolo ore prima, dopo aver acceso le famose candele sotto il portico. Al buio, pestai qualcosa a terra. Era il portafoglio di Leonardo, probabilmente caduto dai pantaloni lanciati sulla sedia. Volevo solo raccoglierlo, ma era aperto e un cartoncino giallo che spuntava dalla fessura ha attirato la mia attenzione. Era impossibile non vederlo. Sembrava quasi che qualcuno lo avesse messo in quella posizione per farmici inciampare.
Quel giallo abbagliante, pieno di vita e di energia, dentro un vecchio portafoglio di pelle consumata, risplendeva e sembrava volesse uscire a ogni costo.
Era il tuo biglietto da visita.
Lo girai e, attaccato con una graffetta, trovai uno scontrino sbiadito, ma non tanto da nascondere il totale di una cena con due coperti. A penna, sotto lo scontrino, ecco la soluzione.

Non metterci troppo. G.

Mio marito aveva davvero un'altra. E quella eri tu.

Vorrei essere una mosca per vedere la tua faccia in questo istante, perché ricordo bene la mia nel momento in cui ho unito tutti i puntini.
Quella notte non l'ho affrontato, ma gli ho chiesto di tornare a casa e di lasciarmi da sola. Lui non ha fatto domande. Ecco perché lo hai visto sulle scale.
Ti ho odiata, sai? Ti ho odiata come si odia un nemico. Mentre realizzavo che l'uomo con cui ero sposata era lo stesso che ti prometteva di arrivare, sentivo le tue risate a un passo da me. Non sono mai stata così combattuta su cosa fare. Avevo troppa paura di perderlo e troppa paura di affrontare te.
Semplicemente, da codarda esattamente quanto lui, non ho fatto niente.
Ho ripensato mille volte ai tuoi occhi che brillavano mentre parlavi d'amore, alla tua energia e alla tua voglia di vivere questa casa, alle tue lacrime, alla tua voce mentre leggevi la storia dei tuoi nonni e alla tua forza nell'aver fatto pace con il passato. Tutto troppo bello e coinvolgente, tutto troppo forte da impietrirmi all'idea di un confronto con te.
Il giorno in cui tuo padre mi ha telefonato per dirmi quale sarebbe stato il tuo regalo di compleanno ho pianto, pensando a quanto tu potessi essere contenta, e immagino che tu sia arrivata qui oggi per dirmelo davanti a una bottiglia di Prosecco, vero?
Non ti aspettavi certo questo finale. Be', neanche io. Vuoi sapere cosa penso? È stata la casa.
Non lo voleva qui dentro e probabilmente non lo voleva nemmeno dentro la tua vita. Qualcosa doveva succedere ed è successo. Io ne sono stata solo il tramite.
Questa coincidenza, che tu sai perfettamente non essere tale, ha liberato l'unica persona che questa casa vuole. Tutto è andato come doveva andare. Lo dici sempre, no?

Ho lasciato Leonardo ieri. Lui non sa che le nostre vite si sono incrociate. Non è più importante.
Ti auguro di rinascere assieme a questa casa, alla sua magia e ai suoi tulipani.
Ti meriti amore, coraggio e verità. Ti meriti luce. Lo meritiamo tutti.

Anna

Fuori dal cancello, un cerchio si chiude.

Un finale imperfetto di una storia imperfetta.

UN ANNO DOPO

Vedere la sposa prima della cerimonia porta sfortuna

Sento il clacson della vecchia Fiat 500 che si avvicina alla villa. Sta per arrivare. Ho quasi finito il mio primo calice di Prosecco e osservo il biglietto appoggiato sul comò che dice *Vedere la sposa prima della cerimonia porta sfortuna, non fare scherzi.*

Che stupida scaramanzia!

La porta si spalanca con un cigolio.

«Sei bellissimo vestito da sposo, lo sai?» dico appena entra.

«Tu. Tu... Oggi sei bellissima.»

È vero, lo sono.

Mi accarezzo il fianco del vestito.

«Grazie, Matti. Avrei voluto vestirmi di bianco ma non volevo rubare la scena...»

«Il bianco non è il tuo colore, Glo! Il giallo... è quello il tuo colore!»

«Comincio a sospettarlo anch'io!» sorridendo mi avvicino a lui e gli stringo forte le mani.

«Sai, non so se riuscirò mai a restituirti l'onore. Non muoio dalla voglia di essere il tuo testimone. Sono egoista.»

«Non ti sei fatto nessun problema a chiedermi di essere la tua, però...»

Mattia è agitato, forse più della sposa.

«Vieni qui, fai vedere… Ma come ti stai mettendo la cravatta?»

«Perché? Che c'è che non va?»

«Devi fare la piega qui in mezzo, aspetta.»

Appoggio il bicchiere sul tavolo, accanto a un vaso pieno di rose profumatissime, e gli sistemo il nodo.

«Così mi strozzi.»

«Zitto. Lascia fare…»

«Mossa molto sexy, fortunato sarà il prossimo…»

«Il prossimo? Non ho tempo per un prossimo…» rispondo con una smorfia e l'argomento si chiude qui.

«Quanto manca?»

«Fammi guardare il cellulare. Mezz'ora circa. Sei pronto?»

«Quasi.»

«Che vuol dire quasi? Dài, andiamo! Raggiungimi giù in veranda. Intanto io vado in auto.»

«No, aspetta, non andare…»

La voce di Mattia ha una sfumatura diversa.

«Non sarai mica nervoso?»

«Prima di andare devo chiederti due cose.»

«Dimmi.»

«La prima: sto facendo una cazzata?»

Faccio un passo verso di lui, sapendo che è arrivato il momento del discorso dell'amica testimone. Un altro cliché da assecondare.

«Respira. Mi hai detto che chiedere a Veronica di diventare tua moglie davanti a una pizza fredda è stata la cosa più spontanea e naturale che avessi mai fatto. Ti brillano gli occhi ogni volta che pronunci il suo nome e vorrei che vedessi quanto ti stanno brillando ora che ti ho riportato a quel ricordo. Hai scelto e lo hai fatto senza paura. Questo è amore. Scegliere. Non è promettere, non è assicurare, non è mantenere. È scegliere. Ora devi solo andare dalla tua donna e dirglielo. Davanti a un ufficiante, davanti alla famiglia, davanti agli amici. Devi solo immaginare di dirle quello che le dici tutti i giorni, ma con un megafono in mano. Niente di più. "Ti scelgo anche oggi..." Datti una calmata e le paranoie da mammoletta impaurita lasciale a chi decide di mentire a quel megafono pur di non rimanere solo. Questo non è il tuo caso. Respira, beviti il Prosecco e muoviti.»

«Porca puttana se ho scelto la testimone giusta! Lo vuoi anche tu un goccio?»

«No, grazie, ho già rimesso il rossetto.»

«Il rossetto t'impedisce di fare con me l'ultimo *cin* da celibe?»

«Esatto. Sono egoista. Muoviti!» dico, aprendo la porta per non dargli spazio di manovra. Farlo arrivare puntuale all'altare è uno dei miei compiti e non posso fallire.

«Aspetta! Ci sarebbe la seconda cosa...» dice tirandomi a sé per la mano e bloccandomi sull'uscio.

«La seconda cosa che volevo chiederti è... cosa avevi desiderato la sera del mio compleanno?»

Non posso rispondere a questa domanda. Non ora. Non c'è tempo.

«Se non sbaglio ti dissi che te l'avrei detto sulla prossima X e come puoi vedere qui non c'è nessun...»

Mattia mi lascia la mano e la mette nella tasca dei pantaloni. Sembra stia cercando qualcosa di molto piccolo. Appena l'afferra, sorride e mi guarda compiaciuto di ciò che sta per fare. Fa un passo indietro, tira fuori un gessetto bianco e si china sul pavimento.

«Parli di questa?» Traccia due righe perpendicolari, si alza e ci si mette sopra.

«Sei scorretto.»

«Vieni qui.»

Mi avvicino a lui, continuando a pensare che il mio trucco è talmente perfetto che, per rimanere tale nei prossimi cinque minuti, è necessario che io congeli le mie emozioni.

«Cosa hai desiderato la sera del mio compleanno?»

«... Non posso più metterti la lingua in bocca per non rispondere, vero?»

«No.»

«Scacco matto quindi?»

«Scacco matto.»

Non voglio usare un solo minuto per parlare di me. Oggi è il suo giorno.

«Ho desiderato essere la più bella donna single al matrimonio del mio migliore amico, una specie di Julia Roberts... Sperando di non ballare tutta la sera con il mio amico George!»

«Smettila e rispondi...»

«Non ho desiderato nulla che abbia a che fare con te» Cambio tono perché capisco che la sua è una domanda seria.

«Non è quello che ti ho chiesto.»

«Ma è quello che temi ora. Vero?»

Mattia non risponde e abbassa la testa.

«Sei bellissimo... Continuerò a dirtelo che tu abbia un anello al dito o meno. Chiedimi se ti voglio bene?»

«Mi vuoi bene?»

«Lo voglio! Ora infilami l'anello fantasma al mignolo!»

Mattia ridendo asseconda questa folle unione.

«Tu mi vuoi bene?»

«Stupida!»

«Potresti rispondere? Mi stai mettendo in imbarazzo con gli invitati fantasma dietro di noi!»

«Lo voglio!»

«E allora, se qualcuno ha da obiettare non m'interessa, ci dichiaro "Gloria e Mattia" finché morte non ci separi!»

«Non voglio un bacio!»

«Nemmeno io! Voglio che tu ti muova! Dobbiamo andare, è tardi!»

«Glo...»

«Che c'è ora?»

«Una donna come te non può rimanere da sola, a meno che non sia lei a volerlo. Sei forte e indipendente, molto più di quanto tu creda. Fai parte di una categoria che spaventa. Solo un uomo con gli attributi può avvicinarsi a te. Si capisce se si è alla tua altezza durante il primo secondo. Io sono stato uno di quelli che se n'è accorto sempre nei momenti sbagliati. Ma tu devi smetterla di rincorrere i fantasmi. Se ti stai facendo mille paranoie da trentenne single, dacci un taglio. Ora.»

«Cosa ti fa credere che sia così?»

«Ti conosco. So che stai mettendo in stand by tanti pensieri per mantenere quel sorriso splendido su quel vestito giallo.»

«Matti, basta.»

«Va bene, basta. Ma dovevo dirtelo. Sono tanto fiero di te!»

«Lo sei?»

«Sì, cazzo! Guarda cosa hai fatto? Hai creato un mondo dalla polvere, letteralmente, e poi hai accolto tutti a braccia aperte. Ti ricordi quando mi hai chiamato per stampare i biglietti da visita?»

Sorrido se ripenso con quale timidezza e insicurezza feci quella chiamata.

«*Pronto, ciao Matti... Mi servirebbero un centinaio di biglietti da visita... Ora che ci penso... Cinquanta potrebbero bastare.*»

Impeccabile imitazione.

«Cinquanta. Sei partita con cinquanta. Quarantanove, uno

non è mai uscito dal mio portafoglio. E ora? Ci sono persone che si fanno chilometri di autostrada per conoscerti, ascoltare cosa hai da raccontare, ridere della tua ironia e toccare con mano la realtà che hai creato per te e per loro. Te ne rendi conto?»

Il trucco. Glo, il trucco.

«Tuo padre? L'hai fatto rinascere. Gli hai regalato un nuovo modo di vedere il suo stesso mondo e soprattutto gli hai dato una ragione per andare avanti e non mollare in un momento in cui arrendersi sembrava l'unica soluzione. È pazzesco. Hai visto la luce dove tutti vedevano il buio. E tutto ti sta tornando indietro, tutto. Riesci a capirne l'importanza?»

«Basta, Matti. Siamo in ritardo. Dobbiamo andare. Hai avuto un sacco di tempo per dirmi queste cose. Perché proprio ora?»

«Perché siamo sulla X… E sto per dirti quale desiderio ho espresso io quella sera…»

Credo che il mio cuore stia battendo a ritmi che non credevo fossero possibili.

«Ho desiderato il lieto inizio per entrambi. Per me e per te. Ha funzionato. Lo vedo che si sta avverando. E se tu ora, anche solo per un minuto, ti fai eclissare da ciò che non c'è… mi mandi a puttane il desiderio. Non ti permetterò di farlo.»

«Ora devo rifarmi il trucco, maledetto!»

«Effettivamente sembri un panda. Arriveremo in ritardo e sarà per colpa tua. Tutto calcolato.»

Non sono riuscita a impedire alla riga di mascara di raggiungere la mia guancia.

«Voglio essere libera di sbagliare…»

Mi rivolgo verso la Gloria nello specchio e decido di dirlo a lei.

«Cosa?» Mattia si avvicina e la guarda anche lui.

«Questo ho desiderato. Voglio sbagliare, accettare di averlo fatto e andare oltre. Eccolo il mio desiderio. Volevi saperlo? È questo.»

«Non ha senso...»

«Oh, sì che ce l'ha. Non ci sarà mai passo che non porterà con sé la possibilità di commettere degli errori. Li farò tutti. Uno dopo l'altro. Quelli insignificanti e quelli irreversibili. Ho preso decisioni che tutti credevano sbagliate e ho vinto, ma ho anche sprecato tanto tempo combattendo battaglie perse in partenza. Voglio diventare amica dei passi falsi che oggi mi hanno portata ad avere tanto, ma non tutto. Conviverci e accettarli. Mi credi pazza?»

«Sì.»

«Matti, sto iniziando a non sentirmi in colpa verso di lei e sto iniziando seriamente a considerarla una priorità» dico indicando la donna nello specchio. «L'ho dimenticata tante volte e l'ho messa al secondo posto senza accorgermene per anni. L'ho affidata a persone che non la meritavano, che l'hanno lasciata andare e che non l'hanno capita. L'ho vista piangere davanti a una merendina di troppo, un bacio di troppo, una decisione non presa di troppo. Quella sera, mi hai chiesto di esprimere un solo desiderio e io non ho pensato ad altri che a lei. La Gloria nello specchio. E ha funzionato! Voglio vederla sorridere e voglio che sia fiera di quello che siamo e che abbiamo oggi. Tutto quello che è successo ci ha portate qui. Quindi no, non mi farò eclissare da quello che non c'è. Ci sarà. Semplicemente, non è ancora arrivato. Guardaci! Spacchiamo il culo in giallo, non trovi?»

«Sono d'accordo!»

«Sono fiera del mio percorso. Per il mio primo "ti amo" ci sarà tempo...»

«Non lo hai mai detto?»

«Mai.»

«Dài, smettila...»

«Ma è vero!»

«Non lo hai mai nemmeno pensato?»

«Pensato sì, ma io sto aspettando quel "ti amo" che non riesci a trattenere, che ti esplode in bocca se non lo dici almeno cento volte al giorno. Voglio l'amore reale, che vivi senza accorgertene, che è certezza quando ti svegli al mattino. Voglio l'amore magico, quello davanti al quale non ti chiedi che trucco potrebbe esserci perché sei certa che la magia esiste. Non scendo più a compromessi.»

Mattia mi abbraccia da dietro ed entrambi sorridiamo alla Gloria nello specchio.

«Ora muoviti, cazzo! È la sposa che deve arrivare in ritardo, non tu. Andiamo!»

Cuori neri e picche rosse

Tutto è pronto e la sala, immobile, attende i festeggiamenti.

Sono la prima ad arrivare, gli altri sono ancora nella zona bar ad aspettare gli sposi e a commentare, tra un brindisi e l'altro, la cerimonia che si è appena conclusa. Mattia e Veronica erano davvero bellissimi e io non ho potuto fare a meno di commuovermi.

Cammino tra i tavoli alla ricerca del mio posto e noto che davanti a ogni *mise en place* c'è un piccolo oggetto. *Chissà cosa ci sarà alla mia...*

Sono entrata per nascondere sotto al tavolo le mie Converse argentate, il salvavita necessario per affrontare il party e potermi togliere queste maledette décolleté.

Eccolo!

Davanti al mio nome c'è una vecchia scatola di legno, grande come un libro. Al centro del coperchio è pirografato il disegno di un mazzo di carte da gioco a semi francesi, aperto a ventaglio.

«Cuori neri, picche rosse... Non ci credo...» dico, mentre sfioro il disegno con le dita e ne sento il rilievo.

«Conosci il film *Interstate 60*?» Una voce alle mie spalle mi fa sobbalzare.

«Oddio! Mi hai spaventata!» Mi giro cercando di dare un volto a chi mi ha quasi fatto venire un infarto.

Pensavo di essere sola, chi... chi sei tu?

Compiaciuto di questa entrata a effetto, lo sconosciuto sposta con grande disinvoltura una delle sedie e si accomoda al tavolo. Sembra sicuro di sé, sfodera un innocente sorriso, accavalla le gambe e si toglie il cappello verde da ranger canadese, appoggiandolo allo schienale.

«Scusami, non era mia intenzione...» dice sfiorandomi il braccio come a tranquillizzarmi. «Dicevo... conosci quel film?»

«Se lo conosco? È il mio preferito!»

«Non vorrei deluderti ma... chi ti ha fatto questo regalo non lo sapeva.»

«In che senso, scusa?»

«Ho scelto io di disegnarlo. Mi hanno commissionato le grafiche che vedi su ogni scatola. Sono tutte diverse ma la bomboniera dei testimoni doveva essere unica e speciale. Quindi ho pensato a cosa è speciale per me e non so perché mi è venuto in mente il film *Interstate 60*. Il monologo del personaggio di Ray sulle possibilità e sull'esperienza mi ha ispirato...»

«Parole che, almeno una volta nella vita, dovrebbero ascoltare tutti. Lo so a memoria. Potrei recitarlo in questo momento.»

«Vai. Il palcoscenico è tuo.»

«Cosa? No, no... Dicevo così per dire!»

«Dài, dammi prova che "dici ciò che pensi e pensi ciò che dici..."»

Sei furbo, sconosciuto. Un'altra citazione dal film più sottovalutato degli ultimi vent'anni.

Si sporge in avanti con quell'aria di sfida e divertimento, mi guarda negli occhi e attende un mio cenno. Ma io rimango immobile, e decido di vedere quale sarà la sua prossima mossa.

«Va bene, ho capito. Inizio io.»

È esattamente ciò che sapevo avrebbe fatto.

«"Cuori neri e picche rosse? Andiamo, mi hai imbrogliato!"» inizia a recitare il copione che credevo di conoscere solo io.

Okay, giochiamo straniero. Hai trovato pane per i tuoi denti. Ora continuo io.

«"L'esperienza ti ha condizionato a pensare che tutti i cuori siano rossi e tutte le picche debbano essere nere. Le forme sono simili quindi per la tua mente è facile recepirli sulla base delle esperienze passate, piuttosto che aprirti all'idea che potrebbero essere diversi..."»

Tocca a te, straniero.

«"Vediamo quello che ci aspettiamo di vedere, non necessariamente quello che c'è in realtà... E allora ci chiediamo quante altre cose ci siano proprio di fronte a noi, segni, suoni, profumi che non riusciamo a sentire solo perché... non ci siamo abituati...» prosegue senza distogliere mai lo sguardo da me, mentre con le dita tocca delicatamente il disegno sulla scatola. Sono rapita dalla sua voce, dai suoi movimenti lenti e da questo assurdo e magico momento che mai mi sarei aspettata di vivere.

Ritorna in te, Gloria, sembri ipnotizzata. Continua!

«"Una volta consapevole che possano esistere cuori neri e picche rosse, ti sarà facile... saperli recepire..."»

Sta succedendo davvero? Qualcuno mi dia un pizzicotto.

Riprende la parola e, gesticolando, continua il gioco: «"La struttura del tuo cervello è come un sistema di strade statali. È facile andare da una città all'altra per strade molto trafficate, ma le località intermedie che lambiscono la rete autostradale, sebbene siano lì, la maggior parte delle persone le supera sfrecciando..."».

Le sue parole mi risuonano dentro e trattengo l'emozione mentre realizzo in un attimo ciò che è stato il mio percorso.

L'ho fatto. Ho abbandonato le strade statali e ho rallentato in prossimità di ciò che nessuno vedeva. Ho trovato la luce nella polvere del passato. Ci sono riuscita.

«Perché stai sorridendo?» Lo straniero si è reso conto che un pensiero mi ha distratta.

«Io... Adoro quel monologo... Il fatto che quel disegno sia capitato a me è...»

«Una coincidenza?»

«... Io non credo alle coincidenze, credo...»

«Ai segni?»

«Esatto... ai segni... Scusa ma, tu sei?» Mi viene da ridere. Ho lasciato che questo giochino eclissasse la prima domanda da porgere in questi casi e quindi cerco di darmi un tono e tornare alla realtà.

«Non sono invitato al matrimonio» dice. «Sono solo uno che ama ciò che fa e che per essere profumatamente pagato per il lavoro svolto oggi ha dovuto fare chilometri» e alzandosi continua: «Ma ora, un bicchiere di vino me lo bevo. Se ne prendo due, mi fai compagnia?».

«Volentieri. Allora intanto che tu vai... io...» Prendo in mano il bigliettino che accompagna la bomboniera.

«Sì, sì, leggi e apri la scatola, Joey Potter!» Si allontana facendomi l'occhiolino.

Credo di non essere stata la prima a leggerne il contenuto...

Arriverà Pacey da un momento all'altro!
Nel frattempo, questo ti servirà a non farti trovare impreparata!
M.

Apro la scatola.

«Un portachiavi con la trappola acchiappa-fantasmi dei *Ghostbusters*? Che deficiente!»

Scoppio a ridere e non riesco a smettere.

«Che bella risata... Mi spiace interromperti, ma ti ho preso un Prosecco...»

Appoggio la scatola aperta sulle gambe e mi asciugo una lacrima felice. «Grazie...»

Il bello sconosciuto si siede di nuovo accanto a me e avvicina il suo bicchiere al mio.

«Allora *cin...*»

«*Cin*... Quindi, fammi capire, tu hai fatto tutte le bomboniere?»

«Esattamente. Ieri sera me ne mancavano una decina. Le ho dovute fare di notte e sono partito all'alba per arrivare qui in tempo. Credevo che nessuno mi avrebbe visto, ma poi sei apparsa tu e ti sarei grato se non facessi la spia... Gli sposi credono che siano state consegnate più di una settimana fa. Sono una bomba nel mio lavoro, ma ho un problemino con le tempistiche...»

Sorride compiaciuto di questo effetto collaterale dell'artista senza regole, e sorseggiando il Prosecco, non abbassa mai quello sguardo sicuro e magnetico.

Sento un vortice alla bocca dello stomaco, e di certo non è questo Prosecco bevuto prima dei pasti.

«E tu? Di cosa ti occupi?» dice arrestando i miei pensieri.

«Io vendo abbigliamento vintage!» Mi sembra un riassunto perfetto, che rimarrà tale solo se lo straniero non mi farà altre domande.

«Affascinante...»

«Molto affascinante.»

«Ti brillano gli occhi, sai?» Sembra che questa puntualizzazione gli sia scappata senza volerlo.

«Perché ripenso al percorso di un'idea che è diventata reale passo dopo passo, errore dopo errore e, semplicemente... Oggi sono tanto felice di fare il lavoro più bello del mondo! Pensa che ieri mi hanno contattata per vestire gli attori di un film! Il grande schermo! Chi se l'aspettava...»

«Accidenti! E posso sapere come hai iniziato? Se non sono indiscreto...»

Non lo sei, straniero, anzi.

«Guardando con occhi diversi il mondo in cui sono cresciuta. Tutti i capi storici che vendo vengono dalla merceria di famiglia. Mio nonno li ha comprati, mio padre li ha conservati e io ho scelto di non lasciarli nell'ombra...»

«Il nonno, colui che ha dato inizio a tutto questo, c'è ancora?»

«Magari. No, purtroppo non può assistere.»

«Oh, certo che lo fa... Dalla prima fila. Ora è proprio qui, accanto a me. Sta presenziando anche a questa conversazione e... aspetta... mi sta dicendo qualcosa...» Con l'indice sulla bocca, mi fa segno di stare zitta e appoggia l'altra mano all'orecchio, come per ascoltare un segreto dell'amico più caro. «Dice che è tanto orgoglioso della donna che sei diventata e vuole che ti dica che oggi hai un sorriso bellissimo... Ah aspetta, dice anche che io sono un gran figo! Grazie nonno!»

Rido, rido a crepapelle e immagino il nonno Attilio fare altrettanto.

«Scusa se interrompo queste vostre confidenze, ma avrei una domanda... Il nonno mi perdonerà!» dico asciugandomi la solita lacrima felice che oggi proprio non ne vuole sapere di stare al suo posto.

«Spara!»

«Ci siamo già visti?»

«Sì!»

Lo sapevo!

«E dove?»

«Non lo so!»

«Quando?»

«Non so nemmeno questo! Non è importante!»

«Ottimo!»

La scatola è ancora aperta sulle mie gambe.

«Io comunque mi chiamo Sandro...»

«Ciao, Sandro, io sono Gloria...»

«Ciao, Gloria!... E dopo questa presentazione ufficiale, io devo andare!»

«Come? Di già?»

«I primi invitati stanno arrivando. Tempo scaduto per me. È stato bello incontrarti!»

«Lo è stato...»

Si alza, si rimette il cappello e riavvicina la sedia al tavolo. Senza dire una parola, ci diciamo tutto.

«Sandro!» gli urlo dalla sedia a cui sono incollata, mentre lo guardo allontanarsi.

«Sì...» risponde senza voltarsi, fermandosi sulla porta.

«"È un bel trucchetto, ma non esistono giochi di carte con picche rosse e cuori neri..."»

Sta sorridendo. Lo so. E ora concluderà il dialogo di Ray.

«... "E chi può dirlo?..."» Ed esce di scena.

Sul fondo della scatola, c'è il suo biglietto da visita.

Non ci sarà nessun *nel frattempo.*

Titoli di coda

«Gloria, cosa stai cercando?»

«…»

«Non dirmelo…»

«…»

«Hai di nuovo dimenticato le chiavi?!»

«Sì.»

«Dài vieni, scavalchiamo! Ho nascosto un mazzo di scorta sotto lo zerbino.»

Eccoci.

Oltre il cancello.

Ringraziamenti

Il mio primo grazie va ad Annalisa, colei che mi ha fatto il regalo più grande. Grazie per aver avuto fiducia in me, nella mia narrazione e per avermi dato la possibilità di raccontare al mondo questa storia.

Un grazie di cuore a Martina, la vera Martina che ho contattato dopo quasi vent'anni, avvisandola che l'avrei portata con me in un viaggio nel tempo.

Grazie a Nicole, l'amica che ognuno dovrebbe avere accanto. Sono fortunata ad averla nella mia vita e glielo dico ogni giorno.

Ringrazio i miei amici. È una lista di nomi che c'è ma non si vede. Sono la famiglia che ho scelto e con la quale ho condiviso ogni passo di questo inaspettato percorso.

Un grazie a coloro che sanno di aver ispirato i personaggi di questo romanzo. Ognuno di loro mi ha lasciato qualcosa che porterò con me per sempre.

Un immenso grazie a tutta la mia famiglia. In particolare, a mio papà Otello e a mia mamma Luciana che, da sempre, vivono tutto in prima fila, applaudendo vittorie ed errori.

Grazie a mia sorella Antonella, la mia roccia e certezza. Nessun passo è mai stato fatto senza che mi tenesse per mano.

Grazie a mio cognato Mauro, per essere al mio fianco da una vita. I suoi preziosi consigli e i suoi insegnamenti sono tra le righe di questo romanzo.

E ora un grazie a Stefano, il mio amore, compagno, migliore amico e complice. Due anni fa gli dissi: «Come mai quando ci sei tu succedono solo cose belle?». Oggi conosco la risposta. Ma in fondo l'ho sempre saputa.

Grazie a voi che state leggendo, che avete deciso di entrare in questo mondo polveroso e avete visto la stessa luce che ho visto io. Siete preziosi. Vi ringrazio uno ad uno dal profondo del mio cuore.

Nonna Dina e Nonno Attilio, mancate solo voi. Sarò breve.

Vi feci una promessa nel 2018.

Credo di averla mantenuta.

Indice

FSC
www.fsc.org
MISTO
Carta da fonti gestite
in maniera responsabile
FSC® C115118

Stampato presso Elcograf S.p.A.
Stabilimento di Cles